코로나19 바이러스
"친환경 99.9% 항균잉크 인쇄"
전격 도입

언제 끝날지 모를 코로나19 바이러스
99.9% 항균잉크(V-CLEAN99)를 도입하여 「안심도서」로
독자분들의 건강과 안전을 위해 노력하겠습니다.

 시대교육그룹

Clean Zone

본 도서는 항균잉크로 인쇄하였습니다.

항균 **+** 99.9% 안심도서

항균잉크(V-CLEAN99)의 특징

◉ 바이러스, 박테리아, 곰팡이 등에 항균효과가 있는 산화아연을 적용

◉ 산화아연은 한국의 식약처와 미국의 FDA에서 식품첨가물로 인증받아 **강력한 항균력**을 구현하는 소재

◉ 황색포도상구균과 대장균에 대한 테스트를 완료하여 **99.9%의 강력한 항균효과** 확인

◉ 잉크 내 중금속, 잔류성 오염물질 등 **유해 물질 저감**

TEST REPORT

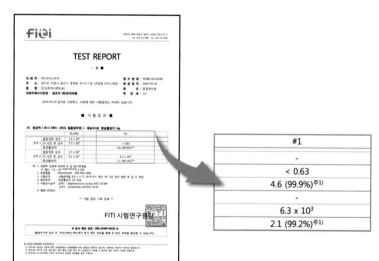

#1
-
< 0.63
4.6 (99.9%)주1)
6.3 x 10³
2.1 (99.2%)주1)

Clean Zone

시대교육그룹

경찰승진

최종모의고사 10회

400제

경찰실무종합

Always with you

사람이 길에서 우연하게 만나거나 함께 살아가는 것만이 인연은 아니라고 생각합니다.
책을 펴내는 출판사와 그 책을 읽는 독자의 만남도 소중한 인연입니다.
(주)시대고시기획은 항상 독자의 마음을 헤아리기 위해 노력하고 있습니다.
늘 독자와 함께하겠습니다.

2020년 7월 1일부터 경찰 전반의 실무능력을 향상시키기 위해 기존의 경장·경사 계급 승진시험에서 선택과목이 폐지되고 2021년부터 경찰실무 1, 2, 3 과목이 필수과목인 '실무종합'으로 통합됩니다. 이에 따라 변경되는 시험제도에 맞추어 경찰승진 시험을 대비한 『경찰승진 최종모의고사 10회』 시리즈 교재를 출간하였습니다. 또한 틀린 문제를 다시 풀어보며 반복 학습하기에 더 편리하도록 문제편과 해설편을 분리하여 구성했습니다.

이 책의 특징은 다음과 같습니다.

첫째, 변경되는 시험의 출제경향과 최신 개정법령 및 판례를 반영하였습니다.

둘째, 기출문제를 철저히 분석하고 유사한 형태의 문제로 구성하였습니다.

셋째, 시험 전 범위에 걸친 실력점검을 위해 체계적으로 출제영역을 배분하여 구성하였습니다.

넷째, 정확하고 상세한 해설을 수록하였습니다.

다섯째, 실전 연습에 도움이 되도록 OMR 카드를 수록하였습니다.

요즘 코로나 사태로 인해 주위의 상황이 어수선하지만, 이루고자 하는 목표를 떠올리며 좀 더 힘내시길 바랍니다. 시험 준비를 마무리하며 마지막 실력점검을 위해 이 교재를 선택하실 독자분들이 후회하지 않도록 교재를 구성하기 위해 노력했습니다.

본 도서가 합격으로 가는 길라잡이가 될 수 있기를 바랍니다.

감사합니다.

편저자 드림

2021년부터 변경되는
경찰승진 시험제도

※ 2020년 7월 1일부터 기존의 경장·경사 계급 승진시험에서 선택과목이 폐지되고 2021년부터 경찰실무 1, 2, 3 과목이 필수과목인 '실무종합'으로 통합됩니다. 따라서 2021년부터 시행예정인 경위 이하 계급의 승진시험을 준비할 때에 해당 과목들을 위주로 준비해야 합니다.

경찰공무원 승진시험 과목

(단위 : %)

계급	시험	일반 (수사경과 및 보안경과 포함) 과목	배점 비율	정보통신 과목	배점 비율	항공 과목	배점 비율
경위	필수	형법 형사소송법 실무종합	35 35 30	형법 형사소송법	35 35	형법 형사소송법	35 35
경위	선택			정보통신기기론 컴퓨터일반 중 택1	30	항공법 항공역학 중 택1	30
경사	필수	형법 형사소송법 실무종합	35 35 30	형법 형사소송법	35 35	형법 형사소송법	35 35
경사	선택			정보통신기기론 컴퓨터일반 중 택1	30	항공기체 항공발동기 중 택1	30
경장	필수	형법 형사소송법 실무종합	35 35 30	형법 형사소송법	35 35	형법 형사소송법	35 35
경장	선택			정보통신기기론 컴퓨터일반 중 택1	30	항공기체 항공발동기 중 택1	30

순경 공채를 준비하며 공부했었던 것을 믿고 조금 방만하게 시험 준비를 하다 보니 수험 기간 동안 많은 시행착오를 겪었습니다. 그래서 나름대로 다른 사람들이 써놓은 합격수기들을 보고 방법을 연구하며 마음을 다잡고 준비했습니다. 일단 어떤 공부를 하던지 머릿속에서 꺼내보는 연습이 중요한 것 같습니다. 어떤 과목이든 목차를 중요하게 생각하고 반복적으로 보며 머릿속에 자연스럽게 남을 수 있도록 했습니다. 물론 모든 시험에 적용되는 것은 아니겠지만 형법, 형사소송법, 실무종합은 그 목차가 잘 나뉘어져 있고, 최근 5개년의 기출문제들을 풀어보면 자주 나오는 주제어들이 있습니다. 이런 주제어들을 중심으로 하나의 과목에서도 중점적으로 봐야할 부분들을 체크해가며 시험 막바지에 꼭 한 번 더 볼 수 있도록 정리해나가려 노력했습니다.

형법은 출제경향을 보면 대부분 판례가 많이 출제되고 있습니다. 물론 조문의 내용도 숙지해가며 판례의 쟁점사항이 무엇인지 정확히 파악하려고 노력했습니다. 그리고 형법이 포함된 다른 시험의 문제들도 풀어보는 것이 도움이 되는 것 같습니다. 강의보다는 문제집 지문을 계속 반복하면서 내용을 외우는 방식을 선택했습니다. 단순히 문제집을 여러 권 풀어보는 것보다 자신에게 맞는 책을 집중적으로 공부한 것이 더 도움이 된 것 같습니다. 회독 수를 늘리면서 아는 내용은 지워가는 식으로 점점 내용을 줄이다보면 후반에는 더 빠르게 볼 수 있었습니다. 기출문제에서 나온 내용이 반복되기 때문에 최대한 많이 보는 데 초점을 맞추었고, 모의고사를 실제 시험처럼 시간을 정해놓고 풀면서 실력점검 겸 실전연습을 했습니다. 모의고사로 연습하면서 시간 분배를 어떻게 해야할 지 감을 잡으며, 문제를 푸는 속도도 올릴 수 있었습니다.

형사소송법은 조문을 최대한 많이 숙지하기 위해 반복해서 봤습니다. 절차법이라 형법에 비해서 양도 상대적으로 적고, 단기간에 정복할 수 있는 과목이기 때문에 기본서를 통해 학습하는 방법을 선택하였습니다. 기본서가 두꺼워서 회독이 어렵다는 의견도 많이 있지만, 요약서보다 더 이해도 쉽고 기억에도 오래 남는 편이기에 자신에게 맞는 기본서를 선택하여 단권화하는 습관을 들이게 되었습니다. 기본서와 함께 기출문제집 한 권을 반복해서 보는 것을 추천드립니다. 기출문제의 경우 강의를 듣는 것이 많은 도움이 되었습니다. 시험 막바지까지 공부하며 풀었던 모의고사를 계속 복습하는 방법으로 학습하였습니다. 틀린 문제들은 출력해서 반복적으로 보면서 공부하였으며, 이때 최신판례까지 놓치지 않고 준비하는 것이 중요하다고 생각합니다. 또한 실전에서는 시간분배를 잘하는 것이 높은 점수를 취득할 수 있는 비결인 것 같습니다.

실무종합은 그 범위가 매우 방대한 과목이고, 매년 법 개정이 자주 되는 과목이라 공부에 어려움을 겪었습니다. 특히 순경공채, 경찰간부후보생 시험 과목인 경찰학개론과 매우 유사하기 때문에 해당 시험의 기출문제들도 풀어보며 어떤 것들이 자주 출제되는지 최대한 파악해보려 노력했습니다. 모든 법을 정확히 알기엔 어려운 것 같아서 자주 나오는 법령 위주로 공부하며 준비했습니다.

※ 변경되는 시험 제도에 맞추어 기존 합격수기의 내용을 수정하였습니다.

구성과 특징

경찰실무종합 | 풀이시간 분 | 해설편 002p

제1회 경찰승진 최종모의고사

경찰승진 최종모의고사 10회 400제

2021
경찰승진 시험 대비

평균+ 99.8%

01 ○△×
경찰개념의 형성 및 역사적 변천과정에 대한 설명 중
옳은 것은 모두 몇 개인가?

㉠ 고대의 경찰개념은 라틴어의 politia에서 유래한 것으
로, 도시국가의 국가작용 가운데 '정치'를 제외한 일체
의 영역을 의미하였다.

㉡ 경찰국가시대에는 적극적인 공공복리의 증진을 위해
서도 경찰권을 발동할 수 있었다.

㉢ 제2차 세계대전 이후 독일에서는 보안경찰작용을 제
외한 영업·위생·건축 등의 협의의 행정경찰사무를
일반행정기관의 사무로 이관하는 이론바 비경찰화 과

02
위험에

① 구

②

01 문제편과 해설편으로 분리하여 구성

문제편과 해설편으로 분리하여 구성함으로써 문제와 해설을 같이 비교하며 학습할 수 있습니다.

11 ○△×
다음은 경찰공무원의 징계에 대한 설명이다. 옳은 것
과 틀린 것이 바르게 연결된 것은?

㉠ 소속이 다른 2명 이상의 경찰공무원이 관련된 징계
등 사건으로서 관할 징계위원회가 서로 다른 경우에
는 모두를 관할하는 바로 위 상급 경찰기관에 설치된
징계위원회에서 심의·의결한다.

㉡ 징계등 의결을 요구한 자는 경징계의 징계등 의결을
통지받았을 때에는 통지받은 날부터 30일 이내에 징
계등을 집행하여야 한다.

㉢ 정직처분의 집행이 끝난 날부터 12개월이 지나지 아
니한 사람은 승진임용될 수 없다.

㉣ 징계위원회가 징계 심의 대상자의 출석을 요구할
때에는 출석 통지서로 하되, 징계위원회 개최일 3일
전까지 그 징계등 심의 대상자에게 도달되도록 하여
야 한다.

㉤ 징계위원회는 징계등 사건을 의결할 때에는 징계등
심의 대상자의 평소 행실, 근무 성적, 공적(功績), 뉘우
치는 정도와 징계등 의결을 요구한 자의 의견을 고려
하여야 한다

13 ○△×
위해성 경찰장비의 사용기준 등에 관한 규정에 대한
다음 설명 중 옳은 것은?

㉠ 경찰관은 불법집회·시위로 인하여 발생할 수 있는
타인 또는 경찰관의 생명·신체의 위해와 재산·공공
시설의 위험을 방지하기 위하여 필요한 때에는 최소
한의 범위 안에서 경찰봉 또는 호신용경봉을 사용할
수 있다.

㉡ 경찰관은 13세미만의 자 또는 임산부에 대하여 전자
충격기 또는 전자방패를 사용하여서는 아니된다.

㉢ 경찰관은 전극침(電極針) 발사장치가 있는 전자충격
기를 사용하는 경우 상대방의 얼굴을 향하여 전극침
을 발사하여서는 아니된다.

㉣ 경찰관은 범인의 체포 또는 도주방지, 타인 또는 경찰
관의 생명·신체에 대한 방호, 공무집행에 대한 항거
의 억제를 위하여 필요한 때에는 최소한의 범위 안에
서 가스발사총을 사용할 수 있다. 이 경우 경찰관은 1
미터 이내의 거리에서 상대방의 얼굴을 향하여 이를
발사하여서는 아니된다.

㉤ 경찰관은 최루탄발사기로 최루탄을 발사하는 경우 15
도 이상의 발사각을 유지하여야 하고, 가스차·살수차

02 실제시험과 유사한 구성

기출문제를 철저히 분석하고 유사한 형태의 문제로 구성하였습니다.

정답체크

01	02	03	04	05	06	07	08	09	10
③	①	④	②	②	③	①	③	④	④
11	12	13	14	15	16	17	18	19	20
③	④	②	②	③	③	②	①	①	③
21	22	23	24	25	26	27	28	29	30
④	①	④	②	④	③	③	②	③	③
31	32	33	34	35	36	37	38	39	40
④	③	①	③	③	②	③	②	③	①

문항별 체크리스트

문항	영역	O	X	문항	영역	O	X
01	총론>경찰과 경찰학			21	각론>생활안전론		
02	총론>경찰의 기본적 임무 및 수단			22	각론>범죄 수사		
03	총론>한국경찰의 근·현대사			23	총론>행법의 기초이론		
04	총론>한국경찰의 근·현대사			24	각론>생활안전론		

03 영역에 따른 다양한 문제 구성

전 범위에 걸친 실력점검을 위해 체계적으로 출제영역을 배분하여 구성하였고, 영역별 정오체크를 통해 보완해야 할 영역을 파악할 수 있습니다.

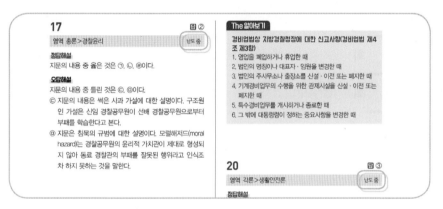

04 실력 파악을 위한 난도 구분

문제의 난도 표시를 통해 자신의 실력을 점검할 수 있습니다.

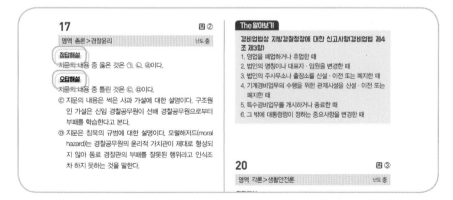

05 정확하고 상세한 해설

정답해설과 오답해설로 나누어 상세하면서도 구분이 쉽도록 구성하였습니다.

목차

Contents

2021 경찰승진 10회
최종모의고사 경찰실무종합(400제)

문제편

경찰승진 최종모의고사 경찰실무종합

제1회 ~ 제10회

제1회　경찰승진 최종모의고사

01　|○|△|×|

경찰개념의 형성 및 역사적 변천과정에 대한 설명 중 옳은 것은 모두 몇 개인가?

> ㉠ 고대의 경찰개념은 라틴어의 politia에서 유래한 것으로, 도시국가의 국가작용 가운데 '정치'를 제외한 일체의 영역을 의미하였다.
> ㉡ 경찰국가시대에는 적극적인 공공복리의 증진을 위해서도 경찰권을 발동할 수 있었다.
> ㉢ 제2차 세계대전 이후 독일에서는 보안경찰작용을 제외한 영업·위생·건축 등의 협의의 행정경찰사무를 일반행정기관의 사무로 이관하는 이른바 비경찰화 과정이 이루어졌다.
> ㉣ 경찰의 임무는 소극적인 위험방지에 한정된다고 하는 사상이 법해석상 확정되는 계기가 된 것은 띠톱판결이다.
> ㉤ 영미법계의 경찰은 주권자인 시민으로부터 자치권을 위임받은 조직체가 경찰이라고 파악하였다.

① 1개　　　　② 2개
③ 3개　　　　④ 4개

02　|○|△|×|

위험에 대한 다음 설명 중 틀린 것은?

① 구체적 위험이 존재하는 경우에는 경찰이 개입할 수 있지만, 추상적 위험만 존재하는 경우에는 경찰이 개입할 수 없다.
② 경찰권의 발동이 정당화되기 위해서는 위험에 대한 일종의 객관화가 이루어져야 한다. 위험을 객관화시키기 위해서 각 경찰관들은 '의무에 합당한 사려 깊은 판단'을 통해 위험을 인식하여야 한다.
③ 외관적 위험이란 의무에 합당한 사려 깊은 상황판단을 했음에도 불구하고 위험을 잘못 긍정하는 경우를 말한다.
④ 위험혐의란 경찰이 의무에 합당한 사려 깊은 판단을 할 때 실제로 위험의 가능성은 예측이 되지만 그 실현이 불확실한 경우를 말한다.

03　|○|△|×|

다음 중 미군정기와 관련이 있는 것을 모두 고르시오.

> ㉠ 독자적 수사권 행사　　　㉡ 정보과 신설
> ㉢ 해양경찰대의 설치　　　㉣ 소방업무 이관
> ㉤ 경찰공무원법 제정　　　㉥ 여자경찰제도 신설

① 없음　　　　② 1개
③ 2개　　　　④ 3개

04

한국 경찰사에 큰 공적을 남긴 다음 인물은 누구에 대한 설명인가?

> 5 · 18 광주 민주화운동 당시 상부의 무장 · 강경진압 방침에 대하여 '분산되는 자는 너무 추적하지 말 것, 부상자가 발생하지 않도록 할 것' 등을 지시하여 비례의 원칙에 입각한 경찰권 행사 및 시위대의 인권보호를 강조한 민주경찰 · 인권경찰의 표상이다.

① 최규식　　　　　② 안병하
③ 이준규　　　　　④ 최중락

05

법원(法源)에 대한 다음 설명 중 가장 틀린 것은?

① 헌법에 의하여 체결 · 공포된 조약과 일반적으로 승인된 국제법규는 국내법과 같은 효력을 가진다.
② 법규명령은 국민과 행정청을 동시에 구속하는 양면적 구속력을 가지지만, 재판규범이 될 수는 없다.
③ 법규명령은 특별한 규정이 없는 한 법률과 마찬가지로 공포일로부터 20일이 경과해야 효력이 발생한다.
④ 경찰행정관청의 행위가 형식상 적법하다고 하더라도 조리에 위반하는 경우 위법한 행위가 될 수 있다.

06

경찰위원회에 대한 다음 설명 중 틀린 것은?

> ⊙ 경찰청장은 위원 임명을 제청할 때 국가경찰의 정치적 중립이 보장되도록 하여야 한다.
> ⓒ 경찰, 검찰, 국가정보원 직원 또는 군인의 직(職)에서 퇴직한 날부터 3년이 지나지 아니한 사람은 위원이 될 수 없다.
> ⓒ 회의는 재적위원 과반수의 출석과 출석위원 과반수의 찬성으로 의결한다.
> ⓔ 위원장은 필요한 경우 임시회의를 소집할 수 있으며, 위원 3인 이상과 행정안전부장관 또는 경찰청장은 위원장에게 임시회의의 소집을 요구할 수 있다.
> ⓜ 위원장은 정무직으로 한다.

① 없음　　　　　② 1개
③ 2개　　　　　④ 3개

07

행정권한의 위임 및 위탁에 관한 규정(약칭 : 행정위임위탁규정)에 대한 다음 설명 중 가장 틀린 것은?

① 행정기관의 장은 행정권한을 위임 및 위탁할 때에는 위임 및 위탁하기 전에 수임기관의 수임능력 여부를 점검하고, 필요한 인력 및 예산을 이관할 수 있다.
② 수임 및 수탁사무의 처리에 관한 책임은 수임 및 수탁기관에 있으며, 위임 및 위탁기관의 장은 그에 대한 감독책임을 진다.
③ 수임 및 수탁사무의 처리에 관하여 위임 및 위탁기관은 수임 및 수탁기관에 대하여 사전승인을 받거나 협의를 할 것을 요구할 수 없다.
④ 수임 및 수탁사무에 관한 권한을 행사할 때에는 수임 및 수탁기관의 명의로 하여야 한다.

08

다음은 경찰공무원법상 임용권자에 대한 설명이다. 밑줄 친 부분 중 옳은 것은?

> 경찰공무원법 제6조(임용권자) ① ㉠총경 이상 경찰공무원은 경찰청장 또는 해양경찰청장의 동의를 받아 행정안전부장관 또는 해양수산부장관의 제청으로 국무총리를 거쳐 대통령이 임용한다. 다만, ㉡총경의 전보, 휴직, 직위해제, 강등, 정직, 복직 및 파견은 경찰청장 또는 해양경찰청장이 한다.
> ② ㉢경정 이하의 경찰공무원은 경찰청장 또는 해양경찰청장이 임용한다. 다만, ㉣경정으로의 신규채용, 승진임용 및 면직은 경찰청장 또는 해양경찰청장의 제청으로 행정안전부장관 또는 해양수산부장관과 국무총리를 거쳐 대통령이 한다.

① ㉠   ② ㉡
③ ㉢   ④ ㉣

09

직위해제에 대한 다음 설명 중 가장 틀린 것은?

① 임용권자는 직무수행 능력이 부족하거나 근무성적이 극히 나쁜 자에게는 직위를 부여하지 아니할 수 있다.
② 직위를 부여하지 아니한 경우에 그 사유가 소멸되면 임용권자는 지체 없이 직위를 부여하여야 한다.
③ 위 ①의 사유로 직위해제 된 자에게 3개월의 범위에서 대기를 명한다. 임용권자 또는 임용제청권자는 대기 명령을 받은 자에게 능력 회복이나 근무성적의 향상을 위한 교육훈련 또는 특별한 연구과제의 부여 등 필요한 조치를 하여야 한다.
④ 위 ①의 사유로 직위해제 된 사람에게는 봉급의 70퍼센트를 지급한다.

10

경찰공무원의 권리·의무에 대한 다음 설명 중 틀린 것은?

> ㉠ 모든 공무원은 법령을 준수하며 성실히 직무를 수행하여야 하고, 공무원은 직무를 수행할 때 소속 상관의 직무상 명령에 복종하여야 한다.
> ㉡ 공무원은 직무와 관련하여 직접적이든 간접적이든 사례·증여 또는 향응을 주거나 받을 수 없다.
> ㉢ 공무원이 외국 정부로부터 영예나 증여를 받을 경우에는 대통령에게 신고하여야 한다.
> ㉣ 공무원은 공무 외에 영리를 목적으로 하는 업무에 종사하지 못하며 소속 상관의 허가 없이 다른 직무를 겸할 수 없다.
> ㉤ 공무원(사실상 노무에 종사하는 공무원 포함)은 노동운동이나 그 밖에 공무 외의 일을 위한 집단 행위를 하여서는 아니 된다.

① ㉠, ㉢, ㉣   ② ㉠, ㉣, ㉤
③ ㉡, ㉢, ㉣   ④ ㉢, ㉣, ㉤

11

다음은 경찰공무원의 징계에 대한 설명이다. 옳은 것과 틀린 것이 바르게 연결된 것은?

○△✕

- ㉠ 소속이 다른 2명 이상의 경찰공무원이 관련된 징계 등 사건으로서 관할 징계위원회가 서로 다른 경우에는 모두를 관할하는 바로 위 상급 경찰기관에 설치된 징계위원회에서 심의·의결한다.
- ㉡ 징계등 의결을 요구한 자는 경징계의 징계등 의결을 통지받았을 때에는 통지받은 날부터 30일 이내에 징계등을 집행하여야 한다.
- ㉢ 정직처분의 집행이 끝난 날부터 12개월이 지나지 아니한 사람은 승진임용될 수 없다.
- ㉣ 징계위원회가 징계등 심의 대상자의 출석을 요구할 때에는 출석 통지서로 하되, 징계위원회 개최일 3일 전까지 그 징계등 심의 대상자에게 도달되도록 하여야 한다.
- ㉤ 징계위원회는 징계등 사건을 의결할 때에는 징계등 심의 대상자의 평소 행실, 근무 성적, 공적(功績), 뉘우치는 정도와 징계등 의결을 요구한 자의 의견을 고려하여야 한다.

① ㉠ (○)　㉡ (○)　㉢ (✕)　㉣ (✕)　㉤ (○)
② ㉠ (✕)　㉡ (✕)　㉢ (✕)　㉣ (○)　㉤ (○)
③ ㉠ (○)　㉡ (✕)　㉢ (✕)　㉣ (✕)　㉤ (○)
④ ㉠ (✕)　㉡ (○)　㉢ (✕)　㉣ (○)　㉤ (✕)

12

다음은 경찰장비의 사용요건이다. 그 성질이 다른 하나는?

○△✕

① 현행범이나 사형·무기 또는 장기 3년 이상의 징역이나 금고에 해당하는 죄를 범한 범인의 체포 또는 도주 방지
② 자신이나 다른 사람의 생명·신체의 방어 및 보호
③ 공무집행에 대한 항거(抗拒) 제지
④ 불법집회·시위로 인한 자신이나 다른 사람의 생명·신체와 재산 및 공공시설 안전에 대한 현저한 위해의 발생 억제

13

위해성 경찰장비의 사용기준 등에 관한 규정에 대한 다음 설명 중 옳은 것은?

○△✕

- ㉠ 경찰관은 불법집회·시위로 인하여 발생할 수 있는 타인 또는 경찰관의 생명·신체의 위해와 재산·공공시설의 위험을 방지하기 위하여 필요한 때에는 최소한의 범위 안에서 경찰봉 또는 호신용경봉을 사용할 수 있다.
- ㉡ 경찰관은 13세 미만의 자 또는 임산부에 대하여 전자충격기 또는 전자방패를 사용하여서는 아니된다.
- ㉢ 경찰관은 전극침(電極針) 발사장치가 있는 전자충격기를 사용하는 경우 상대방의 얼굴을 향하여 전극침을 발사하여서는 아니된다.
- ㉣ 경찰관은 범인의 체포 또는 도주방지, 타인 또는 경찰관의 생명·신체에 대한 방호, 공무집행에 대한 항거의 억제를 위하여 필요한 때에는 최소한의 범위 안에서 가스발사총을 사용할 수 있다. 이 경우 경찰관은 1미터 이내의 거리에서 상대방의 얼굴을 향하여 이를 발사하여서는 아니된다.
- ㉤ 경찰관은 최루탄발사기로 최루탄을 발사하는 경우 15도 이상의 발사각을 유지하여야 하고, 가스차·살수차 또는 특수진압차의 최루탄발사대로 최루탄을 발사하는 경우에는 30도 이상의 발사각을 유지하여야 한다.

① ㉠, ㉡, ㉣
② ㉠, ㉢, ㉣
③ ㉡, ㉢, ㉣
④ ㉢, ㉣, ㉤

14

경찰관직무집행법 및 동법 시행령, 범인검거 등 공로자 보상에 관한 규정에 대한 다음 설명 중 가장 틀린 것은?

○△✕

① 사형, 무기징역 또는 무기금고, 장기 10년 이상의 징역 또는 금고에 해당하는 범죄에 대한 보상금 지급기준은 30만 원이다.
② 경찰청에 두는 보상금심사위원회의 위원장은 호선한다.
③ 보상금심사위원회의 회의는 재적위원 과반수의 찬성으로 의결한다.
④ 동일한 사람에게 지급결정일을 기준으로 연간(1월 1일부터 12월 31일까지를 말한다) 5회를 초과하여 보상금을 지급할 수 없다.

15

보안업무규정에 대한 다음 설명 중 가장 옳은 것은?

① Ⅰ급비밀은 그 생산자가 특정한 제한을 하지 아니한 것으로서 해당 등급의 비밀취급 인가를 받은 사람이 공용(共用)으로 사용하는 경우 원형을 재현할 수 있다.

② Ⅱ급비밀은 반드시 금고에 보관하여야 하며, 다른 비밀과 혼합하여 보관하여서는 아니 된다.

③ 중앙행정기관에 비밀의 공개 등 해당 기관의 보안업무 수행에 관한 중요 사항을 심의하기 위하여 보안심사위원회를 둔다.

④ 비밀의 등급은 각 경찰기관의 보안업무 담당부서에서 일괄결정한다.

16

공공기관의 정보공개에 관한 법률(약칭 : 정보공개법)에 규정된 정보공개위원회에 대한 다음 설명 중 틀린 것은?

㉠ 행정안전부장관 소속으로 정보공개위원회(이하 "위원회"라 한다)를 둔다.

㉡ 위원회는 위원장과 부위원장 2명을 포함한 9명의 위원으로 구성한다.

㉢ 위원회의 위원 중 위원장을 제외한 5명은 공무원이 아닌 사람으로 위촉하여야 한다.

㉣ 위원장·부위원장 및 위원의 임기는 2년으로 하며, 연임할 수 있다.

㉤ 행정안전부장관은 위원회가 정보공개제도의 효율적 운영을 위하여 필요하다고 요청하면 공공기관(국회·법원·헌법재판소 및 중앙선거관리위원회는 제외한다)의 정보공개제도 운영실태를 평가할 수 있다.

① 없음   ② 1개
③ 2개   ④ 3개

17

경찰부패에 대한 다음 설명 중 옳은 것은?

㉠ 셔먼은 작은 호의에 대하여 부정적 입장을 취하였으나 펠드버그는 작은 호의가 반드시 부패로 이어지는 것은 아니라고 주장하였다.

㉡ 썩은 사과가설은 경찰조직 부패의 원인을 경찰관 개인에게서 찾고 있다.

㉢ 구조원인가설은 부패의 가능성이 있는 사람이 경찰조직에 유입됨으로써 경찰부패가 발생한다고 본다.

㉣ 니더호퍼, 로벅, 바커 등은 경찰조직에서 부패의 원인을 찾고자 하였다.

㉤ 동료의 부정부패에 대하여 눈감아주는 것을 모럴해저드(moral hazard)라고 한다.

① ㉠, ㉡, ㉢   ② ㉠, ㉡, ㉣
③ ㉡, ㉢, ㉣   ④ ㉡, ㉣, ㉤

18

경찰청 공무원 행동강령에 대한 다음 설명 중 가장 틀린 것은?

① 공무원은 최근 5년 이내에 인·허가, 계약의 체결, 정책·사업의 결정 또는 집행 등 직무수행으로 직접적인 이익을 주었던 자 중 지속적인 친분관계가 형성되어 공정한 직무수행이 어렵다고 판단되는 자가 직무관련자인 경우에는 소속 기관의 장에게 해당 사실을 서면(전자문서를 포함한다)으로 신고하여야 한다.

② 공무원은 직무를 수행함에 있어 지연·혈연·학연·종교 등을 이유로 특정인에게 특혜를 주어서는 아니 된다.

③ 공무원은 사례금을 받는 외부강의 등을 할 때에는 외부강의 등의 요청 명세 등을 소속 기관의 장에게 그 외부강의 등을 마친 날부터 10일 이내에 신고하여야 한다. 다만, 외부강의 등을 요청한 자가 국가나 지방자치단체인 경우에는 그러하지 아니하다.

④ 공무원은 직무 관련 여부 및 기부·후원·증여 등 그 명목에 관계없이 동일인으로부터 1회에 100만 원 또는 매 회계연도에 300만 원을 초과하는 금품 등을 받거나 요구 또는 약속해서는 아니 된다.

19

경비업법에 대한 다음 설명 중 가장 틀린 것은?

① 경비업의 허가를 받은 법인은 영업을 폐업하거나 휴업한 때에는 지방경찰청장의 허가를 받아야 한다.
② 특수경비업무란 공항(항공기를 포함한다) 등 대통령령이 정하는 국가중요시설의 경비 및 도난·화재 그 밖의 위험발생을 방지하는 업무의 전부 또는 일부를 도급받아 행하는 영업을 말한다.
③ 경비업을 영위하는 법인은 도급받아 행하고자 하는 경비업무를 변경하는 경우 그 법인의 주사무소의 소재지를 관할하는 지방경찰청장의 허가를 받아야 한다.
④ 경비업은 법인이 아니면 이를 영위할 수 없다.

20

청소년보호법에 대한 다음 설명 중 가장 틀린 것은?

① "청소년"이란 만 19세 미만인 사람을 말한다. 다만, 만 19세가 되는 해의 1월 1일을 맞이한 사람은 제외한다.
② 청소년유해업소"의 구분은 그 업소가 영업을 할 때 다른 법령에 따라 요구되는 허가·인가·등록·신고 등의 여부와 관계없이 실제로 이루어지고 있는 영업행위를 기준으로 한다.
③ 「게임산업진흥에 관한 법률」에 따른 일반게임제공업 및 복합유통게임제공업 중 대통령령으로 정하는 것, 인터넷컴퓨터게임시설제공업은 청소년 출입·고용금지업소에 해당한다.
④ 누구든지 청소년에게 영리를 목적으로 청소년으로 하여금 손님과 함께 술을 마시거나 노래 또는 춤 등으로 손님의 유흥을 돋우는 접객행위를 하게 하거나 이러한 행위를 알선·매개하는 행위를 하여서는 아니 된다.

21

실종아동등 및 가출인 업무처리 규칙에 대한 다음 설명 중 가장 틀린 것은?

① "가출인"이란 신고 당시 보호자로부터 이탈된 만 18세 이상의 사람을 말한다.
② "발견지"란 실종아동등 또는 가출인을 발견하여 보호 중인 장소를 말하며, 발견한 장소와 보호 중인 장소가 서로 다른 경우에는 보호 중인 장소를 말한다.
③ "장기실종아동등"이란 보호자로부터 신고를 접수한 지 48시간이 경과한 후에도 발견되지 않은 찾는실종아동등을 말한다.
④ "실종아동등"이란 「실종아동등의 보호 및 지원에 관한 법률」(이하 "법"이라 한다) 제2조 제1호에 따른 실종 당시 18세 미만 아동, 지적·자폐성·정신장애인, 치매환자를 말한다.

22

다음 중 범죄첩보의 특징을 설명한 것으로 가장 적절하지 않은 것은?

① 혼합성 – 범죄첩보는 여러 첩보가 서로 결합되어 이루어진다.
② 시한성 – 범죄첩보는 시간이 경과함에 따라 가치가 감소한다.
③ 가치변화성 – 범죄첩보는 수사기관의 필요성에 따라 가치가 달라진다.
④ 결과지향성 – 범죄첩보는 수사 후 현출되는 결과가 있어야 한다.

23

□△✕

범죄수사규칙상 수사서류 작성에 대한 다음 설명 중 가장 틀린 것은?

① 수사서류에는 작성연월일, 소속관서와 계급을 기재하고 기명날인 또는 서명하여야 한다.
② 수사서류에는 매 장마다 간인한다.
③ 수사서류의 여백이나 공백에는 사선을 긋고 날인한다.
④ 문자를 삭제할 때에는 삭제할 문자에 한 줄의 선을 긋고 작성자가 날인하며 그 좌측 여백에 "O자 삭제"라고 기재한다.

24

□△✕

아동학대범죄의 처벌 등에 관한 특례법(약칭 : 아동학대처벌법)상 응급조치에 대한 다음 설명 중 옳은 것은?

┌─────────────────────────────────────┐
│ ㉠ 현장에 출동하거나 아동학대범죄 현장을 발견한 사법 │
│   경찰관리 또는 아동학대전담공무원은 피해아동 등의 │
│   보호를 위하여 응급조치를 하여야 한다. │
│ ㉡ '아동학대범죄 행위의 제지'는 응급조치에 해당한다. │
│ ㉢ '아동학대행위자를 피해아동 등으로부터 격리'하는 응 │
│   급조치는 48시간까지 가능하다. │
│ ㉣ '긴급치료가 필요한 피해아동을 의료기관으로 인도'하 │
│   여야 한다. │
│ ㉤ '피해아동 등을 아동학대 관련 보호시설로 인도'하는 │
│   경우 피해아동의 동의를 받아야 한다. │
└─────────────────────────────────────┘

① ㉠, ㉡, ㉢   ② ㉠, ㉡, ㉣
③ ㉡, ㉢, ㉣   ④ ㉡, ㉣, ㉤

25

□△✕

다음은 경찰 내사 처리규칙에 대한 설명이다. 가장 틀린 것은?

① 피혐의자 또는 참고인 등의 소재불명으로 사유해소시까지 내사를 계속할 수 없는 경우 내사중지로 처리한다.
② 진정내사 사건이 3회 이상 반복 진정하여 2회 이상 그 처리결과를 통지한 것과 같은 내용인 경우는 공람종결할 수 있다.
③ 혐의없음, 죄가안됨, 공소권 없음 등에 해당하여 수사개시의 필요가 없는 경우 내사종결로 처리한다.
④ 익명 또는 존재하지 않는 사람 명의의 신고·제보, 진정·탄원 및 투서로 그 내용상 수사단서로서의 가치가 없다고 인정될 때에는 내사하지 아니한다.

26

□△✕

도로교통법상 운전면허에 대한 다음 설명 중 가장 옳은 것은?

① 운전면허증을 받은 사람이 운전면허증 반납사유에 해당하면 그 사유가 발생한 날부터 5일 이내에 주소지를 관할하는 지방경찰청장에게 운전면허증을 반납하여야 한다.
② 자동차등을 이용하여 범죄행위를 하거나 다른 사람의 자동차등을 훔치거나 빼앗은 사람이 무면허 운전 금지규정을 위반하여 그 자동차등을 운전한 경우에는 그 위반한 날부터 2년이 지나지 아니하면 운전면허를 받을 수 없다.
③ 교통사고를 일으켰으나 물적(物的) 피해만 발생한 경우 연습운전면허 취소의 예외 사유에 해당한다.
④ 연습운전면허를 받은 사람이 도로에서 주행연습을 하는 때에는 운전면허(연습하고자 하는 자동차를 운전할 수 있는 운전면허에 한한다)를 받은 날부터 1년이 경과된 사람(소지하고 있는 운전면허의 효력이 정지기간 중인 사람을 제외한다)과 함께 승차하여 그 사람의 지도를 받아야 한다.

27

다음은 도로교통법상 음주운전 처벌기준에 대한 내용이다. 빈 칸에 들어갈 숫자를 모두 더하면 얼마인가?

> 도로교통법 제148조의2(벌칙) ① 제44조 제1항(음주운전) 또는 제2항(측정불응)을 2회 이상 위반한 사람(자동차등 또는 노면전차를 운전한 사람으로 한정한다)은 (㉠)년 이상 (㉡)년 이하의 징역이나 (㉢)천만 원 이상 (㉣)천만 원 이하의 벌금에 처한다.
> ② 술에 취한 상태에 있다고 인정할 만한 상당한 이유가 있는 사람으로서 제44조 제2항에 따른 경찰공무원의 측정에 응하지 아니하는 사람(자동차등 또는 노면전차를 운전하는 사람으로 한정한다)은 (㉤)년 이상 5년 이하의 징역이나 500만 원 이상 (㉥)천만 원 이하의 벌금에 처한다.
> ③ 제44조 제1항을 위반하여 술에 취한 상태에서 자동차등 또는 노면전차를 운전한 사람은 다음 각 호의 구분에 따라 처벌한다.
> 1. 혈중알코올농도가 0.2퍼센트 이상인 사람은 2년 이상 (ⓐ)년 이하의 징역이나 1천만 원 이상 (ⓞ)천만 원 이하의 벌금
> 이하의 벌금

① 15

② 18

③ 20

④ 23

28

다음 중 무면허운전에 해당하는 경우는 몇 개 인가?

> ㉠ 제1종 보통면허로 덤프트럭을 운전한 경우
> ㉡ 제1종 보통면허로 승차정원 15명의 승합자동차를 운전한 경우
> ㉢ 제1종 보통면으로 적재중량 12톤의 화물자동차를 운전한 경우
> ㉣ 제1종 대형면허로 3톤 미만의 지게차를 운전한 경우
> ㉤ 제1종 특수면허로 「자동차관리법」 제3조에 따른 이륜자동차 가운데 배기량 125시시 이하의 이륜자동차를 운전한 경우

① 1개

② 2개

③ 3개

④ 4개

29

다중범죄에 대한 다음 설명 중 틀린 것은?

① 시위군중은 과격하게 또 단순하게 행동하며 특히 법률적·도덕적·사회통념상 이해가 불가능한 비이성적인 경우가 많다.

② 선수승화법이란 특정사안의 불만집단에 대한 정보활동을 강화하여 사전에 불만 및 분쟁요인을 찾아내어 해소시켜 주는 방법이다.

③ 봉쇄방어란 군중이 목적지에 집결하기 전에 중간에서 차단하여 집합을 못하게 하는 방법이다.

④ 시위군중은 일단 해산되었다가도 다시 집결하기 쉬우므로, 재집결할만한 곳에 경력을 배치하고 순찰과 검문검색을 강화하여 재집결을 방지하여야 한다.

30

국민보호와 공공안전을 위한 테러방지법(약칭 : 테러방지법)에 대한 다음 설명 중 가장 옳은 것은?

① "외국인테러전투원"이란 테러단체의 조직원이거나 테러단체 선전, 테러자금 모금·기부, 그 밖에 테러 예비·음모·선전·선동을 하였거나 하였다고 의심할 상당한 이유가 있는 사람을 말한다.

② "테러단체"란 대한민국이 지정한 테러단체를 말한다.

③ 테러단체 구성이나 가입의 경우 미수를 처벌한다.

④ 관계기관의 장은 외국인테러전투원으로 출국하려 한다고 의심할 만한 상당한 이유가 있는 내국인·외국인에 대하여 일시 출국금지를 법무부장관에게 요청할 수 있다. 일시 출국금지 기간은 60일로 한다.

31

경호경비에 대한 다음 설명 중 가장 틀린 것은?

① 국내요인은 갑·을·병호 경호대상으로 구분한다.
② 병호 경호대상은 갑호·을호 외에 경찰청장이 경호가 필요하다고 인정한 사람을 말한다.
③ 경호원이 자신을 희생하는 한이 있더라도 피경호자의 신변안전은 반드시 보호되어야 하며, 이를 자기희생의 원칙이라고 한다.
④ 경호행사시 동원경력은 2시간 전에 배치하고, MD(문형금속탐지기)는 경비구역에 배치한다.

32

정보의 질적 요건에 대한 설명으로 가장 틀린 것은?

① 정확성(accuracy)이란 정보가 사실과 얼마나 일치하느냐에 대한 문제이다.
② 관련성(relevancy)은 정보가 사용자가 당면한 문제와 관련되어 있느냐에 대한 문제이다.
③ 적시성(timeliness)은 정보가 생산된 시점을 기준으로 평가되어야 한다.
④ 완전성(completeness)은 정보가 그 자체로서 충분한 내용을 망라하고 있어야 한다는 것과 관련이 있다.

33

「집회 및 시위에 관한 법률」상 다음 설명 중 옳은 것은?

① 누구든지 국회의사당의 경계 지점으로부터 100미터 이내의 장소에서는 옥외집회 또는 시위를 하여서는 아니 된다. 다만, 국회의 활동을 방해할 우려가 없는 경우 또는 대규모 집회 또는 시위로 확산될 우려가 없는 경우로서 국회의 기능이나 안녕을 침해할 우려가 없다고 인정되는 때에는 그러하지 아니하다.
② 옥외집회나 시위를 주최하려는 자는 그에 관한 신고서를 옥외집회나 시위를 시작하기 720시간 전부터 48시간 전에 관할 경찰서장에게 제출하여야 한다. 다만, 옥외집회 또는 시위 장소가 두 곳 이상의 경찰서의 관할에 속하는 경우에는 주최지를 관할하는 경찰서장에게 제출하여야 하고, 두 곳 이상의 지방경찰청 관할에 속하는 경우에는 주최지를 관할하는 지방경찰청장에게 제출하여야 한다.
③ 집회 또는 시위의 주최자는 금지통고를 받은 날로부터 10일 이내에 금지통고를 한 경찰관서장에게 이의신청을 해야 한다.
④ 금지통고에 따른 이의신청을 받은 경찰관서의 장은 접수일시를 적은 접수증을 이의신청인에게 즉시 내주고 접수한 때부터 12시간 이내에 재결을 하여야 한다. 이 경우 접수한 때부터 12시간 이내에 재결서를 발송하지 아니하면 관할 경찰관서장의 금지통고는 소급하여 그 효력을 잃는다.

34

집회 및 시위에 관한 법률(약칭 : 집시법)에 대한 설명 중 가장 틀린 것은?

① 주최자는 신고한 옥외집회 또는 시위를 하지 아니하게 된 경우에는 신고서에 적힌 집회 일시 24시간 전에 그 철회사유 등을 적은 철회신고서를 관할경찰관서장에게 제출하여야 한다.

② "질서유지선"이란 관할 경찰서장이나 지방경찰청장이 적법한 집회 및 시위를 보호하고 질서유지나 원활한 교통 소통을 위하여 집회 또는 시위의 장소나 행진 구간을 일정하게 구획하여 설정한 띠, 방책(防柵), 차선(車線) 등의 경계표지(標識)를 말한다.

③ 관할 경찰서장 또는 지방경찰청장은 신고서를 접수하면 신고자에게 접수 일시를 적은 접수증을 24시간 이내에 내주어야 한다.

④ 철회신고를 위반한 경우 100만 원 이하의 과태료를 부과한다.

35

방첩활동의 수단에 대한 다음 설명 중 옳지 않은 것은?

① 적에 대한 첩보수집, 대상인물 감시, 침투공작 전개 등은 적극적 수단에 해당한다.

② 소극적 수단이란 적의 비밀공작으로부터 우리 측을 보호하기 위해 자체보안의 기능을 발휘하는 방어적 수단이다.

③ 허위정보의 유포, 유언비어의 유포, 시설보안의 확립 등은 소극적 수단에 해당한다.

④ 기만적 수단이란 적에게 비밀이 노출될 가능성이 있는 상황 하에서 우리 측이 기도한 바를 적이 오인, 판단하도록 하는 방해조치이다.

36

국가보안법에 대한 다음 설명 중 가장 옳은 것은?

① 이 법의 죄를 범한 후 자수한 때, 이 법의 죄를 범한 자가 이 법의 죄를 범한 타인을 고발하거나 타인이 이 법의 죄를 범하는 것을 방해한 때에는 그 형을 감경 또는 면제할 수 있다.

② 자진지원의 주체는 반국가단체의 구성원이나 그 지령을 받은 자가 아닌 자이다.

③ 검사는 이 법의 죄를 범한 자에 대하여 형법 제51조의 사항을 참작하여 공소제기를 보류할 수 있다. 공소보류를 받은 자가 공소의 제기 없이 3년을 경과한 때에는 소추할 수 없다.

④ 지방법원판사는 제3조 내지 제10조의 죄로서 사법경찰관이 검사에게 신청하여 검사의 청구가 있는 경우에 수사를 계속함에 상당한 이유가 있다고 인정한 때에는 형사소송법 제202조의 구속기간의 연장을 2차에 한하여 허가할 수 있다.

37

다음은 보안관찰법에 대한 다음 설명이다. 옳은 것은 모두 몇 개인가?

> ⊙ "보안관찰처분대상자"라 함은 보안관찰해당범죄 또는 이와 경합된 범죄로 금고 이상의 형의 선고를 받고 그 형기합계가 3년 이상인 자로서 형의 전부 또는 일부의 집행을 받은 사실이 있는 자를 말한다.
> ⓒ 형법상 내란죄는 보안관찰해당범죄이다.
> ⓒ 보안관찰처분의 기간은 2년으로 한다.
> ⓔ '3인 이상의 신원보증인의 보증이 있을 것'을 보안관찰처분 면제의 요건으로 규정하고 있다.
> ⑩ 법무부장관은 검사의 청구가 있는 때에는 보안관찰처분심의위원회의 의결을 거쳐 그 기간을 갱신할 수 있다.

① 없음
② 1개
③ 2개
④ 3개

38

〔O△X〕

인터폴에 대한 다음 설명 중 가장 틀린 것은?

① 인터폴(International Criminal Police Organization : INTERPOL)은 수사기관이 아니고 정보와 자료를 교환하고 범인체포와 인도에 관하여 상호협조하는 국제형사 공조기구이다.

② 인터폴 협력의 원칙에는 주권의 존중, 특별법의 집행, 보편성의 원칙, 평등성의 원칙, 타기관과의 협력, 업무방법의 유연성 등이 있다.

③ 인터폴 공용어는 영어, 프랑스어, 아랍어, 스페인어이다.

④ 인터폴은 군사적, 정치적, 종교적 또는 인종적 성격을 지닌 범죄에 대해서는 협조를 하지 않는다.

39

〔O△X〕

출입국관리에 대한 다음 설명 중 가장 틀린 것은?

① 외국인이 자발적 의사에 의해 체류국으로부터 출국하는 것은 자유이며, 체류국은 외국인의 출국을 금지할 수 없는 것이 원칙이다.

② 외국인의 강제출국은 형벌이 아니다.

③ 추방은 주권행사이므로 특별한 이유가 없더라도 체류 중인 외국인에 대한 추방이 가능하다.

④ 재입국허가를 받은 사람으로서 재입국허가기간이 끝나기 전에 입국하는 사람은 사증없이 입국이 가능하다.

40

〔O△X〕

다음의 설명은 '범죄인인도원칙' 중 어떤 원칙에 관한 것인가?

> 범죄인인도법 제6조(인도범죄) 대한민국과 청구국의 법률에 따라 인도범죄가 사형, 무기징역, 무기금고, 장기(長期) 1년 이상의 징역 또는 금고에 해당하는 경우에만 범죄인을 인도할 수 있다.

① 쌍방가벌성의 원칙

② 특정성의 원칙

③ 자국민 불인도의 원칙

④ 상호주의 원칙

제2회 경찰승진 최종모의고사

01 ○△✕

다음 보기 중 경찰개념을 설명한 것으로 옳은 것은?

> ㉠ 형식적 의미의 경찰은 모두 실질적 의미의 경찰에 포함된다.
> ㉡ 정보경찰의 활동은 실질적 의미의 경찰보다는 형식적 의미의 경찰과 관련이 깊다.
> ㉢ 실질적 의미의 경찰개념은 학문상으로 정립된 개념이며, 프랑스 행정법학에서 유래하였다.
> ㉣ 형식적 의미의 경찰개념에 입각한 경찰활동의 범위는 나라마다 차이가 있을 수 있다.

① ㉠, ㉡   ② ㉠, ㉢
③ ㉡, ㉢   ④ ㉡, ㉣

02 ○△✕

일제 강점기 이전의 한국경찰에 대한 다음 설명 중 틀린 것은 모두 몇 개인가?

> ㉠ 1894년 일본각의의 결정에 따라, '각아문관제'에서 '경찰'이라는 용어를 처음으로 사용하였다.
> ㉡ 한성과 부산 간의 군용 전신선의 보호를 위해 일본 헌병대가 주둔하게 되었으며, 헌병은 군사경찰 이외에도 행정경찰 · 사법경찰의 임무를 수행하였다.
> ㉢ '행정경찰장정'의 제정으로 경찰작용에 대한 법적 기반이 마련되었지만 그 임무가 포괄적이었으며, 각종 명령에 근거하여 경찰권이 발동되는 등 경찰권 발동은 전제주의적 수준에 머물러있었다.
> ㉣ 경부의 폐지 이후 설치된 경무청은 오늘날 경찰청의 원형으로 볼 수 있다.
> ㉤ '경무청관제직장'의 제정으로 좌 · 우포도청을 합하여 경무청을 신설하고, 내무아문에 예속되어 한성부 내 일체의 경찰사무를 관장하였다.

① 없음   ② 3개
③ 2개   ④ 1개

03

□△☒

경찰법에 대한 다음 설명 중 가장 틀린 것은?(다툼이 있는 경우 판례에 의함)

① 이 법은 국가경찰의 민주적인 관리·운영과 효율적인 임무수행을 위하여 국가경찰의 기본조직 및 직무 범위와 그 밖에 필요한 사항을 규정함을 목적으로 한다.

② '경찰법'은 경찰 조직 설치의 근거법이지만, 동시에 일반 국민도 그 수범자로 본다.

③ 국가경찰은 그 직무를 수행할 때 헌법과 법률에 따라 국민의 자유와 권리를 존중하고, 국민 전체에 대한 봉사자로서 공정·중립을 지켜야 하며, 부여된 권한을 남용하여서는 아니 된다.

④ 경찰청의 사무를 지역적으로 분담하여 수행하게 하기 위하여 특별시장·광역시장 및 도지사(이하 "시·도지사"라 한다) 소속으로 지방경찰청을 둔다.

04

□△☒

치안행정협의회에 대한 설명 중 가장 적절한 것은?

① 지방행정과 치안행정의 업무조정과 그 밖에 필요한 사항을 협의·조정하기 위하여 시·도지사(제주특별자치도지사는 제외한다) 소속으로 치안행정협의회를 둔다.

② 치안행정협의회의 위원장은 시·도지사이다.

③ 치안행정협의회의 회의는 반기 1회 개최하되, 특정사안에 관하여 지방행정과 치안행정과의 업무협조 등을 위하여 필요한 경우에는 수시로 개최할 수 있다.

④ 치안행정협의회는 위원장을 제외한 위원 9인으로 구성한다.

05

□△☒

경찰청과 그 소속기관 직제에 대한 다음 설명 중 가장 옳은 것은?

① 경찰청장의 관장사무를 지원하기 위하여 경찰청장 소속하에 경찰대학·경찰인재개발원·중앙경찰학교 및 경찰수사연수원을 둔다.

② 지방경찰청장은 경찰서장의 소관사무를 분장하기 위하여 대통령령이 정하는 바에 따라 경찰청장의 승인을 얻어 지구대 또는 파출소를 둘 수 있다.

③ 지구대·파출소 및 출장소의 명칭·위치 및 관할구역과 기타 필요한 사항은 경찰청장이 정한다.

④ 경찰서장은 임시로 필요한 때에는 출장소를 둘 수 있다.

06

□△☒

경찰공무원의 승진에 대한 다음 설명 중 틀린 것은?

① 경찰공무원이 승진하려면 총경은 4년 이상, 경정 및 경감은 3년 이상, 경위 및 경사는 2년 이상, 경장 및 순경은 1년 이상의 기간 동안 해당 계급에 재직하여야 한다.

② 경무관 이하 계급으로의 승진은 승진심사에 의하여 한다.

③ 경정 이하 계급으로의 승진은 대통령령으로 정하는 비율에 따라 승진시험과 승진심사를 병행할 수 있다.

④ 경감 이하의 경찰공무원으로서 모든 경찰공무원의 귀감이 되는 공을 세우고 전사하거나 순직한 사람에 대하여는 2계급 특별 승진시킬 수 있다.

07

「국가공무원법」상 휴직에 대한 설명으로 가장 적절하지 않은 것은?

① 휴직 기간 중 그 사유가 없어지면 30일 이내에 임용권자 또는 임용제청권자에게 신고하여야 하며, 임용권자는 지체 없이 복직을 명하여야 한다.

② 휴직 기간이 끝나거나 휴직 사유가 소멸된 후에도 직무에 복귀하지 아니하거나 직무를 감당할 수 없을 때에는 임용권자는 그 공무원을 직권으로 면직시켜야 한다.

③ 국외 유학을 하게 된 때 휴직기간은 3년 이내로 한다.

④ 휴직 중인 공무원은 신분은 보유하나 직무에 종사하지 못한다.

08

경찰공무원의 권리 · 의무에 대한 다음 설명 중 틀린 것은?

㉠ 공무원은 취임할 때에 소속 기관장 앞에서 대통령령 등으로 정하는 바에 따라 선서(宣誓)하여야 한다. 다만, 불가피한 사유가 있으면 취임 후에 선서하게 할 수 있다.

㉡ 시보임용중인 경찰공무원은 신분이 보장되지 않는다.

㉢ 경찰공무원으로서 「국가공무원법」 제66조(집단 행위의 금지)를 위반한 사람은 2년 이하의 징역 또는 200만 원 이하의 벌금에 처한다.

㉣ 국가공무원법에 따르면 공무원(지방의회의원을 포함한다) 또는 공직유관단체의 임직원은 외국으로부터 선물을 받거나 그 직무와 관련하여 외국인(외국단체를 포함한다)에게 선물을 받으면 지체 없이 소속 기관 · 단체의 장에게 신고하고 그 선물을 인도하여야 한다.

㉤ 노동조합에 가입된 자가 조합 업무에 전임하려면 소속 기관장의 허가를 받아야 한다.

① 없음   ② 1개

③ 2개   ④ 3개

09

경찰공무원의 징계에 대한 설명으로 틀린 것은?

㉠ 징계에 관하여 다른 법률의 적용을 받는 공무원이 국가공무원법의 징계에 관한 규정을 적용받는 공무원으로 임용된 경우에 임용 이전의 다른 법률에 따른 징계 사유는 그 사유가 발생한 날부터 국가공무원법에 따른 징계 사유가 발생한 것으로 본다.

㉡ 각 징계위원회는 위원장 1명을 포함하여 11명 이상 51명 이하의 공무원위원과 민간위원으로 구성한다.

㉢ 징계위원회의 회의는 위원장과 징계위원회가 설치된 경찰기관의 장이 회의마다 지정하는 4명 이상 6명 이하의 위원으로 성별을 고려하여 구성하되, 민간위원의 수는 위원장을 포함한 위원 수의 2분의 1 이상이어야 한다.

㉣ 다른 경찰기관의 장으로부터 징계 사유를 통지받은 경찰기관의 장은 타당한 이유가 없으면 통지를 받은 날부터 30일 이내에 관할 징계위원회에 징계등 의결을 요구하거나 그 상급 경찰기관의 장에게 징계등 의결의 요구를 신청할 수 있다.

㉤ 징계위원회가 징계등 심의 대상자의 출석을 요구할 때에는 출석 통지서로 하되, 징계위원회 개최일 5일 전까지 그 징계등 심의 대상자에게 도달되도록 해야 한다.

① 없음   ② 1개

③ 2개   ④ 3개

10

☐○△☒

국가공무원법의 소청심사위원회 및 소청심사위원회 위원에 대한 설명이다. 아래 ㉠부터 ㉤까지의 설명 중 옳고 그름의 표시(○, ×)가 바르게 된 것은?

> ㉠ 소청심사위원회의 상임위원은 다른 직무를 겸할 수 없다.
>
> ㉡ 인사혁신처에 설치된 소청심사위원회는 위원장 1명을 포함한 5명 이상 7명 이하의 비상임위원과 비상임위원 수의 2분의 1이상인 상임위원으로 구성한다.
>
> ㉢ 소청심사위원회가 징계처분 또는 징계부가금 부과처분을 받은 자의 청구에 따라 소청을 심사할 경우에는 원징계처분보다 무거운 징계 또는 원징계부가금 부과처분보다 무거운 징계부가금을 부과하는 결정을 하지 못한다.
>
> ㉣ 소청심사위원회의 위원은 금고 이상의 형벌이나 장기의 심신 쇠약으로 직무를 수행할 수 없게 된 경우 외에는 본인의 의사에 반하여 면직되지 아니한다.
>
> ㉤ 소청심사위원회의 상임위원의 임기는 3년으로 하며, 연임할 수 없다.

① ㉠(○) ㉡(×) ㉢(○) ㉣(○) ㉤(×)

② ㉠(○) ㉡(×) ㉢(○) ㉣(×) ㉤(○)

③ ㉠(×) ㉡(○) ㉢(○) ㉣(×) ㉤(×)

④ ㉠(×) ㉡(×) ㉢(×) ㉣(○) ㉤(○)

11

☐○△☒

경찰작용에 대한 다음 설명 중 가장 틀린 것은?

① 경찰관직무집행법 제2조 제7호가 일반 수권조항인지 여부와 관련하여 판례는 긍정설의 입장을 취하고 있다.

② Kreuzberg 판결에 의해 경찰소극목적의 원칙이 확립되었다.

③ 경찰비례의 원칙과 관련하여 적합성 · 필요성 · 상당성의 원칙 중 어느 하나만 위배하더라도 경찰비례의 원칙을 위반한 것이다.

④ 경찰긴급권의 발동 시에는 경찰비책임자의 생명 · 건강 등 중대 법익을 침해할 수 있다.

12

☐○△☒

경찰상 강제집행 수단인 집행벌(이행강제금)에 대한 다음 설명 중 가장 적절하지 않은 것은?

① 집행벌은 의무자에게 심리적인 압박을 가하는 간접적인 의무이행 확보수단이다.

② 집행벌은 대체적 작위의무를 이행하지 아니한 경우 그 의무이행을 확보하기 위한 수단이다.

③ 집행벌은 의무이행을 확보하기 위한 강제집행 수단이므로 경찰벌과는 그 성질이 다르다.

④ 집행벌과 경찰벌은 병과할 수 있으며, 의무가 이행될 때까지 집행벌을 반복적으로 부과할 수 있다.

13

☐○△☒

「경찰관 직무집행법」 제4조 보호조치에 대한 설명으로 가장 적절하지 않은 것은?

① 경찰관은 정신착란을 일으키거나 술에 취하여 자신 또는 다른 사람의 생명.신체.재산에 위해를 끼칠 우려가 있는 사람에 해당하는 것이 명백하고 응급구호가 필요하다고 믿을 만한 상당한 이유가 있는 사람을 발견하였을 때에는 보건의료기관이나 공공구호기관에 긴급구호를 요청할 수 있다.

② 경찰관은 적당한 보호자가 없는 미아에 대해 응급구호가 필요하다고 믿을 만한 상당한 이유가 있다면 본인이 구호를 거절하더라도 「경찰관 직무집행법」 제4조의 보호조치를 실시할 수 있다.

③ 경찰관이 보호조치를 하였을 때에는 지체 없이 구호대상자의 가족, 친지 또는 그 밖의 연고자에게 그 사실을 알려야 하며, 연고자가 발견되지 아니할 때에는 구호대상자를 적당한 공공보건의료기관이나 공공구호기관에 즉시 인계하여야 한다.

④ 경찰관은 위의 ③에 따라 구호대상자를 공공보건의료기관이나 공공구호기관에 인계하였을 때에는 즉시 그 사실을 소속 경찰서장이나 해양경찰서장에게 보고하여야 한다.

14

경찰관직무집행법에 대한 다음 설명 중 옳은 것은?

○ 경찰관서의 장은 대간첩 작전의 수행이나 소요(騷擾) 사태의 진압을 위하여 필요하다고 인정되는 상당한 이유가 있을 때에는 대간첩 작전지역이나 경찰관서 · 무기고 등 국가중요시설에 대한 접근 또는 통행을 제한하거나 금지할 수 있다.

○ 경찰관서의 장은 직무 수행에 필요하다고 인정되는 상당한 이유가 있을 때에는 국가기관이나 공사(公私) 단체 등에 직무 수행에 관련된 사실을 조회할 수 있다. 다만, 긴급한 경우에는 소속 경찰관으로 하여금 현장에 나가 해당 기관 또는 단체의 장의 협조를 받아 그 사실을 확인하게 할 수 있다.

○ 경찰관은 행정처분을 위한 교통사고 조사에 필요한 사실 확인을 위하여 필요하면 관계인에게 출석하여야 하는 사유 · 일시 및 장소를 명확히 적은 출석 요구서를 보내거나 구두로 경찰관서에 출석할 것을 요구할 수 있다.

○ 법률에서 정한 절차에 따라 체포 · 구속된 사람 또는 신체의 자유를 제한하는 판결이나 처분을 받은 사람을 수용하기 위하여 지방경찰청 · 경찰서에 유치장을 둔다.

○ 직무의 범위에 '범죄피해자 보호'를 규정하고 있다.

① ㉠, ㉡, ㉣ 　　　　② ㉠, ㉡, ㉤
③ ㉡, ㉢, ㉤ 　　　　④ ㉣, ㉤

15

A. H. Maslow의 인간욕구 5단계론에 대한 설명 중 가장 적절하지 않은 것은?

① 안전의 욕구는 공무원의 현재 및 장래의 신분이나 생활에 대한 불안 해소와 관련된 것으로, 신분보장 및 연금제도 등을 통해 충족시켜 줄 수 있다.

② 사회적 욕구는 동료 · 상사 · 조직 전체에 대한 친근감 · 귀속감 충족에 관한 것으로, 인간관계의 개선 · 권한의 위임을 통해 충족시켜 줄 수 있다.

③ 존경 욕구는 타인의 인정 · 존중 · 신망을 받으려는 욕구에 관한 것으로, 참여확대나 포상제도 등을 통해 충족시켜 줄 수 있다.

④ 자아실현의 욕구는 장래에의 자기발전 · 자기완성의 욕구 및 성취감 충족에 관한 것으로, 공정하고 합리적인 승진 및 공무원 단체 활용을 통해 충족시켜 줄 수 있다.

16

국가재정법상 경찰예산에 대한 다음 설명 중 옳은 것은?

○ 새로운 경찰관서의 설치비용은 준예산의 지출용도에 해당하지 않는다.

○ 특별회계는 국가에서 특정한 사업을 운영하고자 할 때, 특정한 자금을 보유하여 운용하고자 할 때, 특정한 세입으로 특정한 세출에 충당함으로써 일반회계와 구분하여 회계처리할 필요가 있을 때에 국무회의의 심의를 거쳐 대통령의 승인을 얻어 설치한다.

○ 예산의 배정은 기획재정부장관이 행한다.

○ 각 중앙관서의 장은 예산안편성지침에 따라 그 소관에 속하는 다음 연도의 예산배정요구서를 작성하여 매년 5월 31일까지 기획재정부장관에게 제출하여야 한다.

○ 정부는 예산안을 국회에 제출한 후 부득이한 사유로 인하여 그 내용의 일부를 수정하고자 하는 때에는 국무회의의 심의를 거쳐 대통령의 승인을 얻은 수정예산안을 국회에 제출할 수 있다.

① ㉠, ㉡, ㉢, ㉤ 　　　② ㉠, ㉢, ㉤
③ ㉡, ㉢, ㉤ 　　　　④ ㉢, ㉣

17

☐△✕

보안업무규정에 대한 다음 설명 중 가장 틀린 것은?

① 중앙행정기관에 비밀의 공개 등 해당 기관의 보안 업무 수행에 관한 중요 사항을 심의하기 위하여 보안심사위원회를 둔다.

② Ⅰ급비밀은 그 생산자의 허가를 받은 경우 원형을 재현하는 행위를 할 수 있다.

③ 비밀은 그 자체의 내용과 가치의 정도에 따라 분류하여야 하며, 다른 비밀과 관련하여 분류해서는 아니 된다.

④ 대외비도 비밀에 해당한다.

18

☐△✕

정보공개제도에 관한 다음 설명 중 가장 적절하지 않은 것은?

① 공공기관은 정보공개의 청구를 받은 날부터 10일 이내에 공개여부를 결정하여야 한다.

② 국가기관, 지방자치단체 및 '공공기관의 운영에 관한 법률' 제5조에 따른 공기업(이하 "국가기관 등"이라 한다)은 제11조에 따른 정보공개 여부 등을 심의하기 위하여 정보공개심의회(이하 "심의회"라 한다)를 설치·운영한다. 심의회는 위원장 1명을 포함하여 5명 이상 7명 이하의 위원으로 구성한다.

③ 비공개결정에 대해 청구인은 이의신청 또는 행정 심판을 청구할 수 있고, 직접 행정소송을 제기할 수 있다. 이 때, 청구인이 행정심판을 청구하기 위해서는 반드시 이의신청절차를 거쳐야 한다.

④ 공공기관은 공개청구 된 공개대상정보의 전부 또는 일부가 제3자와 관련이 있다고 인정되는 때에는 그 사실을 제3자에게 지체 없이 통지하여야 하며, 필요한 경우에는 그의 의견을 들을 수 있다.

19

☐△✕

경찰감찰규칙에 대한 다음 설명 중 옳은 것은?

> ⊙ 감찰관의 의무위반행위에 대해서는 「경찰공무원 징계령 세부시행규칙」의 징계양정에 정한 기준보다 가중하여 징계조치한다.
>
> ⓒ 감찰관은 심야(자정부터 오전 6시까지를 말한다)에 조사를 하여서는 아니 된다.
>
> ⓒ 감찰관은 감찰조사를 실시하기 전에 조사대상자에게 의무위반행위 사실의 요지를 알릴 수 있다.
>
> ⓔ 감찰관은 소속공무원의 의무위반사실에 대한 민원을 접수한 경우 접수일로부터 1개월 내에 신속히 처리하여야 한다.
>
> ⓜ 경찰기관의 장은 상급 경찰기관의 장의 지시에 따라 소속 감찰관으로 하여금 일정기간 동안 다른 경찰기관 소속 직원의 복무실태, 업무추진 실태 등을 점검하게 할 수 있다.

① ㉠, ㉡, ㉢   ② ㉠, ㉡, ㉤

③ ㉡, ㉢, ㉤   ④ ㉢, ㉣, ㉤

20

☐△✕

경찰의 부정부패 현상과 그 원인에 관한 다음 설명 중 가장 틀린 것은?

① 윌슨이 주장한 전체사회 가설은 시민사회의 부패를 경찰부패의 주요 원인으로 본다.

② 구조원인 가설은 신참 경찰관들이 그들의 고참 동료들에 의해 조직의 부패전통 내에서 사회화됨으로써 부패의 길로 들어선다는 입장이다.

③ 썩은 사과 가설은 일부 부패경찰이 조직 전체를 부패로 물들게 한다는 이론으로 부패문제를 개인적 결함 문제로 바라본다.

④ 펠드버그가 주장한 미끄러지기 쉬운 경사로 이론은 부패에 해당하지 않는 작은 호의가 습관화될 경우 미끄러운 경사로를 타고 내려오듯이 점점 더 큰 부패와 범죄로 빠진다는 가설이다.

21

지역경찰의 조직 및 운영에 관한 규칙에 대한 다음 설명 중 가장 옳은 것은?

① '근무교대시 주요 취급사항 및 장비 등의 인수인계 확인'은 지역경찰관서장의 직무이다.
② '지역경찰관서장'이란 지구대장 및 파출소장을 말한다.
③ '시설 및 장비의 작동여부 확인'은 순찰근무에 해당한다.
④ 순찰근무는 그 수단에 따라 112 순찰, 방범오토바이 순찰, 자전거 순찰 및 도보 순찰 등으로 구분한다. 112 순찰근무 및 야간 순찰근무는 반드시 3인 이상 합동으로 지정하여야 한다.

22

다음 중 '경범죄처벌법'상 법정형이 가장 무거운 것은?

① 술에 취한 채로 관공서에서 몹시 거친 말과 행동으로 주정하거나 시끄럽게 한 사람
② 흥행장, 경기장, 역, 나루터, 정류장, 그 밖에 정하여진 요금을 받고 입장시키거나 승차 또는 승선시키는 곳에서 웃돈을 받고 입장권·승차권 또는 승선권을 다른 사람에게 되판 사람
③ 범죄 피의자로 입건된 사람의 신원을 지문조사 외의 다른 방법으로는 확인할 수 없어 경찰공무원이나 검사가 지문을 채취하려고 할 때에 정당한 이유 없이 이를 거부한 사람
④ 공회당·극장·음식점 등 여러 사람이 모이거나 다니는 곳 또는 여러 사람이 타는 기차·자동차·배 등에서 몹시 거친 말이나 행동으로 주위를 시끄럽게 하거나 술에 취하여 이유 없이 다른 사람에게 주정한 사람

23

성매매알선 등 행위의 처벌에 관한 법률(약칭 : 성매매처벌법)상 성매매의 구성요소에 해당하지 않는 것은?

① 불특정인을 상대로 할 것
② 금품이나 그 밖의 재산상의 이익을 수수(收受)하거나 수수하기로 약속할 것
③ 성교행위를 하거나 그 상대방이 되는 것
④ 장소를 제공하는 행위를 할 것

24

수사권 독립에 대한 다음 설명 중 찬성론과 반대론이 바르게 연결된 것은?

┌─────────────────────────────────────┐
│ ㉠ 명령통일의 원리에 위배   │
│ ㉡ 경찰수사의 합목적성만을 추구하는 나머지 적정절차 │
│   와 인권존중이 침해   │
│ ㉢ 경찰에게 권력이 집중되면 폐해가 우려   │
│ ㉣ 제도상 이중조사로 인한 국민의 편익을 저해   │
│ ㉤ 권한과 책임의 불일치   │
└─────────────────────────────────────┘

① ㉠-찬성론, ㉡-찬성론, ㉢-반대론,
   ㉣-찬성론, ㉤-반대론
② ㉠-반대론, ㉡-찬성론, ㉢-반대론,
   ㉣-찬성론, ㉤-반대론
③ ㉠-반대론, ㉡-반대론, ㉢-찬성론,
   ㉣-반대론, ㉤-찬성론
④ ㉠-찬성론, ㉡-반대론, ㉢-반대론,
   ㉣-찬성론, ㉤-찬성론

25

「디지털 증거의 처리 등에 관한 규칙」에 대한 설명으로 가장 적절하지 않은 것은?

① "전자정보"란 전기적 또는 자기적 방법으로 저장되거나 네트워크 및 유·무선 통신 등을 통해 전송되는 정보를 말한다.

② "복제본"이란 정보저장매체등에 저장된 전자정보 전부를 하드카피 또는 이미징 등의 기술적 방법으로 별도의 다른 정보저장매체에 저장한 것을 말한다.

③ 경찰관은 압수·수색·검증 현장에서 전자정보를 압수하는 경우에는 범죄 혐의사실과 관련된 전자정보에 한하여 디지털 저장매체 원본을 외부로 반출하는 방법으로 압수하는 것이 원칙이다.

④ 전자정보를 압수·수색·검증할 경우에는 피의자 또는 변호인, 소유자, 소지자, 보관자의 참여를 보장하여야 한다.

26

범죄수사규칙상 지명수배자의 인수, 호송 등에 대한 다음 설명 중 가장 틀린 것은?

① 경찰관서장은 검거된 지명수배자에 대한 신속한 조사와 호송을 위하여 미리 출장조사 체계 및 자체 호송계획을 수립하여야 한다.

② 수배관서의 경찰관은 검거관서로부터 검거된 지명수배자를 인수하여야 한다.

③ 검거관서와 수배관서의 경찰관은 지명수배자를 검거한 때로부터 구속영장 청구시한(체포한 때부터 48시간)을 경과하지 않도록 서로 협조하여야 한다.

④ 검거한 지명수배자에 대하여 지명수배가 여러 건인 경우에는 '법정형이 중한 죄명으로 지명수배한 수배관서'와 '검거관서와 동일한 지방검찰청 또는 지청의 관할구역에 있는 수배관서' 중 검거관서와 동일한 지방검찰청 또는 지청의 관할구역에 있는 수배관서에서 지명수배자를 인계받아 조사하여야 한다.

27

경비경찰활동에 대한 다음 설명 중 틀린 것을 모두 고르시오.

> ㉠ 경비경찰의 활동은 특정한 기한 없이 사태가 종료될 때 해당업무도 종료된다는 특성을 가지고 있다.
> ㉡ 경비경찰은 직접적인 안녕 및 질서유지를 위한 활동으로 국가목적적 치안의 수행이라고도 한다.
> ㉢ 경비경찰의 활동은 부대활동으로서 책임의 소재가 불분명하다는 특징이 있다.
> ㉣ 경비경찰활동 시 비례의 원칙을 준수해야 하며, 비례의 원칙은 경찰관직무집행법에 성문화되어 있다.
> ㉤ 경비경찰의 활동은 사전예방과 사후진압의 임무를 동시에 수행한다.

① 1개   ② 2개
③ 3개   ④ 없음

28

군중정리 원칙에 대한 다음 설명 중 가장 적절하지 않은 것은?

① 군중들은 현재의 자기 위치와 갈 곳을 잘 알지 못함으로써 불안감과 초조감을 갖게 되므로 여러 방향으로 이동시켜 주위의 상황을 파악할 수 있는 여건을 조성한다.

② 제한된 면적에 많은 사람이 모이면 충돌과 혼잡이 야기되어 거리감과 방향감각을 잃고 혼란한 상태에 이르므로, 가급적 많은 사람이 모이는 것을 회피하게 한다. 대규모 군중이 모이는 장소는 사전에 블록화 한다.

③ 사태가 혼잡할 경우 계속적이고 자세한 안내방송으로 지시를 철저히 해서 혼잡한 사태를 정리하고 사고를 미연에 방지할 수 있다.

④ 경쟁적 사태는 남보다 먼저 가려고 하는 군중의 심리상태로 순서에 의하여 움직일 때 순조롭게 모든 일이 잘 될 수 있다는 것을 납득시켜야 한다. 차분한 목소리로 안내방송을 하는 것도 한 방법이다.

29

선거경비에 대한 다음 설명 중 가장 틀린 것은?

① 개표소별로 충분한 예비대를 확보 · 운영한다.

② 개표소의 경우 제2선(울타리 외곽)의 출입문이 여러 개인 경우 기타 출입문은 시정하고 가급적 정문만을 사용한다.

③ 개표소의 제3선에서는 검문조 · 순찰조를 운용하여 위해기도자의 접근을 차단한다.

④ 선거별 선거기간은 대통령선거는 23일, 국회의원 선거와 지방자치단체의 의회의원 및 장의 선거는 14일이다.

30

「경찰 비상업무 규칙」에 대한 설명으로 가장 적절한 것은?

① "필수요원"이라 함은 전 경찰관 및 일반직공무원 중 경찰기관의 장이 지정한 자로 비상소집시 1시간 이내에 응소하여야 할 자를 말한다.

② "지휘선상 위치 근무"라 함은 감독순시 · 현장근무 및 사무실 대기 등 관할구역 내에 위치하는 것을 말한다.

③ 지휘관과 참모는 을호 비상 시 정위치 근무 또는 지휘선상 위치 근무를 원칙으로, 병호 비상 시 지휘선상 위치 근무를 원칙으로 한다.

④ "정착 근무"라 함은 비상연락체계를 유지하여 유사시 1시간 이내에 현장지휘 및 현장근무가 가능한 장소에 위치하는 것을 말한다.

31

도로교통법상 '어린이통학버스'에 대한 다음 설명 중 가장 틀린 것은?

① 어린이통학버스가 도로에 정차하여 어린이나 영유아가 타고 내리는 중임을 표시하는 점멸등 등의 장치를 작동 중일 때에는 어린이통학버스가 정차한 차로와 그 차로의 바로 옆 차로로 통행하는 차의 운전자는 어린이통학버스에 이르기 전에 일시정지하여 안전을 확인한 후 서행하여야 한다.

② 위 ①의 경우 중앙선이 설치되지 아니한 도로와 편도 1차로인 도로에서는 반대방향에서 진행하는 차의 운전자도 어린이통학버스에 이르기 전에 일시정지하여 안전을 확인한 후 서행하여야 한다.

③ 모든 차의 운전자는 어린이나 영유아를 태우고 있다는 표시를 한 상태로 도로를 통행하는 어린이통학버스를 앞지르지 못한다.

④ 어린이는 6세 미만의 사람을 말한다.

32

도로교통법상 국제운전면허에 대한 다음 설명 중 가장 옳은 것은?

① 외국의 권한 있는 기관에서 국제운전면허증을 발급받은 사람은 국내에 입국한 날부터 1년 동안만 그 국제운전면허증으로 자동차등을 운전할 수 있다.

② 국제운전면허증을 외국에서 발급받은 사람은 「여객자동차 운수사업법」 또는 「화물자동차 운수사업법」에 따른 사업용 자동차를 운전할 수 있다.

③ 국제운전면허는 국제협약의 가입 여부에 관계없이 모든 국가에서 통용된다.

④ 국내운전면허가 없는 사람에 대해서도 국제운전면허를 발급할 수 있다.

33 ☐△✕

EEI(첩보기본요소)와 SRI(특별첩보요구)에 대한 설명으로 가장 적절하지 않은 것은?

① 첩보기본요소(EEI)는 사전에 첩보수집계획서를 작성한다.
② 특별첩보요구(SRI)는 계속적·반복적으로 요구된다.
③ 첩보기본요소(EEI)는 우선적으로 필요로 하는 가장 기본적인 사항으로 첩보수집계획서의 핵심이다.
④ 특별첩보요구(SRI)는 단기적 문제해결을 위한 첩보요구이다.

34 ☐△✕

집회 및 시위에 관한 법률(약칭 : 집시법) 및 동법 시행령에 대한 다음 설명 중 옳은 것은?

> ㉠ 금지통고에 대한 이의신청을 접수한 때부터 24시간 이내에 재결서를 발송하지 아니하면 관할 경찰관서장의 금지 통고는 소급하여 그 효력을 잃는다.
> ㉡ 주최자는 신고한 옥외집회 또는 시위를 하지 아니하게 된 경우에는 신고서에 적힌 집회 일시 24시간 전에 그 철회사유 등을 적은 철회신고서를 관할경찰관서장에게 제출하여야 한다.
> ㉢ 먼저 신고된 옥외집회 또는 시위의 주최자가 정당한 사유 없이 위 ㉡을 위반한 경우에는 100만 원 이하의 벌금에 처한다.
> ㉣ 누구든지 각급 법원, 헌법재판소의 경계 지점으로부터 100 미터 이내의 장소에서는 옥외집회 또는 시위를 하여서는 아니 된다. 다만, 법관이나 재판관의 직무상 독립이나 구체적 사건의 재판에 영향을 미칠 우려가 없는 경우 또는 대규모 집회 또는 시위로 확산될 우려가 없는 경우로서 각급 법원, 헌법재판소의 기능이나 안녕을 침해할 우려가 없다고 인정되는 때에는 그러하지 아니하다.
> ㉤ 질서유지선은 관할 경찰관서장이 설정한다.

① ㉠, ㉡, ㉢ ② ㉠, ㉡, ㉣, ㉤
③ ㉡, ㉢, ㉣ ④ ㉡, ㉣, ㉤

35 ☐△✕

집회 및 시위의 해산에 대한 다음 설명 중 가장 틀린 것은?(다툼이 있는 경우 판례에 의함)

① 관할 경찰관서장으로부터 권한을 부여받은 국가경찰공무원도 집회 및 시위의 해산주체가 될 수 있다.
② 주최자·주관자·연락책임자 및 질서유지인이 집회 또는 시위 장소에 없는 경우에는 종결 선언의 요청을 생략할 수 있다.
③ 집회 및 시위에 관한 법률(이하 '집시법'이라 한다) 제20조 제1항과 집회 및 시위에 관한 법률 시행령(이하 '집시법 시행령'이라 한다)이 해산명령을 할 때 그 사유를 구체적으로 고지하도록 명시적으로 규정하고 있지 아니하므로, 해산명령을 할 때에는 해산 사유가 집시법 제20조 제1항 각 호 중 어느 사유에 해당하는지에 관하여 구체적으로 고지해야할 의무는 없다.
④ 자진 해산 요청에 따르지 아니하는 경우에는 세 번 이상 자진 해산할 것을 명령하고, 참가자들이 해산명령에도 불구하고 해산하지 아니하면 직접 해산시킬 수 있다.

36 ☐△✕

국가보안법에 대한 다음 설명 중 가장 틀린 것은?

① 이 법의 죄를 범한 후 자수한 때에는 그 형을 감경 또는 면제한다.
② 법 제6조 제2항(단순 잠입·탈출)의 죄는 미수범을 처벌한다.
③ 동법상의 일정 범죄를 범한 자라는 정을 알면서 수사기관 또는 정보기관에 고지하지 아니한 자는 5년 이하의 징역 또는 200만 원 이하의 벌금에 처한다. 다만, 본범과 친족관계가 있는 때에는 그 형을 감경 또는 면제한다.
④ 타인으로 하여금 형사처분을 받게 할 목적으로 이 법의 죄에 대하여 무고 또는 위증을 하거나 증거를 날조·인멸·은닉한 자는 그 각조에 정한 형에 처한다. 동 죄의 미수범은 처벌한다.

37

□△☒

'보안관찰법'에 대한 다음 설명 중 가장 옳은 것은?

① 보안관찰처분의 기간은 3년으로 한다.
② 검사는 피보안관찰자가 도주하거나 15일 이상 그 소재가 불명한 때에는 보안관찰처분의 집행중지 결정을 하여야 한다.
③ 보안관찰처분심의위원회의 위원장은 법무부장관 이다.
④ 피보안관찰자가 주거지를 이전하거나 국외여행 또는 10일 이상 주거를 이탈하여 여행하고자 할 때에는 미리 거주예정지, 여행예정지 기타 대통령령이 정하는 사항을 지구대·파출소장을 거쳐 관할경찰서장에게 신고하여야 한다.

38

□△☒

국제형사사법공조법에 규정된 공조거절 사유에 해당하지 않는 것은?

① 대한민국의 주권, 국가안전보장, 안녕질서 또는 미풍양속을 해칠 우려가 있는 경우
② 공조범죄가 정치적 성격을 지닌 범죄이거나, 공조요청이 정치적 성격을 지닌 다른 범죄에 대한 수사 또는 재판을 할 목적으로 한 것이라고 인정되는 경우
③ 공조범죄가 대한민국의 법률에 의하여는 범죄를 구성하지 아니하거나 공소를 제기할 수 없는 범죄인 경우
④ 대한민국에서 수사가 진행 중이거나 재판에 계속(係屬)된 범죄에 대하여 외국의 공조요청이 있는 경우

39

□△☒

범죄인 인도법에 대한 다음 설명 중 틀린 것은?

① 인도조약이 체결되어 있지 아니한 경우에도 범죄인의 인도를 청구하는 국가가 같은 종류 또는 유사한 인도범죄에 대한 대한민국의 범죄인 인도청구에 응한다는 보증을 하는 경우에는 이 법을 적용한다.
② 우리나라는 동법에서 쌍방가벌성의 원칙을 규정하고 있다.
③ 인도범죄가 사형, 무기징역, 무기금고, 장기(長期) 1년 이상의 징역 또는 금고에 해당하는 경우에만 범죄인을 인도할 수 있다.
④ 범죄인이 대한민국 국민인 경우에는 범죄인을 인도하여서는 아니 된다.

40

□△☒

국제형사경찰기구(INTERPOL)에 관한 설명으로 가장 적절하지 않은 것은?

① 청색수배서(Blue Notice)는 수배자의 신원·전과 및 소재확인을 목적으로 발행한다.
② 국제형사경찰기구는 자체 내에 국제수사관을 두어 각국의 법과 국경에 구애됨이 없이 자유로이 왕래하면서 범인을 추적·수사하는 국제수사기관으로서의 역할을 한다.
③ 모든 회원국은 타 회원국과 협력할 수 있으며, 그러한 협력은 지리적 또는 언어적 요소에 의해 방해받아서는 안 된다. 이는 보편성의 원칙과 관련이 있다.
④ 적색수배서를 긴급인도구속 청구서로 인정하는 국가의 경우에는 국제수배자 발견 즉시 체포하고 범죄인 인도절차에 따라 범인의 신병을 인도할 수 있다.

제3회 경찰승진 최종모의고사

01 ○△✕

다음 중 경찰의 분류와 그 내용으로 가장 적절하지 않은 것은?

① 경찰권 발동시점에 따라 예방경찰과 진압경찰로 구분할 수 있으며, 다른 사람에게 위해를 주는 정신착란자의 보호는 예방경찰에, 사람을 공격하는 멧돼지를 사살하는 것은 진압경찰에 해당한다.

② 업무의 독자성에 따라 보안경찰과 협의의 행정경찰로 구분할 수 있으며, 교통경찰은 보안경찰에, 건축경찰은 협의의 행정경찰에 해당한다.

③ 삼권분립 사상에 따라 행정경찰과 사법경찰로 구분할 수 있다.

④ 경찰활동의 질과 내용에 따라 질서경찰과 봉사경찰로 구분할 수 있으며, 범죄수사는 질서경찰에, 방범지도는 봉사경찰에 해당한다.

02 ○△✕

경찰의 기본적 임무 및 수단에 대한 설명으로 가장 적절하지 않은 것은?

① 경찰강제에는 경찰상 강제집행(대집행·강제징수·집행벌·즉시강제 등)과 경찰상 직접강제가 있는데, 경찰상 강제집행은 의무의 존재 및 그 불이행을 전제로 한다는 점에서 이를 전제로 하지 아니하고 급박한 경우에 행하여지는 경찰상 직접강제와 구별된다.

② 공공의 질서와 관련하여 경찰의 개입여부에 대한 판단은 경찰권의 재량적 결정에 맡겨지지만, 이러한 경우에도 경찰행정관청의 의무에 합당한 재량권의 행사가 이루어져야 한다.

③ 경찰법 제3조는 범죄의 예방·진압, 범죄피해자 보호를 경찰의 임무로 규정하고 있다.

④ 위험이 인간의 행동에 의한 것인지 또는 단순한 자연력의 결과에 의한 것인지 여부는 문제되지 않는다.

03

☐△✕

국회법과 관련된 경찰의 지역관할에 대한 설명으로 가장 적절하지 않은 것은?

① 국회에 파견된 국가경찰공무원은 국회의장의 지휘를 받아 국회 회의장 건물 밖에서 경호한다.

② 국회 회의장 안에 있는 국회의원은 국회의장의 명령 없이 이를 체포할 수 없다.

③ 국회의장은 국회의 경호를 위하여 필요한 때에는 국회운영위원회의 동의를 얻어 일정한 기간을 정하여 정부에 대하여 필요한 국가경찰공무원의 파견을 요구할 수 있다.

④ 국회 안에 현행범인이 있을 때에는 국가경찰공무원은 국회의장에게 보고 후 지시를 받아 체포하여야 한다.

04

☐△✕

한국 근·현대 경찰사에 대한 설명으로 가장 적절한 것은?

① 일제 강점기에는 총독·경무총장에게 주어진 제령권과 경무부장에게 주어진 명령권 등을 통해 각종 전제주의적·제국주의적 경찰권 행사가 가능하였다는 특징이 있다.

②「경무청관제직장」에 의해 당시의 좌우포도청을 합하여 경무청을 신설(장으로 경무관을 둠)하였다.

③ 3·1운동 이후「치안유지법」을 제정하고 일본에서 제정된「정치범처벌법」을 국내에 적용하는 등 탄압의 지배체제를 더욱 강화하였다.

④ 1894년「각아문관제」에서 처음으로 경찰이란 용어를 사용하였다.

05

☐△✕

임시정부 경찰관련 주요 인물 중 다음 설명과 관련된 인물은 누구인가?

> 1921년 김구 선생의 뒤를 이어 임시정부 제2대 경무국장을 역임하였다. 1924년 귀국 이후 군자금 모금 활동 등을 하였으며, 옥고의 후유증으로 1934년에 순국하였다.

① 나석주　　　　② 김석

③ 김용원　　　　④ 김철

06

☐△✕

법과 경찰활동에 대한 다음 설명 중 가장 틀린 것은?

① 경찰관은 필요한 경우 근거규범이 없더라도 독자적으로 판단하여 경찰권을 발동할 수 있으며 이는 법률유보와 관련된 문제이다.

② 법률의 법규창조력이란 국민의 대표기관인 국회만이 국민을 구속하는 규범인 법규를 제정할 수 있다는 것을 의미한다.

③ 모든 행정작용에 법률유보가 적용되는 것은 아니다.

④ 경찰행정의 법원은 일반적으로 성문법원과 불문법원으로 구분할 수 있다.

안심Touch

07

훈련에 대한 다음 설명 중 옳은 것은? ○△✕

⊙ 훈령은 특별한 작용법적 근거 없이도 발할 수 있다.
ⓛ 훈령의 내용은 하급관청의 직무상 독립된 범위에 속하는 사항이여야 한다.
ⓒ 하급경찰관청의 법적 행위가 훈령에 위반하여 행해진 경우 원칙적으로 위법이 아니며, 그 행위의 효력에는 영향이 없다.
ⓔ 훈령은 원칙적으로 일반적·추상적 사항에 대해서 발해져야 하지만, 개별적·구체적 사항에 대해서도 발해질 수 있다.
ⓜ 훈령은 기관 구성원이 변경되면 그 효력에 영향이 있다.

① ⊙, ⓛ, ⓜ   ② ⊙, ⓛ, ⓒ
③ ⊙, ⓒ, ⓔ   ④ ⓛ, ⓒ, ⓜ

08

경찰행정과 관련된 다음 기관 중 자문기관에 해당하지 않는 것은?

① 경찰위원회
② 경찰발전위원회
③ 경찰공무원인사위원회
④ 치안행정협의회

09

권한의 위임과 대리에 관한 설명으로 가장 적절하지 않은 것은?

① 임의대리는 복대리가 허용되지 않는 것이 원칙이다.
② 복대리의 성격은 임의대리에 해당한다.
③ 원칙적으로 대리관청이 대리행위에 대한 행정소송의 피고가 된다.
④ 수임관청이 권한의 위임에서 쟁송의 당사자가 된다.

10

수사경찰 인사운영규칙에 대한 다음 설명 중 가장 옳은 것은?

① 수사경과 유효기간은 수사경과 발령일 또는 갱신일로부터 3년으로 한다.
② 3년간 연속으로 비수사부서에 근무하는 경우 수사경과를 해제하여야 한다.
③ 2년간 연속으로 수사부서 전입을 기피하는 경우 수사경과를 해제하여야 한다.
④ 직무 관련 금품·향응 수수, 중대한 인권침해 행위로 징계처분을 받는 경우 수사경과를 해제하여야 한다.

11

경찰공무원법 및 경찰공무원임용령상 시보임용에 대한 설명으로 옳은 것은?

① 경정 이하 경찰공무원을 신규채용 할 때에는 1년간 시보로 임용하고, 그 기간이 만료된 날에 정규 경찰공무원으로 임용한다.
② 직위해제기간 및 징계에 의한 정직처분이나 감봉처분을 받은 기간은 시보임용기간에 산입하지 않지만, 휴직기간은 시보임용 기간에 산입한다.
③ 퇴직한 경찰공무원으로서 퇴직 시 재직하였던 계급의 채용시험에 합격한 사람을 재임용하는 경우 시보임용을 거치지 아니한다.
④ 임용권자 또는 임용제청권자는 시보임용경찰공무원이 징계사유에 해당하여 정규 경찰공무원으로 임용하는 것이 부적당하다고 인정되는 경우에는 정규임용심사위원회의 심사를 거쳐 해당 시보임용경찰공무원을 면직시키거나 면직을 제청하여야 한다.

12

□△✕

「국가공무원법」상 경찰공무원의 의무에 대한 설명으로 가장 적절한 것은?

① 공무원이 외국정부로부터 증여를 받을 경우에는 소속 기관장의 허가를 받아야 한다.

② 공무원은 취임할 때에 소속 기관장 앞에서 대통령령등으로 정하는 바에 따라 선서하여야 한다. 다만, 불가피한 사유가 있으면 취임 후에 선서하게 할 수 있다.

③ 공무원은 소속 기관장의 허가 또는 정당한 사유가 없으면 직장을 이탈하지 못한다.

④ 공무원은 직무와 관련하여 직접적인 경우(간접적인 경우 제외) 사례·증여 또는 향응을 주거나 받을 수 없다.

13

□△✕

경찰공무원의 고충심사에 대한 다음 설명 중 가장 틀린 것은?

① 경찰공무원 고충심사위원회의 심사를 거친 재심청구와 총경 이상의 경찰공무원의 인사상담 및 고충심사는 「국가공무원법」에 따라 설치된 중앙고충심사위원회에서 한다.

② 경찰공무원 고충심사위원회는 위원장 1명을 포함하여 7명 이상 15명 이하의 공무원위원과 민간위원으로 구성한다.

③ 위 ②의 경우 민간위원의 수는 위원장을 제외한 위원 수의 2분의 1 이상이어야 한다.

④ 고충심사위원회가 청구서를 접수한 때에는 30일 이내에 고충심사에 대한 결정을 하여야 한다.

14

□△✕

허가에 대한 다음 설명 중 가장 적절한 것은?

① 허가는 허가가 유보된 상대적 금지에 인정되며, 절대적 금지의 경우에는 인정되지 않는다. 이러한 허가는 실무(실정법)에서 면허, 특허, 승인 등으로 사용되고 있다.

② 허가는 행위의 유효요건일 뿐, 적법요건은 아니다.

③ 상대방의 신청(출원)이 없는 경우 허가를 행할 수 없다.

④ 허가는 법령에 의하여 과하여진 작위·급부·수인의무를 특정한 경우에 해제하여 주는 경찰상의 행정행위이다.

15

□△✕

경찰관직무집행법 제2조 제7호의 개괄적 수권조항 인정 여부에 있어 그 입장이 다른 것은?

① 경찰권의 성질상 경찰권의 발동사태를 상정해서 경찰권 발동의 요건·한계를 입법기관이 일일이 규정한다는 것은 불가능하다.

② 개괄적 수권조항은 개별조항이 없는 경우에만 보충적으로 적용하면 된다.

③ 개괄적 수권조항으로 인한 경찰권 남용의 가능성은 조리 상의 한계 등으로 충분히 통제가 가능하다.

④ 경찰관직무집행법 제2조 제7호는 단지 경찰의 직무범위만을 정한 것으로서 본질적으로는 조직법적 성질의 규정이다.

16

「경찰관 직무집행법」상 보호조치에 대한 설명으로 가장 적절한 것은?

① 긴급구호를 요청받은 보건의료기관이나 공공구호기관은 정당한 이유 없이 긴급구호를 거절할 수 없다.

② 경찰관은 보호조치를 하였을 때에는 24시간 이내에 구호대상자의 가족, 친지 또는 그 밖의 연고자에게 그 사실을 알려야 하며, 연고자가 발견되지 아니할 때에는 구호대상자를 적당한 공공보건의료기관이나 공공구호기관에 즉시 인계하여야 한다.

③ 자살기도자에 대하여는 경찰관서에 6시간 이내 보호가 가능하다.

④ 임시영치 기간은 10일을 초과할 수 없으며, 법적 성질은 대인적 즉시강제이다.

17

경찰조직편성의 원리에 대한 설명 중 적절한 것을 모두 고른 것은?

⊙ 계층제의 원리 – 책임과 난이도에 따라 상위로 갈수록 권한과 책임이 무거운 임무를 수행하도록 편성한다.

ⓒ 통솔범위의 원리 – 신설조직보다 기성조직에서, 단순 반복 업무보다 전문적 사무를 담당하는 조직에서 상관이 많은 부하직원을 통솔할 수 있다.

ⓒ 명령통일의 원리 – 상위직에 부여된 권한과 책임을 하위자에게 분담시키는 권한의 위임제도를 적절히 활용하여 명령통일의 한계를 완화할 수 있다.

ⓔ 조정과 통합의 원리 – 조직의 구조, 보상체계, 인사 등의 제도개선과 조직원의 행태를 합리적으로 개선하는 것은 갈등의 단기적인 대응방안이다.

① ⊙, ⓒ   ② ⊙, ⓒ
③ ⊙, ⓔ   ④ ⓒ, ⓒ

18

다음은 공직 분류 방식 중 계급제와 직위분류제에 대한 설명이다. 옳은 것은?

⊙ 직위분류제는 계급제에 비해서 보수결정의 합리적인 기준을 제시하는 것이 장점이다.

ⓒ 계급제는 이해력이 넓어져 직위분류제에 비해서 기관 간의 횡적 협조가 용이한 편이다.

ⓒ 직위분류제는 프랑스에서 처음 실시된 후 독일 등으로 전파되었다.

ⓔ 우리나라의 공직 분류는 계급제 위주에 직위분류제적 요소를 가미한 혼합형태라고 할 수 있다.

ⓜ 계급제는 직위분류제에 비해 폐쇄적이며 인사배치에 있어서 신축성이 떨어진다.

① 2개   ② 3개
③ 4개   ④ 없음

19

언론중재 및 피해구제 등에 관한 법률(약칭 : 언론중재법)에 대한 다음 설명 중 가장 틀린 것은?

① 언론중재위원회는 40명 이상 90명 이내의 중재위원으로 구성한다.

② 언론중재위원회 위원장·부위원장·감사 및 중재위원의 임기는 각각 2년으로 하며, 한 차례만 연임할 수 있다.

③ 사실적 주장에 관한 언론보도 등이 진실하지 아니함으로 인하여 피해를 입은 자는 언론사, 인터넷 뉴스서비스사업자 및 인터넷 멀티미디어 방송사업자에게 그 언론보도 등의 내용에 관한 정정 보도를 청구할 수 있다. 다만, 해당 언론보도 등이 있은 후 6개월이 지났을 때에는 그러하지 아니하다.

④ 정정보도청구에는 언론사 등의 고의·과실이나 위법성을 필요로 하지 아니한다.

20

경찰통제에 대한 다음 설명 중 틀린 것은?

☐△☓

> ㉠ 영미법계 국가에서는 경찰의 민주성을 확보하기 위한 통제장치를 마련하는 것에 관심을 두었다.
> ㉡ 대륙법계 국가에서는 경찰권 발동에 대한 사법통제를 위주로 발전하였다.
> ㉢ 법원을 통한 사법적 통제는 사후적 통제수단에 해당한다.
> ㉣ 영미법계 국가에서는 경찰책임자의 선거, 자치경찰제도 등을 통해 경찰조직을 통제하고 있다.
> ㉤ 대륙법계 국가에서는 행정소송과 관련하여 개괄주의에서 열기주의로 전환하여 경찰에 대한 법원의 통제를 강화하고 있다.

① 없음

② 1개

③ 2개

④ 3개

21

☐△☓

다음 중 환경설계를 통한 범죄예방기법의 기본원리 중 가장 적절하지 않은 것은?

① 영역성의 강화 – 사적 공간·공적 공간에 대한 경계를 강화하여 주민들의 책임의식과 소유의식을 감소시킴으로써 사적 공간에 대한 관리권을 약화하는 원리

② 활동의 활성화 – 지역사회의 설계시 주민들이 모여서 상호의견을 교환하고 유대감을 증대할 수 있는 공공장소를 설치하고 이용하도록 함으로써 '거리의 눈'을 활용한 자연적 감시와 접근통제의 기능을 확대하는 원리

③ 자연적 감시 – 건축물이나 시설물의 설계시 가시권을 최대 확보, 외부침입에 대한 감시기능을 확대하는 원리

④ 자연적 접근 통제 – 일정한 지역에 접근하는 사람들을 정해진 공간으로 유도하거나 외부인의 출입을 통제하도록 설계함으로써 접근에 대한 심리적 부담을 증대시켜 범죄를 예방하는 원리

22

☐△☓

지역사회 경찰활동(Community Policing)에 대한 다음 설명 중 가장 틀린 것은?

① 심각한 범죄에 대한 신속하고 효과적인 대응보다는 지역사회와의 밀접한 상호작용에 가치를 둔다.

② 경찰의 능률성은 체포율과 적발 건수보다는 범죄와 무질서의 부재에 있다.

③ 경찰의 효과성은 현장임장시간보다는 대중의 협조에 무게를 둔다.

④ 경찰의 역할은 폭넓은 지역문제를 해결하는 것 보다는 범죄를 해결하는 것이다.

23

☐△☓

다음은 유실물법에 대한 내용이다. 빈 칸에 들어갈 숫자의 합은?

> 제9조(습득자의 권리 상실) 습득물이나 그 밖에 이 법의 규정을 준용하는 물건을 횡령함으로써 처벌을 받은 자 및 습득일부터 (㉠)일 이내에 제1조 제1항 또는 제11조 제1항의 절차를 밟지 아니한 자는 제3조의 비용과 제4조의 보상금을 받을 권리 및 습득물의 소유권을 취득할 권리를 상실한다.
> 제14조(수취하지 아니한 물건의 소유권 상실) 이 법 및 「민법」제253조, 제254조에 따라 물건의 소유권을 취득한 자가 그 취득한 날부터 (㉡)개월 이내에 물건을 경찰서 또는 자치경찰단으로부터 받아가지 아니할 때에는 그 소유권을 상실한다.

① 8

② 10

③ 11

④ 13

24

□△×

총포 · 도검 · 화약류 등의 안전관리에 관한 법률(약칭 : 총검단속법)에 대한 다음 설명 중 가장 틀린 것은?

① "총포"란 권총, 소총, 기관총, 포, 엽총, 금속성 탄알이나 가스 등을 쏠 수 있는 장약총포(裝藥銃砲), 공기총(가스를 이용하는 것을 포함한다) 및 총포신 · 기관부 등 그 부품으로서 대통령령으로 정하는 것을 말한다.

② 금고 이상의 실형을 선고받고 그 집행이 끝나거나 집행을 받지 아니하기로 확정된 후 3년이 지나지 아니한 자는 총포 · 도검 · 화약류 · 분사기 · 전자충격기 · 석궁 제조업의 허가를 받을 수 없다.

③ 화약류를 운반하려는 사람은 행정안전부령으로 정하는 바에 따라 발송지를 관할하는 경찰서장에게 신고하여야 한다.

④ 화약류를 발파하거나 연소시키려는 자는 행정안전부령으로 정하는 바에 따라 화약류의 사용장소를 관할하는 지방경찰청장의 화약류 사용허가를 받아야 한다.

25

□△×

「경찰 내사 처리규칙」에 대한 설명으로 가장 적절하지 않은 것은?

① 진정내사는 접수된 서면에 대하여 소속 경찰관서 수사부서의 장의 지휘를 받아 내사에 착수한다.

② 신고내사는 접수 즉시 신속히 현장확인 등 조치를 하여야 하고, 신고에 의해 작성된 서류에 대하여 소속 경찰관서장의 지휘를 받아 내사에 착수한다.

③ 익명 또는 존재하지 않는 사람 명의의 신고 · 제보, 진정 · 탄원 및 투서로 그 내용상 수사단서로서의 가치가 없다고 인정될 때에는 내사하지 아니할 수 있다.

④ 혐의없음, 죄가안됨, 공소권없음 등에 해당하여 수사시의 필요가 없는 경우 내사종결로 처리한다.

26

□△×

지문에 대한 설명으로 가장 적절하지 않은 것은?

① 혈액지문은 실리콘러버법으로 지문을 채취한다.

② 잠재지문이란 인상된 그대로의 상태로는 육안식별이 불가능하며 고체법, 액체법, 기체법 등의 이화학적 가공을 통해 채취한다.

③ 현장지문은 현재지문과 잠재지문으로 구분할 수 있고, 현재지문은 정상지문과 역지문으로 구분할 수 있다.

④ 현재지문이란 가공을 하지 않더라도 육안으로 식별되는 지문을 말한다.

27

□△×

가정폭력범죄의 처벌 등에 관한 특례법에 대한 설명으로 가장 적절하지 않은 것은?

① 검사는 가정보호사건의 원활한 조사 · 심리 또는 피해자 보호를 위하여 필요하다고 인정하는 경우에는 결정으로 가정폭력행위자에게 임시조치를 할 수 있다.

② 사법경찰관은 응급조치에도 불구하고 가정폭력범죄가 재발될 우려가 있고, 긴급을 요하여 법원의 임시조치 결정을 받을 수 없을 때에는 직권 또는 피해자나 그 법정대리인의 신청에 의하여 긴급임시조치를 할 수 있다.

③ 임시조치의 청구는 긴급임시조치를 한 때부터 48시간 이내에 청구하여야 하며, 긴급임시조치결정서를 첨부하여야 한다.

④ 「형법」상 유기죄는 가정폭력범죄에 해당한다.

28 ☐△✕

마약류에 대한 다음 설명 중 가장 옳은 것은?

① GHB(일명 물뽕)는 무색, 무취, 무미의 액체로 유럽 등지에서 데이트 강간약물로도 불린다.
② LSD는 곡물의 곰팡이, 보리 맥각에서 추출한 물질을 인공 합성시켜 만든 것으로 무색, 무취, 무미하다.
③ 마약류 관리에 관한 법률상 양귀비는 향정신성의약품에 해당한다.
④ 한외마약은 마약에 해당한다.

29 ☐△✕

「재난 및 안전관리 기본법」상 재난관리 체계에 대한 설명으로 옳은 것은?

① 특별재난지역의 선포는 대응 단계에서의 활동이다.
② 재난분야 위기관리 매뉴얼 작성은 예방 단계에서의 활동이다.
③ 국가기반시설의 지정 등은 대비 단계에서의 활동이다.
④ 재난피해 신고 및 조사는 복구 단계에서의 활동이다.

30 ☐△✕

국민보호와 공공안전을 위한 테러방지법(약칭 : 테러방지법)에 대한 다음 설명 중 가장 틀린 것은?

① "테러단체"란 대한민국이 지정한 테러단체를 말한다.
② "테러위험인물"이란 테러단체의 조직원이거나 테러단체 선전, 테러자금 모금·기부, 그 밖에 테러예비·음모·선전·선동을 하였거나 하였다고 의심할 상당한 이유가 있는 사람을 말한다.
③ 국가정보원장은 대테러활동에 필요한 정보나 자료를 수집하기 위하여 대테러조사 및 테러위험인물에 대한 추적을 할 수 있다. 이 경우 사전 또는 사후에 대책위원회 위원장에게 보고하여야 한다.
④ 일부 범죄에 대해서는 대한민국 영역 밖에서 범한 외국인에게도 국내법을 적용한다.

31 ☐△✕

「도로교통법 시행규칙」 별표 18에 따른 각종 운전면허와 운전할 수 있는 차에 대한 설명으로 가장 적절하지 않은 것은?

① 제1종 보통 연습면허로 승차정원 15인의 승합자동차는 운전할 수 있으나 적재중량 12톤의 화물자동차는 운전할 수 없다.
② 제2종 보통면허로 승차정원 10인의 승합자동차는 운전할 수 있으나 「자동차관리법」 제3조에 따른 이륜자동차 가운데 배기량 125시시 이하의 이륜자동차는 운전할 수 없다.
③ 제1종 보통면허로 승차정원 15인의 승합자동차는 운전할 수 있으나 적재중량 12톤의 화물자동차는 운전할 수 없다.
④ 제1종 대형면허로 승차정원 45인의 승합자동차는 운전할 수 있으나 대형견인차는 운전할 수 없다.

32

☐△☒

다음 중 운전면허 취소처분 후 응시제한 기간이 다른 것은?

① 음주운전으로 2회 이상 교통사고를 야기한 경우 (무면허운전 포함)
② 3회 이상 무면허운전을 한 경우
③ 공동위험행위를 2회 이상 위반한 경우(무면허운전 포함)
④ 운전면허시험에 대리 응시한 경우

33

☐△☒

도로교통에 대한 다음 설명 중 가장 틀린 것은?(다툼이 있는 경우 판례에 의함)

① 음주단속 시 단속 대상자가 호흡측정 없이 채혈을 원하는 경우 바로 채혈할 수 있다.
② 혈액검사에 의한 음주측정치가 호흡측정기에 의한 음주측정치보다 측정 당시의 혈중알콜농도에 더 근접한 음주측정치라고 보는 것이 경험칙에 부합한다.
③ 교통사고로 상해를 입은 피고인의 골절부위와 정도에 비추어 음주측정 당시 통증으로 인하여 깊은 호흡을 하기 어려웠고 그 결과 음주측정이 제대로 되지 아니하였던 것으로 보이므로 피고인이 음주측정에 불응한 것이라고 볼 수는 없다.
④ 호흡측정기에 의한 음주측정을 요구하기 전에 사용되는 음주감지기 시험에서 음주반응이 나온 경우 운전자가 술에 취한 상태에 있다고 인정할 만한 상당한 이유가 있다.

34

☐△☒

정보의 분류 중 사용목적에 따른 분류로 가장 적절한 것은?

① 전략정보, 전술정보
② 적극정보, 소극(보안)정보
③ 기본정보, 현용정보, 판단정보
④ 인간정보, 기술정보

35

☐△☒

「집회 및 시위에 관한 법률」에 대한 설명으로 가장 적절한 것은?

① "주최자"란 자기 이름으로 자기 책임 아래 집회나 시위를 여는 사람이나 단체를 말한다. 주최자는 질서유지인을 따로 두어 집회 또는 시위의 실행을 맡아 관리하도록 위임할 수 있다.
② 집회 또는 시위의 주최자는 집회 또는 시위의 질서 유지에 관하여 자신을 보좌하도록 18세 이상의 사람을 질서유지인으로 임명하여야 한다.
③ 옥외집회 또는 시위 장소가 두 곳 이상의 경찰서의 관할에 속하는 경우에는 관할 지방경찰청장에게 신고서를 제출해야 하고, 두 곳 이상의 지방경찰청 관할에 속하는 경우에는 경찰청장에게 신고서를 제출하여야 한다.
④ 관할경찰관서장은 신고서의 기재 사항에 미비한 점을 발견하면 접수증을 교부한 때부터 12시간 이내에 주최자에게 24시간을 기한으로 그 기재 사항을 보완할 것을 통고할 수 있다.

36

☐☐☒

간첩에 관한 다음 설명 중 가장 적절하지 않은 것은?

① 간첩망 중 피라미드형은 간첩이 3명 이내의 공작원을 포섭하여 지휘하고 포섭된 공작원 간 횡적 연락을 차단하는 형태이다.
② 간첩은 활동방법을 기준으로 고정간첩, 배회간첩, 공행간첩으로 구분할 수 있다.
③ 보급간첩은 이미 침투한 간첩의 공작활동에 필요한 공작금품, 장비, 증명서 원본 등 물적 지원의 임무를 담당한다.
④ 지명형 간첩은 특정 목표 및 임무를 부여받아 필요한 비밀활동 및 공작기술에 대한 교육을 받고 해당 정보를 수집하도록 개별적으로 지명하여 침투된 간첩을 말한다.

37

☐☐☒

국가보안법 제9조(편의제공)에 대한 다음 설명 중 가장 틀린 것은?

① 본죄의 주체에는 아무런 제한이 없다.
② '총포 · 탄약 · 화약 기타 무기를 제공한 경우'와 '금품 기타 재산상의 이익을 제공하거나 잠복 · 회합 · 통신 · 연락을 위한 장소를 제공하거나 기타의 방법으로 편의를 제공한 경우'를 구분하여 규정하고 있다.
③ 국가의 존립 · 안전이나 자유민주적 기본질서를 위태롭게 한다는 정을 알아야 한다.
④ 본죄의 미수범은 처벌한다.

38

☐☐☒

다음 중 국적법상 일반귀화 요건에 해당하지 않는 것은?

① 5년 이상 계속하여 대한민국에 주소가 있을 것
② 대한민국에서 영주할 수 있는 체류자격을 가지고 있을 것
③ 귀화를 허가하는 것이 국가안전보장 · 질서유지 또는 공공복리를 해치지 아니한다고 법무부장관이 인정할 것
④ 법령을 준수하는 등 외교부령으로 정하는 품행 단정의 요건을 갖출 것

안심Touch

39

출입국관리법상 상륙의 종류와 내용에 대한 설명으로 가장 적절하지 않은 것은?

① 출입국관리공무원은 선박 등에 타고 있는 외국인(승무원을 포함한다)이 질병이나 그 밖의 사고로 긴급히 상륙할 필요가 있다고 인정되면 그 선박 등의 장이나 운수업자의 신청을 받아 30일의 범위에서 긴급상륙을 허가할 수 있다.

② 지방출입국·외국인관서의 장은 조난을 당한 선박 등에 타고 있는 외국인(승무원을 포함한다)을 긴급히 구조할 필요가 있다고 인정하면 그 선박 등의 장, 운수업자, 「수상에서의 수색·구조 등에 관한 법률」에 따른 구호업무 집행자 또는 그 외국인을 구조한 선박 등의 장의 신청에 의하여 30일의 범위에서 재난상륙허가를 할 수 있다.

③ 지방출입국·외국인관서의 장은 선박 등에 타고 있는 외국인이 「난민법」 제2조 제1호에 규정된 이유나 그 밖에 이에 준하는 이유로 그 생명·신체 또는 신체의 자유를 침해받을 공포가 있는 영역에서 도피하여 곧바로 대한민국에 비호(庇護)를 신청하는 경우 그 외국인을 상륙시킬 만한 상당한 이유가 있다고 인정되면 법무부장관의 승인을 받아 90일의 범위에서 난민 임시상륙허가를 할 수 있다. 이 경우 법무부장관은 외교부장관과 협의하여야 한다.

④ 출입국관리공무원은 관광을 목적으로 대한민국과 외국 해상을 국제적으로 순회하여 운항하는 여객운송선박 중 법무부령으로 정하는 선박에 승선한 외국인승객에 대하여 그 선박의 장 또는 운수업자가 상륙허가를 신청하면 5일의 범위에서 승객의 관광상륙을 허가할 수 있다.

40

범죄인 인도법상 임의적 인도거절 사유에 해당하는 것은?

① 대한민국 또는 청구국의 법률에 따라 인도범죄에 관한 공소시효 또는 형의 시효가 완성된 경우

② 인도범죄에 관하여 대한민국 법원에서 재판이 계속 중이거나 재판이 확정된 경우

③ 범죄인의 인도범죄 외의 범죄에 관하여 대한민국 법원에 재판이 계속 중인 경우 또는 범죄인이 형을 선고받고 그 집행이 끝나지 아니하거나 면제되지 아니한 경우

④ 범죄인이 인종, 종교, 국적, 성별, 정치적 신념 또는 특정 사회단체에 속한 것 등을 이유로 처벌되거나 그 밖의 불리한 처분을 받을 염려가 있다고 인정되는 경우

제4회 경찰승진 최종모의고사

01 ○△×

경찰개념의 발달과정에 대한 다음 설명 중 가장 옳은 것은?

① 14세기 말 프랑스의 경찰개념이 15세기 말 독일에 계수되었고, 16세기 독일 제국경찰법에서 경찰은 외교·군사·재정·사법을 제외한 내무행정 전반을 의미하였다.

② 제2차 세계대전 이후 독일에서는 보안경찰을 포함한 협의의 행정경찰이 다른 행정관청의 사무로 이관되는 비경찰화 과정이 이루어졌다.

③ 프로이센 법원은 크로이쯔베르크 판결을 통해, 경찰관청이 일반적 수권조항에 근거하여 법규명령을 발할 수 있는 분야는 소극적 위험방지 분야에 한정된다고 보았다.

④ 1884년 프랑스의 지방자치법전 제97조은 '자치경찰은 공공의 질서·안전을 확보함을 목적으로 한다'고 규정하여 위생사무 등 협의의 행정경찰적 사무를 제외하고 경찰의 직무를 소극목적에 한정하였다.

02 ○△×

경찰의 임무를 공공의 안녕과 질서에 대한 위험의 방지라고 할 때, 위험에 대한 설명 중 옳은 것은 모두 몇 개인가?

> ⊙ 위험이란 가까운 장래에 공공의 안녕에 손해가 나타날 수 있는 가능성이 개개의 경우에 충분히 존재하는 상태를 말한다.
>
> ⓛ 추상적 위험이란 구체적 위험의 예상 가능성을 의미한다.
>
> ⓒ 경찰이 의무에 합당한 사려 깊은 상황판단을 했음에도 불구하고 위험을 잘못 긍정하는 경우 '오상위험'이라고 한다.
>
> ⓔ 오상위험의 경우 경찰관 개인에게는 민·형사상 책임이, 국가에게는 배상책임이 발생할 수 있다.
>
> ⓜ 위험혐의는 위험의 존재 여부가 명백해질 때까지 예비적으로 행하는 위험조사 차원의 개입을 정당화한다.

① 4개　　　　　② 3개
③ 2개　　　　　④ 없음

03

○△✕

다음 중 미군정기의 내용에 해당하는 것은 몇 개인가?

> ⊙ 위생사무의 이전과 경제경찰 · 고등경찰의 폐지
> ⓒ 경무부의 설치
> ⓒ 중앙경찰위원회와 국립과학수사연구소의 설치
> ② 경찰의 독자적 수사권 행사
> ⑩ 정치범처벌법 · 치안유지법 폐지

① 1개   ② 2개
③ 3개   ④ 4개

04

○△✕

행정규칙과 법규명령에 관한 설명으로 가장 적절하지 않은 것은?

① 법규명령이란 국회의 의결을 거치지 아니하고 행정기관이 정립하는 일반적 · 추상적인 성문법규를 말한다.
② 법규명령의 한계로 행정권에 대한 입법권의 일반적 · 포괄적 위임은 인정될 수 없고, 국회 전속적 법률사항의 위임은 원칙적으로 금지되며, 법률에 의하여 위임된 사항을 전부 하위명령에 재위임하는 것은 금지된다.
③ 위임명령은 법규명령에 해당하고, 집행명령은 행정규칙에 해당한다.
④ 행정규칙에 따른 종래의 관행이 위법한 경우 자기구속의 법리는 적용되지 않는다.

05

○△✕

경찰위원회에 대한 설명으로 적절하지 않은 것을 모두 고른 것은?

> ⊙ 경찰법에 설치근거를 두고 있다.
> ⓒ 경찰청장은 경찰위원회의 의결사항이 부적당하다고 판단될 때에는 재의를 요구할 수 있다.
> ⓒ 위원회 회의는 재적위원 과반수의 출석과 출석위원 과반수의 찬성으로 의결한다.
> ② 위원의 임기는 3년으로 하며, 연임할 수 있다.
> ⑩ 위원회는 위원장 1인을 포함한 7명의 위원으로 구성되며, 모두 비상임위원이다.

① ⊙, ⓒ, ②   ② ⊙, ⓒ, ⑩
③ ⓒ, ⓒ, ②   ④ ⓒ, ②, ⑩

06

○△✕

위임 · 대리 · 대결에 관한 설명으로 가장 적절하지 않은 것은?

① 권한의 위임은 권한의 귀속이 변경되어 수임기관은 자기의 명의와 책임 하에 권한을 행사하고 위임된 권한에 관한 쟁송을 할 때 수임관청 자신이 당사자가 된다.
② 권한의 위임시 위임기관은 수임기관의 수임사무 처리가 위법하거나 부당하다고 인정될 때에는 이를 취소하거나 정지시킬 수 있다.
③ 권한의 위임은 법적 근거를 필요로 하지 않는다.
④ 대결은 권한 자체의 귀속에 있어서 변경을 가져오지 않고 본래의 경찰행정관청의 이름으로 행해지는 내부적 사실행위에 해당한다.

07

경찰공무원의 임용에 대한 다음 설명 중 가장 틀린 것은?

① 강등·정직처분의 집행이 끝난 날부터 18개월(「국가공무원법」 제78조의2제1항 각 호의 어느 하나에 해당하는 사유로 인한 징계처분과 소극행정, 음주운전(음주측정에 응하지 않은 경우를 포함한다), 성폭력, 성희롱 및 성매매에 따른 징계처분의 경우에는 각각 6개월을 더한 기간)이 지나지 아니한 사람은 승진임용될 수 없다.

② 총경 이하의 경찰공무원에 대하여는 대통령령으로 정하는 바에 따라 계급별로 승진대상자 명부를 작성하여야 한다.

③ 경찰공무원의 승진임용 시 심사승진후보자와 시험승진후보자가 있을 경우에 승진임용 인원은 각각 승진임용 인원의 50퍼센트로 한다.

④ 경무관의 승진소요 최저근무연수는 4년이다.

08

경찰공무원의 징계에 대한 설명으로 틀린 것은?

> ⊙ 중징계란 파면, 해임, 강등 및 정직을 말하며, 경징계란 감봉, 견책 및 경고를 말한다.
> ⊙ 경찰공무원 보통징계위원회는 해당 징계위원회가 설치된 경찰기관 소속 경정 이하 경찰공무원에 대한 징계 등 사건을 심의·의결한다.
> ⊙ 임용권자 또는 임용제청권자는 공무원이 퇴직을 희망하는 경우에는 징계사유가 있는지 여부를 감사원과 검찰·경찰 등 조사 및 수사기관의 장에게 확인하여야 한다.
> ⊙ 징계위원회의 의결은 위원장을 포함한 위원 과반수의 출석과 출석위원 3분의 2 이상의 찬성으로 의결한다.
> ⊙ 정직은 1개월 이상 3개월 이하의 기간으로 하고, 정직처분을 받은 자는 그 기간 중 공무원의 신분은 보유하나 직무에 종사하지 못하며 보수는 전액을 감한다.

① ㉠, ㉡, ㉢ 　　　② ㉠, ㉡, ㉣

③ ㉡, ㉢, ㉣ 　　　④ ㉢, ㉣, ㉤

09

경찰하명에 대한 다음 설명 중 가장 틀린 것은?

① 경찰하명은 부과되는 의무의 내용을 기준으로 작위·부작위·수인·급부하명으로 구분할 수 있다.

② 부작위하명은 경찰금지라고도 하며 가장 보편적인 경찰하명이다.

③ 경찰하명의 상대방이 의무를 위반하는 경우 경찰상 강제집행이 행해질 수 있고, 경찰하명을 이행하지 않은 경우 경찰벌이 부과될 수 있다.

④ 상대적 금지는 허가를 유보한 금지로서 경찰허가라는 별도의 행정행위에 의해 비로소 금지가 해제된다.

10

질서위반행위규제법에 대한 다음 설명 중 가장 옳은 것은?

① 2인 이상이 질서위반행위에 가담한 때에는 각자가 질서위반행위를 한 것으로 본다.

② 고의 또는 과실이 없는 질서위반행위는 과태료를 감경한다.

③ 과태료는 행정청의 과태료 부과처분이나 법원의 과태료 재판이 확정된 후 3년간 징수하지 아니하거나 집행하지 아니하면 시효로 인하여 소멸한다.

④ 19세가 되지 아니한 자의 질서위반행위는 과태료를 부과하지 아니한다. 다만, 다른 법률에 특별한 규정이 있는 경우에는 그러하지 아니하다.

안심Touch

11

☐△✕

경찰관직무집행법 및 동법 시행령에 대한 다음 설명 중 옳은 것은?

> ⊙ 경찰청장 또는 해양경찰청장은 이 법에 따른 경찰관의 직무수행을 위하여 외국 정부기관, 국제기구 등과 자료 교환, 국제협력 활동 등을 할 수 있다.
> ⓒ 경찰청장은 위해성 경찰장비를 새로 도입하려는 경우에는 대통령령으로 정하는 바에 따라 안전성 검사를 실시하여 그 안전성 검사의 결과보고서를 경찰위원회에 제출하여야 한다. 이 경우 안전성 검사에는 외부 전문가를 참여시켜야 한다.
> ⓒ 경찰관은 범인의 체포, 범인의 도주 방지, 자신이나 다른 사람의 생명·신체의 방어 및 보호, 공무집행에 대한 항거의 제지를 위하여 필요하다고 인정되는 상당한 이유가 있을 때에는 그 사태를 합리적으로 판단하여 필요한 한도에서 무기를 사용할 수 있다.
> ⓔ 경찰청장 또는 지방경찰청장은 보상금을 반환하여야 할 사람이 대통령령으로 정한 기한까지 그 금액을 납부하지 아니한 때에는 국세 체납처분의 예에 따라 징수할 수 있다.
> ⓜ 소속 경찰공무원의 직무집행으로 인하여 발생한 손실보상청구 사건을 심의하기 위하여 경찰청, 지방경찰청, 경찰서에 손실보상심의위원회를 설치한다.

① ⊙, ⓒ, ⓔ
② ⊙, ⓒ, ⓔ
③ ⓒ, ⓒ, ⓔ
④ ⓒ, ⓔ, ⓜ

12

☐△✕

다음 중 경찰관직무집행법에 그 근거가 있는 것은 모두 몇 개인가?

> ⊙ 불심검문　　　ⓒ 범죄의 예방 및 제지
> ⓒ 위험발생의 방지 등　ⓔ 사실의 확인 등
> ⓜ 위험 방지를 위한 출입　ⓑ 국제협력

① 3개
② 4개
③ 5개
④ 6개

13

☐△✕

직위분류제의 장점으로 옳은 모두 몇 개인가?

> ⊙ 권한과 책임의 한계를 명확하게 할 수 있다.
> ⓒ 전문행정가 양성에 기여할 수 있다.
> ⓒ 신축적인 인사배치가 가능하다.
> ⓔ 행정의 안정화에 기여하며, 공무원의 신분보장이 강화된다.
> ⓜ 보수체계의 합리적 기준을 제시할 수 있다.

① 없음
② 1개
③ 2개
④ 3개

14

☐△✕

「경찰장비관리규칙」 상 차량관리에 대한 설명으로 적절하지 않은 것을 모두 고른 것은?

> ⊙ 차량은 용도별로 전용·지휘용·행정용·순찰용·특수용 차량으로 구분한다.
> ⓒ 부속기관 및 지방경찰청의 장은 다음 연도에 소속기관의 차량정수를 증감시킬 필요가 있을 때에는 매년 11월 말까지 다음 연도 차량정수 소요계획을 경찰청장에게 제출하여야 한다.
> ⓒ 차량교체를 위한 불용 대상차량은 주행거리와 차량의 노후상태를 최우선적으로 고려하여 선정하여야 하고, 주행거리가 동일한 경우에는 차량사용기간, 사용부서 등을 추가로 검토한다.
> ⓔ 차량운행 시 책임자는 1차 선임탑승자, 2차 운전자(사용자), 3차 경찰기관의 장으로 한다.

① ⊙, ⓔ
② ⊙, ⓒ, ⓒ
③ ⓒ, ⓒ, ⓔ
④ ⊙, ⓒ, ⓒ, ⓔ

15 ○△✕

국가배상법에 대한 다음 설명 중 가장 틀린 것은?(다툼이 있는 경우 판례에 의함)

① 도로·하천, 그 밖의 공공의 영조물(營造物)의 설치나 관리에 하자(瑕疵)가 있기 때문에 타인에게 손해를 발생하게 하였을 때에는 국가나 지방자치단체는 그 손해를 배상하여야 한다.

② 위의 ①과 관련하여 손해의 원인에 대하여 책임을 질 자가 따로 있으면 국가나 지방자치단체는 그 자에게 구상할 수 있다.

③ 외국인이 피해자인 경우 국가배상법을 적용하지 아니한다.

④ 지방자치단체장이 설치하여 관할 지방경찰청장에게 관리권한이 위임된 교통신호기의 고장으로 인하여 교통사고가 발생한 경우, 지방자치단체뿐만 아니라 국가도 손해배상책임을 부담한다.

16 ○△✕

경찰감찰규칙에 대한 다음 설명 중 가장 옳은 것은?

① 직무와 관련한 금품 및 향응 수수, 공금횡령·유용, 「성폭력범죄의 처벌 등에 관한 특례법」에 따른 성폭력범죄로 징계처분을 받은 사람은 감찰관이 될 수 없다.

② 경찰기관의 장은 감찰관이 결격사유에 해당되는 것으로 밝혀졌을 경우와 일정한 사유에 해당하는 경우를 제외하고는 3년 이내에 본인의 의사에 반하여 전보하여서는 아니 된다.

③ 경찰기관의 장은 2년 이상 성실히 근무한 감찰관에 대해서는 희망부서를 고려하여 전보한다.

④ 감찰관은 소속 경찰기관의 관할구역 안에서 활동하여야 한다. 다만, 소속 경찰기관의 장의 지시가 있는 경우에는 관할구역 밖에서도 활동할 수 있다.

17 ○△✕

경찰 인권보호 규칙에 대한 다음 설명 중 가장 틀린 것은?

① 경찰 활동 전반에 걸친 민주적 통제를 구현하여 경찰력 오·남용을 예방하고, 경찰 행정의 인권 지향성을 높여 인권을 존중하는 경찰 활동을 정립하기 위해 경찰청장, 지방경찰청장 및 경찰서장의 자문기구로서 각각 경찰청 인권위원회, 지방경찰청 인권위원회 및 경찰서 인권위원회(이하 "위원회"라 한다)를 설치하여 운영한다.

② 위원회는 위원장 1명을 포함하여 7명 이상 13명 이하의 위원으로 구성한다. 이때, 특정성별이 전체 위원 수의 10분의 6을 초과하지 아니해야 한다.

③ 경찰청장은 경찰관등이 근무하는 동안 지속적·체계적으로 교육을 받을 수 있도록 3년 단위로 인권교육종합계획을 수립하여 시행하여야 한다.

④ 인권보호담당관은 반기 1회 이상 인권영향평가의 이행 여부를 점검하고, 이를 경찰청 인권위원회에 제출하여야 한다.

18 ○△✕

부정청탁 및 금품등 수수의 금지에 관한 법률 제8조는 '금품등의 수수 금지'를 규정하고 있다. 다음 중 수수가 가능한 금품은?

① 공공기관이 소속 공직자등이나 파견 공직자등에게 지급하거나 하급 공직자등이 위로·격려·포상 등의 목적으로 상급 공직자등에게 제공하는 금품등

② 사적 거래(증여를 포함한다)로 인한 채무의 이행 등 정당한 권원(權原)에 의하여 제공되는 금품등

③ 공직자등의 친족(「민법」 제777조에 따른 친족을 말한다)이 제공하는 금품등

④ 5만 원의 음식물(제공자와 공직자등이 함께 하는 식사, 다과, 주류, 음료, 그 밖에 이에 준하는 것을 말한다)

19 ☐△✕

경찰윤리강령에 대한 다음 설명 중 가장 적절하지 않은 것은?

① 경찰윤리강령은 대외적으로는 치안서비스의 질적 수준 보장, 행위의 준거제공 등의 기능을 한다.

② 경찰윤리강령은 강제력의 부족, 냉소주의 조장, 최소주의의 위험, 우선순위 미결정 등의 문제점이 있다.

③ 우리나라의 경찰윤리강령은 경찰윤리헌장(1966년) → 새경찰신조(1980년) → 경찰헌장(1991년) → 경찰서비스헌장(1998년)순으로 제정되었다.

④ 경찰서비스헌장은 '친절한 경찰, 의로운 경찰, 공정한 경찰, 근면한 경찰, 깨끗한 경찰' 5개항을 목표로 제시하였다.

20 ☐△✕

코헨(Cohen)과 펠드버그(Feldberg)가 주장한 '민주경찰의 바람직한 지향점'에 대한 다음 설명 중 그 성격이 다른 것은?

① 음주단속 중이던 김순경이 음주운전자 A를 적발하였으나 동료 경찰관이라는 이유로 이를 단속하지 않은 경우

② 순찰업무를 담당하고 있는 B순경이 관할 구역 중 가족이 살고 있는 구역에서 순찰시간의 대부분을 할애하는 경우

③ 빈민가에서 발생한 절도사건의 신고를 받고도 현장에 늑장 출동한 C순경이 범죄에 대한 자세한 조사도 실시하지 않고 현장에서 철수하려 한 경우

④ 강도사건의 신고를 받고 현장에 출동한 D순경이 건장한 체격의 피의자가 회칼을 들고 있는 것을 보고, 피의자를 추격하는 척 하면서 도망가도록 내버려 둔 경우

21 ☐△✕

범죄의 통제에 대한 다음 설명 중 가장 틀린 것은?

① 고전학파는 범죄의 책임은 전적으로 개인에게 있으며, 국가에 의한 강력하고 확실한 처벌로 범죄를 통제하고자 하였다.

② 실증주의 범죄학자들은 '교정과 치료'를 통해 범죄를 예방하고자 하였다.

③ 고전학파의 견해는 의도적 범죄에 적용하기에는 한계가 있다.

④ 사회발전 이론은 개인이나 소규모 조직체에 의해서 수행될 수 없다는 문제가 있다.

22 ☐△✕

성폭력범죄의 처벌 등에 관한 특례법(약칭 : 성폭력처벌법)에 대한 다음 설명 중 가장 틀린 것은?

① 미성년자에 대한 성폭력범죄의 공소시효는 「형사소송법」 제252조 제1항 및 「군사법원법」 제294조 제1항에도 불구하고 해당 성폭력범죄로 피해를 당한 미성년자가 성년에 달한 날부터 진행한다.

② 신체적인 또는 정신적인 장애가 있는 사람에 대하여 강간죄를 범한 경우에는 공소시효를 적용하지 아니한다.

③ 성폭력범죄의 피해자가 13세 미만이거나 신체적인 또는 정신적인 장애로 사물을 변별하거나 의사를 결정할 능력이 미약한 경우에는 피해자의 진술 내용과 조사 과정을 비디오녹화기 등 영상물 녹화장치로 촬영·보존하여야 한다.

④ 경찰청장은 각 경찰서장으로 하여금 성폭력범죄 전담 사법경찰관을 지정하도록 하여 특별한 사정이 없으면 이들로 하여금 피해자를 조사하게 하여야 한다.

23

□△✕

아동학대범죄의 처벌 등에 관한 특례법(약칭 : 아동학
대처벌법)상 응급조치에 해당하는 것은 모두 몇 개인
가?

> ㉠ 아동학대범죄 행위의 제지
> ㉡ 아동학대행위자를 피해아동 등으로부터 격리
> ㉢ 피해아동 등 또는 가정구성원의 주거로부터 퇴거 등
>   격리
> ㉣ 의료기관이나 그 밖의 요양시설에의 위탁
> ㉤ 긴급치료가 필요한 피해아동을 의료기관으로 인도

① 2개 ② 3개
③ 4개 ④ 5개

24

□△✕

가정폭력범죄의 처벌 등에 관한 특례법(약칭 : 가정폭
력처벌법)에 대한 설명으로 옳은 것은?

> ㉠ 명예훼손, 사자의 명예훼손, 출판물등에 의한 명예훼
>   손 및 모욕의 죄는 가정폭력범죄에 해당한다.
> ㉡ 피해자의 동의 없이도 피해자를 가정폭력 관련 상담
>   소 또는 보호시설로 인도할 수 있다.
> ㉢ 가정폭력범죄가 재발될 우려가 있다고 인정하는 경우
>   에는 사법경찰관은 직권으로 법원에 임시조치를 청구
>   할 수 있다.
> ㉣ 피해자에게 고소할 법정대리인이나 친족이 없는 경우
>   에 이해관계인이 신청하면 검사는 10일 이내에 고소
>   할 수 있는 사람을 지정하여야 한다.
> ㉤ 검사는 가정폭력범죄로서 사건의 성질·동기 및 결과,
>   가정폭력행위자의 성행 등을 고려하여 이 법에 따른
>   보호처분을 하는 것이 적절하다고 인정하는 경우에는
>   가정보호사건으로 처리할 수 있다. 이 경우 검사는 피
>   해자의 의사를 존중하여야 한다.

① ㉠, ㉡, ㉤ ② ㉠, ㉣, ㉤
③ ㉡, ㉢, ㉤ ④ ㉡, ㉣, ㉤

25

□△✕

「피의자 유치 및 호송규칙」에 대한 설명으로 가장 틀
린 것은?

① 간이검사란 일반적으로 유치인에 대하여는 탈의
   막 안에서 속옷은 벗지 않고 신체검사의를 착용
   (유치인의 의사에 따른다)하도록 한 상태에서 위
   험물 등의 은닉여부를 검사하는 것을 말한다.
② 동시에 2명 이상의 피의자를 입감시킬 때에는 경
   위 이상 경찰관이 입회하여 순차적으로 입감시켜
   야 한다.
③ 호송관은 피호송자가 2인 이상일 때에는 제1항에
   의하여 피호송자마다 포박한 후 호송수단에 따라
   2인 내지 5인을 1조로 하여 상호 연결시켜 포승
   하여야 한다.
④ 호송관서의 장은 호송관 5인 이상 10인 이내일
   때에는 경사 1인을 지휘감독관으로 지정하여야
   한다.

26

□△✕

「범죄수사규칙」상 변사사건 처리 요령에 대한 설명으
로 가장 적절하지 않은 것은?

① 사법경찰관이 검시를 할 때에는 검시 관련 공무원
   을 참여시킬 수 있다. 이때 검시에 참여한 검시조
   사관은 변사자조사결과보고서를 작성하여야 한다.
② 사법경찰관은 검시를 한 경우에 사망이 범죄에 기
   인한 것으로 인정될 때에는 즉시 소속 경찰관서장
   에게 보고하는 동시에 수사를 개시하여야 한다.
③ 경찰관은 검시에 특별한 지장이 없다고 인정하면
   변사자의 가족·친족·이웃사람·친구, 시·
   군·구·읍·면·동의 공무원 그 밖에 필요하다
   고 인정하는 자를 참여시킬 수 있다.
④ 변사체는 후일을 위하여 매장함을 원칙으로 한다.

27

☐○△✕

경찰청 훈령인 '테러취약시설 안전활동에 관한 규칙'에 대한 다음 설명 중 가장 틀린 것은?

① 테러취약시설의 지정 등은 국방부장관이 행한다.
② 다중이용건축물등은 기능·역할의 중요성과 가치의 정도에 따라 "A"등급, "B"등급, "C"등급(이하 각 "A급", "B급", "C급"이라 한다)으로 구분한다.
③ 테러에 의하여 파괴되거나 기능 마비시 제한된 지역에서 단기간 대테러진압작전이 요구되고, 국민생활에 상당한 영향을 미칠 수 있는 건축물 또는 시설은 C급으로 구분한다.
④ 경찰서장은 관할 내에 있는 다중이용건축물등 전체에 대해 A급은 분기 1회 이상, B급·C급은 반기 1회 이상 지도·점검을 실시하여야 한다.

28

☐○△✕

다중범죄의 정책적 치료법에 대한 설명으로 가장 적절하지 않은 것은?

① 지연정화법 – 시간을 지연시킴으로써 불만집단의 고조된 주장을 이성적으로 사고할 기회를 부여하고 정서적으로 감정을 둔화시켜서 흥분을 가라앉게 하는 방법이다.
② 선수승화법 – 특정 사안의 불만집단에 대한 정보활동을 강화하여 사전에 불만 및 분쟁요인을 해소하는 방법이다.
③ 경쟁행위법 – 불만집단의 의견과 일치하는 대중의견을 크게 부각시켜 불만집단이 위압되어 자진 해산 및 분산하게 하는 방법이다.
④ 전이법 – 다중범죄의 발생 징후나 이슈가 있을 때 집단이나 국민들의 관심을 집중시킬 수 있는 경이적인 사건을 폭로하거나 규모가 큰 행사를 개최함으로써 원래의 이슈가 약화되도록 유도하는 방법이다.

29

☐○△✕

청원경찰에 대한 다음 설명 중 옳은 것은?

> ㉠ 청원경찰을 배치받으려는 자는 대통령령으로 정하는 바에 따라 관할 경찰서장에게 청원경찰 배치를 신청하여야 한다.
> ㉡ 청원경찰은 근무 중 제복을 착용하여야 한다.
> ㉢ 지방경찰청장은 청원경찰이 직무를 수행하기 위하여 필요하다고 인정하면 청원주의 신청을 받아 관할 경찰서장으로 하여금 청원경찰에게 무기를 대여하여 지니게 할 수 있다.
> ㉣ 청원경찰에 대한 징계 종류로는 파면, 해임, 강등, 정직, 감봉, 견책이 있다.
> ㉤ 지방경찰청장은 청원경찰의 효율적인 운영을 위하여 청원주를 지도하며 감독상 필요한 명령을 할 수 있다.

① ㉠, ㉡, ㉤   ② ㉠, ㉢, ㉣
③ ㉡, ㉢, ㉤   ④ ㉢, ㉣, ㉤

30

☐○△✕

다음은 설명과 관련이 있는 안전표지를 순서대로 바르게 나열한 것은?

> ㉠ 도로상태가 위험하거나 도로 또는 그 부근에 위험물이 있는 경우에 필요한 안전조치를 할 수 있도록 이를 도로사용자에게 알리는 표지
> ㉡ 도로교통의 안전을 위하여 각종 제한·금지 등의 규제를 하는 경우에 이를 도로사용자에게 알리는 표지

① 지시표지, 규제표지
② 주의표지, 규제표지
③ 보조표지, 노면표시
④ 주의표지, 지시표지

31

도로교통법상 운전면허에 대한 다음 설명 중 틀린 것은?

○ 음주운전(무면허인 경우를 포함한다)을 하다가 사람을 사망에 이르게 한 경우 5년간 운전면허를 받을 수 없다.
○ 운전면허 취소처분을 받은 사람은 운전면허 결격기간이 끝났다 하여도 그 취소처분을 받은 이후에 특별교통안전 의무교육을 받지 아니하면 운전면허를 받을 수 없다.
○ 지방경찰청장으로부터 발급받은 국제운전면허증의 유효기간은 발급받은 날부터 1년으로 한다.
○ 연습운전면허를 받은 사람이 도로에서 주행연습을 하는 때에는 운전면허(연습하고자 하는 자동차를 운전할 수 있는 운전면허에 한한다)를 받은 날부터 2년이 경과된 사람(소지하고 있는 운전면허의 효력이 정지기간 중인 사람을 제외한다)과 함께 승차하여 그 사람의 지도를 받아야 한다.
○ 제1종 대형면허로 콘크리트믹서트레일러를 운전할 수 있다.

① 없음　　　　　　② 1개
③ 2개　　　　　　④ 3개

32

교통사고처리특례법 및 교통사고조사규칙에 대한 다음 설명 중 가장 틀린 것은?

① 사람을 사망하게 한 교통사고의 가해자는 「교통사고처리특례법」(이하 "교특법"이라 한다) 제3조 제1항을 적용하여 기소의견으로 송치한다.
② 사람을 다치게 한 교통사고(이하 "부상사고"라 한다)의 피해자가 가해자에 대하여 처벌을 희망하지 아니하는 의사표시를 한 때에는 같은 법 제3조 제2항을 적용하여 불기소 의견으로 송치한다.
③ 도로에서 교통상의 위험과 장해를 발생시키거나 발생시킬 우려가 있는 물피 뺑소니 사고에 대해서는 「도로교통법」 제148조를 적용하여 기소의견으로 송치한다.
④ 인피 뺑소니 사고의 경우 「도로교통법」을 적용하여 기소의견으로 송치한다.

33

도로교통에 대한 다음 설명 중 가장 틀린 것은?(다툼이 있는 경우 판례에 의함)

① 운전자가 경찰공무원으로부터 음주측정을 요구받고 호흡측정기에 숨을 내쉬는 시늉만 하는 등 형식적으로 음주측정에 응하였을 뿐 경찰공무원의 거듭된 요구에도 불구하고 호흡측정기에 음주측정수치가 나타날 정도로 숨을 제대로 불어넣지 아니하였다면 이는 실질적으로 음주측정에 불응한 것이다.
② 술에 취한 피고인이 자동차 안에서 잠을 자다가 추위를 느껴 히터를 가동시키기 위하여 시동을 걸었고, 실수로 자동차의 제동장치 등을 건드려 자동차가 움직인 경우 음주운전에 해당하지 않는다.
③ 무면허 운전행위와 주취 운전행위는 실체적 경합관계이다.
④ 물로 입 안을 헹굴 기회를 달라는 피고인의 요구를 무시한 채 호흡측정기로 측정하여 단속수치가 나왔다고 하더라도 술에 취한 상태에서 운전하였다고 단정할 수 없다.

34

정보의 순환에 대한 다음 설명 중 옳은 것은?

○ 정보의 생산은 선택 – 기록 – 평가 – 종합 – 분석 – 해석의 소순환 과정으로 진행된다.
○ P. N. I. O는 우선적인 정책목표일 뿐만 아니라 국가의 전 정보기관 활동의 기본방침에 해당한다.
○ 첩보의 출처 결정 시에는 요구되는 첩보가 어떤 종류의 것인지를 정보요구(need)를 감안하여 결정해야 한다.
○ 출처의 신빙성, 접근성, 경제성 등을 감안하여 출처를 결정하되 단 하나의 출처에 집착하는 것은 바람직하지 않다.
○ 정보는 소요시기와 사용목적을 고려하여 먼저 생산된 정보를 우선적으로 배포하여야 한다.

① ㉠, ㉡, ㉢　　　　② ㉠, ㉣, ㉤
③ ㉡, ㉢, ㉣　　　　④ ㉡, ㉣, ㉤

35

집회 및 시위에 관한 법률(약칭 : 집시법)에 대한 설명으로 가장 적절하지 않은 것은?

① "질서유지선"이란 관할 경찰서장이나 지방경찰청장이 적법한 집회 및 시위를 보호하고 질서유지나 원활한 교통 소통을 위하여 집회 또는 시위의 장소나 행진 구간을 일정하게 구획하여 설정한 띠, 방책(防柵), 차선(車線) 등의 경계 표지(標識)를 말한다.

② 헌법재판소의 결정에 따라 해산된 정당의 목적을 달성하기 위한 집회 또는 시위는 주최하여서는 아니 된다.

③ 주최자는 신고한 옥외집회 또는 시위를 하지 아니하게 된 경우에는 신고서에 적힌 집회 일시 24시간 전에 그 철회사유 등을 적은 철회신고서를 관할경찰관서장에게 제출하여야 한다.

④ 관할경찰관서장은 신고서의 기재 사항에 미비한 점을 발견하면 접수증을 교부한 때부터 12시간 이내에 주최자에게 24시간을 기한으로 그 기재 사항을 보완할 것을 통고하여야 한다.

36

간첩망의 형태에 대한 설명으로 가장 적절하지 않은 것은?

① 피라미드형 – 간첩이 주공작원 2~3명을 두고 그 밑에 각 2~3명의 행동공작원을 두는 조직형태로 일시에 많은 공작을 입체적으로 수행할 수 있고 활동범위가 넓은 반면, 행동의 노출이 쉽고 일망타진 가능성이 높으며 조직구성에 많은 시간이 소요된다.

② 단일형 – 보안유지 및 신속한 활동이 가능한 반면 활동범위가 좁고 공작성과가 비교적 낮다.

③ 삼각형 – 간첩이 3명 이내의 공작원을 포섭하여 지휘하고 포섭된 공작원 간 횡적연락을 차단한 형태로 일망타진 가능성은 적지만 활동범위가 좁고 공작원 검거 시 간첩 정체가 쉽게 노출된다.

④ 레포형 – 합법적 신분을 이용하여 침투하고 대상국의 정치 · 사회문제를 활용하여 적국의 이념이나 사상에 동조하도록 유도하며 간첩활동이 자유롭고 대중적 조직과 동원이 가능한 반면, 간첩의 정체가 폭로되었을 때 외교적 문제가 야기될 수 있다.

37

「국가보안법」의 특성에 관한 다음 설명 중 가장 옳지 않은 것은?

① 범죄의 선전 · 선동 권유 등 형법상 종범의 성격을 가진 행위에 대하여 독립된 범죄로 처벌한다.

② 검사는 이 법의 죄를 범한 자에 대하여 형법 제51조의 사항을 참작하여 공소제기를 보류할 수 있다.

③ 지방법원판사는 찬양 · 고무죄를 범한 피의자에 대해 사법경찰관이 검사에게 신청하여 검사의 청구가 있는 경우에 수사를 계속함에 상당한 이유가 있다고 인정한 때에는 「형사소송법」 제202조의 구속기간의 연장을 1차에 한하여 허가할 수 있다.

④ 「국가보안법」 위반죄를 범한 후 자수하거나 동법의 죄를 범한 자가 타인이 동법의 죄를 범하는 것을 방해하였을 때에는 그 형을 감경 또는 면제한다.

38

다음은 보안관찰처분대상자와 기간에 대한 설명이다.
(　)안에 들어갈 말이 바르게 연결된 것은?

> 보안관찰처분대상자란 보안관찰해당범죄 또는 이와 경합
> 된 범죄로 (㉠) 이상의 형의 선고를 받고 그 형기 합계
> 가 (㉡) 이상인 자로서 형의 전부 또는 일부의 집행을
> 받은 사실이 있는 자를 말하며, 보안관찰처분의 기간은
> (㉢)으로 한다.

① ㉠ 금고　　　㉡ 3년　　　㉢ 2년
② ㉠ 금고　　　㉡ 3년　　　㉢ 3년
③ ㉠ 자격정지　㉡ 2년　　　㉢ 2년
④ ㉠ 자격정지　㉡ 2년　　　㉢ 3년

39

출입국관리법상 외국인에 관한 다음 설명 중 가장 옳은 것은?

① 외국인은 그 체류자격과 체류기간의 범위에서 대한민국에 체류할 수 있다.

② 외교부장관은 공공의 안녕질서나 대한민국의 중요한 이익을 위하여 필요하다고 인정하면 대한민국에 체류하는 외국인에 대하여 거소(居所) 또는 활동의 범위를 제한하거나 그 밖에 필요한 준수사항을 정할 수 있다.

③ 대한민국에서 출생한 외국인은 출생한 날부터 60일 이내에 체류자격을 받아야 한다.

④ 외국인이 입국한 날부터 30일을 초과하여 대한민국에 체류하려면 대통령령으로 정하는 바에 따라 입국한 날부터 30일 이내에 그의 체류지를 관할하는 지방출입국 · 외국인관서의 장에게 외국인등록을 하여야 한다.

40

인터폴에 대한 설명으로 가장 적절하지 않은 것은?

① 인터폴 사무총국은 회원국정부가 자국 내에 국제경찰협력 상설 경찰부서를 지정하도록 하고 있는데 이것을 국가중앙사무국(NCB)이라 한다.

② 인터폴은 국제범죄자의 체포 및 구속 등의 임무를 수행한다.

③ 인터폴 국제수배란 국외도피범, 실종자, 우범자 및 장물 등 국제범죄와 관련된 수배대상인 인적 · 물적 사항에 관한 정확한 자료를 각 회원국에 통보하여 국제적으로 범죄수사에 공동대응하기 위한 것으로 인터폴은 수사권을 가진 수사기관이 아니다.

④ 국제수배서의 종류 중 황색수배서는 가출인 수배서이다.

풀이시간   분 | 해설편 040p

제5회   경찰승진 최종모의고사

01   ◯△✕

대륙법계의 경찰에 대한 다음 설명 중 가장 틀린 것은?

① 고대의 경찰 개념은 라틴어인 'politia'에서 기원한 것으로 도시국가(polis)에 관한 일체의 정치, 특히 국가·헌법 또는 국가활동 등을 의미하는 다의적인 개념이었다.

② 중세에 이르러 독일에서 제정된 제국경찰법에 의해 그 동안 경찰개념에서 제외되어 있던 교회행정에 대한 권한이 경찰의 개념에 포함되었다.

③ 경찰국가 시대에 이르러 경찰과 행정의 개념이 분화되기 시작하였으며 외교·사법·군사·재정이 경찰의 개념에서 제외되고 경찰개념은 내무행정 전반으로 축소되었다.

④ 법치국가 시대에 이르러 적극적인 복지증진이 경찰의 개념에서 제외되어 경찰작용은 소극적인 질서유지 작용에 국한되었다.

02   ◯△✕

한국 근·현대 경찰의 역사에 대한 다음 설명 중 가장 틀린 것은?

① '경무청관제직장'에 의해 당시의 좌·우포도청을 합하여 경무부를 신설하고, 경무부의 장으로 경무사를 두었다.

② 미군정 시기에는 경찰이 담당하였던 위생사무가 위생국으로 이관되는 등 비경찰화 작업이 진행되었다.

③ 구한말 일본이 한국의 경찰권을 강탈해 가는 과정은 '경찰사무에 관한 취극서'-'재한국 외국인민에 대한 경찰에 관한 한일협정'-'한국 사법 및 감옥사무 위탁에 관한 각서'-'한국 경찰사무 위탁에 관한 각서'의 순서로 진행되었다.

④ 1953년 「경찰관직무집행법」이 제정되었으며, 국민의 생명·신체·재산의 보호라는 영·미법적 사고가 반영되었다.

03 　　　　　　　　 ○△⊠

경찰행정기관에 대한 다음 설명 중 가장 틀린 것은?

① 경찰행정주체라 함은 행정을 행할 권리와 의무를 가지며, 자기의 이름과 책임 하에 경찰행정을 실시하는 단체(법인)를 말한다.

② 경찰행정기관에게는 법률에 의하여 일정한 범위의 권한과 책임이 주어지며, 경찰행정기관이 그 권한의 범위 내에서 행하는 행위의 효과는 법률상 행정주체인 국가에 귀속된다.

③ 경찰행정관청이란 행정주체의 법률상 의사를 결정하여 외부에 표시하는 권한을 가지는 경찰행정기관을 말한다. 경찰조직의 경우 경찰청장, 지방경찰청장, 경찰서장 및 지구대장이 경찰행정관청으로써 계층적 구조를 이루고 있다.

④ 경찰의결기관이란 경찰행정관청의 의사를 구속하는 의결을 행하는 경찰행정기관을 말하며, 경찰위원회를 그 예로 들 수 있다.

04 　　　　　　　　 ○△⊠

「경찰법」에 대한 내용으로 가장 적절하지 않은 것은?

① 치안에 관한 사무를 관장하게 하기 위하여 행정안전부장관 소속으로 경찰청을 둔다.

② 치안행정협의회의 조직·운영과 그 밖에 필요한 사항은 대통령령으로 정한다.

③ 경찰청장은 행정안전부장관의 제청으로 국무총리를 거쳐 대통령이 임명한다. 이 경우 국회의 인사청문을 거쳐야 한다.

④ 경찰청장의 임기는 2년으로 하고, 중임할 수 없다.

05 　　　　　　　　 ○△⊠

경찰위원회에 대한 다음 설명 중 가장 옳은 것은?

① 위원회는 위원장 1명을 제외한 7명의 위원으로 구성하되, 위원장 및 5명의 위원은 비상임(非常任)으로 하고, 1명의 위원은 상임(常任)으로 한다.

② 위원 중 상임위원은 정무직으로 한다.

③ 위원은 경찰청장의 제청으로 국무총리를 거쳐 대통령이 임명한다.

④ 보궐위원의 임기는 3년으로 하며, 연임할 수 없다.

06 　　　　　　　　 ○△⊠

다음은 「경찰공무원법」 및 「경찰공무원 임용령」상 경찰공무원의 임용에 대하여 설명한 것이다. 옳은 것은?

> ⊙ 휴직기간, 직위해제기간 및 징계에 의한 감봉처분 또는 견책처분을 받은 기간은 시보임용기간에 산입하지 아니한다.
>
> ⓒ 총경 이상 경찰공무원은 경찰청장 또는 해양경찰청장의 추천을 받아 행정안전부장관의 제청으로 국무총리를 거쳐 대통령이 임용한다
>
> ⓒ '자격정지 이상의 형의 선고유예를 선고받고 그 유예기간 중에 있는 사람'은 경찰공무원으로 임용될 수 없다.
>
> ⓔ 경찰공무원은 임용장이나 임용통지서에 적힌 날짜에 임용된 것으로 보며, 임용일자를 소급해서는 아니 된다. 사망으로 인한 면직은 사망한 날에 면직된 것으로 본다.
>
> ⓜ 경무관 이하 계급으로의 승진은 승진심사에 의하여 한다. 다만, 경정 이하 계급으로의 승진은 대통령령으로 정하는 비율에 따라 승진시험과 승진심사를 병행할 수 있다.

① ⊙, ⓒ, ⓔ　　　　② ⊙, ⓔ, ⓜ

③ ⓒ, ⓒ, ⓜ　　　　④ ⓒ, ⓔ, ⓜ

07

공직자윤리법에 대한 다음 설명 중 가장 틀린 것은?

① 총경 이상의 경찰공무원은 이 법에서 정하는 바에 따라 재산을 등록하여야 한다.

② 공직자윤리위원회는 관할 등록의무자 중 치안감 이상의 경찰공무원 및 특별시·광역시·특별자치시·도·특별자치도의 지방경찰청장 본인과 배우자 및 본인의 직계존속·직계비속의 재산에 관한 등록사항과 변동사항 신고내용을 등록기간 또는 신고기간 만료 후 1개월 이내에 관보 또는 공보에 게재하여 공개하여야 한다.

③ 경찰공무원은 외국으로부터 선물을 받거나 그 직무와 관련하여 외국인(외국단체를 포함한다)에게 선물을 받을 경우 소속 기관장의 허가를 받아야 한다. 이 경우 허가를 받아야 할 선물은 그 선물 수령 당시 증정한 국가 또는 외국인이 속한 국가의 시가로 미국화폐 100달러 이상이거나 국내 시가로 10만 원 이상인 선물로 한다.

④ 취업심사대상자는 퇴직일부터 3년간 취업심사대상기관에 취업할 수 없다. 다만, 관할 공직자윤리위원회로부터 취업심사대상자가 퇴직 전 5년 동안 소속하였던 부서 또는 기관의 업무와 취업심사대상기관 간에 밀접한 관련성이 없다는 확인을 받거나 취업승인을 받은 때에는 취업할 수 있다.

08

「경찰공무원 복무규정」에 대한 다음 설명 중 가장 틀린 것은?

① 경찰공무원은 상사의 허가를 받거나 그 명령에 의한 경우를 제외하고는 직무와 관계없는 장소에서 직무수행을 하여서는 아니 된다.

② 경찰공무원은 근무시간 중 음주를 하여서는 아니 된다. 다만, 특별한 사정이 있는 경우에는 예외로 하되, 이 경우 주기가 있는 상태에서 직무를 수행하여서는 아니 된다.

③ 경찰공무원은 직위 또는 직권을 이용하여 부당하게 타인의 민사 분쟁에 개입하여서는 아니 된다.

④ 경찰공무원은 휴무일 또는 근무시간외에 2시간 이내에 직무에 복귀하기 어려운 지역으로 여행을 하고자 할 때에는 소속 경찰기관의 장의 허가를 받아야 한다.

09

경찰공무원의 징계에 대한 설명으로 가장 틀린 것은?

① 징계의결등의 요구는 징계 등의 사유가 발생한 날부터 3년(제78조의2 제1항 각 호의 어느 하나에 해당하는 경우에는 5년)이 지나면 하지 못한다.

② 징계위원회는 징계등 사건을 의결할 때에는 징계등 심의 대상자의 평소 행실, 근무 성적, 공적(功績), 뉘우치는 정도와 징계등 의결을 요구한 자의 의견을 고려하여야 한다.

③ 경무관 이상의 강등 및 정직과 경정 이상의 파면 및 해임은 경찰청장 또는 해양경찰청장의 제청으로 행정안전부장관 또는 해양수산부장관과 국무총리를 거쳐 대통령이 한다.

④ 징계등 심의 대상자의 소재가 분명하지 아니할 때에는 출석 통지를 관보에 게재하고, 그 게재일의 다음 날부터 10일이 지나면 출석 통지가 송달된 것으로 본다.

10

☐○△✕☐

소청심사에 대한 다음 설명 중 가장 옳은 것은?

① 처분사유 설명서를 받은 공무원이 그 처분에 불복할 때에는 그 설명서를 받은 날부터 60일 이내에 소청심사위원회에 이에 대한 심사를 청구할 수 있다. 이 경우 변호사를 대리인으로 선임할 수 있다.

② 소청심사위원회의 상임위원의 임기는 3년으로 하며, 연임할 수 없다.

③ 소청심사위원회가 소청 사건을 심사할 때에는 대통령령등으로 정하는 바에 따라 소청인 또는 대리인에게 진술 기회를 주어야 한다. 진술 기회를 주지 아니한 결정은 무효로 한다.

④ 소청심사위원회의 위원은 자격정지 이상의 형벌이나 장기의 심신 쇠약으로 직무를 수행할 수 없게 된 경우 외에는 본인의 의사에 반하여 면직되지 아니한다.

11

☐○△✕☐

「질서위반행위규제법」에 대한 내용으로 가장 적절한 것은?

① 18세가 되지 아니한 자의 질서위반행위는 과태료를 부과하지 아니한다. 다만, 다른 법률에 특별한 규정이 있는 경우에는 그러하지 아니하다.

② 행정청이 질서위반행위에 대하여 과태료를 부과하고자 하는 때에는 미리 당사자에게 대통령령으로 정하는 사항을 통지하고, 7일 이상의 기간을 정하여 의견을 제출할 기회를 주어야 한다. 이 경우 지정된 기일까지 의견 제출이 없는 경우에는 의견이 없는 것으로 본다.

③ 과태료는 행정청의 과태료 부과처분이나 법원의 과태료 재판이 확정된 후 3년간 징수하지 아니하거나 집행하지 아니하면 시효로 인하여 소멸한다.

④ 고의 또는 과실이 없는 질서위반행위는 과태료를 부과하지 아니한다.

12

☐○△✕☐

「경찰관 직무집행법」에 대한 내용으로 가장 옳은 것은?

① 「경찰관 직무집행법」 제2조는 직무의 범위에서 '범죄피해자 보호'를 규정하고 있다.

② 경찰관은 임의동행한 사람의 가족이나 친지 등에게 동행한 경찰관의 신분, 동행 장소, 동행 목적과 이유를 알리고 본인으로 하여금 즉시 연락할 수 있는 기회를 주어야 하며, 변호인의 도움을 받을 권리가 있음을 알려야 한다.

③ 이 법은 국민의 자유와 권리를 보호하고 사회공공의 질서를 유지하기 위한 국가경찰의 기본조직 및 직무 범위를 규정함을 목적으로 한다.

④ 경찰청장은 위해성 경찰장비를 새로 도입하려는 경우에는 대통령령으로 정하는 바에 따라 안전성 검사를 실시하여 그 안전성 검사의 결과보고서를 경찰위원회에 제출하여야 한다. 이 경우 안전성 검사에는 외부 전문가를 참여시켜야 한다.

13

☐○△✕☐

경찰관 직무집행법상 다음 ( )안에 들어갈 숫자의 합은?

> ⊙ 불심검문을 위하여 가까운 경찰관서로 검문대상자를 동행한 경우, 그 검문대상자로 하여금 ( )시간을 초과하여 경찰관서에 머물게 할 수 없다.
>
> ⓛ 경찰관은 보호조치를 하는 경우에 구호대상자가 휴대하고 있는 무기·흉기 등 위험을 일으킬 수 있는 것으로 인정되는 물건을 경찰관서에 임시로 영치하여 놓을 수 있다. 이 때 경찰관서에 임시로 영치하는 기간은 ( )일을 초과할 수 없다.
>
> ⓒ 손실보상을 청구할 수 있는 권리는 손실이 있음을 안 날부터 ( )년, 손실이 발생한 날로부터 5년간 행사하지 아니하면 시효의 완성으로 소멸한다.
>
> ⓔ 이 법에 규정된 경찰관의 의무를 위반하거나 직권을 남용하여 다른 사람에게 해를 끼친 사람은 ( )년 이하의 징역이나 금고에 처한다.

① 20 ② 21

③ 22 ④ 23

14 ☐△✕

경찰관 직무집행법 및 동법 시행령상 범인검거 등 공로자 보상에 대한 다음 설명 중 틀린 것은?

> ㉠ 경찰청장, 지방경찰청장 및 경찰서장은 보상금 지급의 심사를 위하여 행정안전부령으로 정하는 바에 따라 각각 보상금심사위원회를 설치·운영하여야 한다.
> ㉡ 보상금심사위원회의 위원은 소속 경찰공무원 중에서 경찰청장, 지방경찰청장 또는 경찰서장이 임명한다.
> ㉢ 경찰청장, 지방경찰청장 또는 경찰서장은 제2항에 따른 보상금심사위원회의 심사·의결에 따라 보상금을 지급하고, 거짓 또는 부정한 방법으로 보상금을 받은 사람에 대하여는 해당 보상금을 환수할 수 있다.
> ㉣ 보상금심사위원회의 회의는 재적위원 과반수의 출석과 출석위원 과반수의 찬성으로 의결한다.
> ㉤ 경찰청에 두는 보상금심사위원회의 위원장은 경찰청 소속 과장급 이상의 경찰공무원 중에서 경찰청장이 임명하는 사람으로 한다.

① ㉠, ㉡, ㉢ ② ㉠, ㉢, ㉣
③ ㉡, ㉢, ㉣ ④ ㉢, ㉣, ㉤

15 ☐△✕

매슬로우(A. H. Maslow)가 주장하는 5단계 기본욕구와 그 욕구를 충족시키는 수단을 바르게 연결한 것은?

① 안전욕구 − 적정보수제도, 휴양제도
② 사회적 욕구 − 인간관계의 개선, 고충처리 상담
③ 존경욕구 − 신분보장, 연금제도
④ 생리적 욕구 − 참여확대, 권한의 위임, 제안제도, 포상제도

16 ☐△✕

「보안업무규정」상 신원조사에 대한 설명으로 가장 적절하지 않은 것은?

① 신원조사는 경찰청장이 직권으로 하거나 관계 기관의 장의 요청에 따라 한다.
② 공무원 임용 예정자는 신원조사의 대상이 된다.
③ 신원조사는 국가보안을 위하여 국가에 대한 충성심·성실성 및 신뢰성을 조사하기 위하여 신원조사를 한다.
④ 국가안전보장에 해를 끼칠 정보가 있음이 확인된 사람에 대한 통보를 받은 관계 기관의 장은 신원조사 결과에 따라 필요한 보안대책을 마련하여야 한다.

17 ☐△✕

경찰의 통제에 대한 다음 설명 중 가장 틀린 것은?

① 대륙법계 국가에서는 전통적으로 경찰행정에 대한 사법심사를 통한 통제를 위주로 발전해왔다. 행정소송이나 국가배상제도 등이 주된 통제수단이었으며 초기에는 행정소송의 열기주의(열거주의)를 채택하고 있었으나 오늘날에는 개괄주의로 전환함으로써 행정에 대한 법원의 통제를 강화하고 있다.
② 입법기관인 국회의 입법권이나 예산심의·의결권, 행정절차법 등은 행정에 대한 사전통제수단에 해당한다.
③ 훈령권·직무명령권 및 감사관제도, 경찰위원회 제도 등은 행정의 내부적 통제 수단에 해당하며, 이 중에서 경찰위원회 제도는 민주적 통제장치에 해당한다.
④ 행정수반인 대통령·감사원·행정안전부장관·소청심사위원회 등에 의한 통제는 행정통제에 해당한다.

18

부패방지 및 국민권익위원회의 설치와 운영에 관한 법률(약칭 : 부패방지권익위법)에 대한 다음 설명 중 가장 틀린 것은?

① 누구든지 부패행위를 알게 된 때에는 이를 위원회에 신고할 수 있다.

② 신고를 하려는 자는 본인의 인적사항과 신고취지 및 이유를 기재한 기명의 문서로써 하여야 하며, 신고대상과 부패행위의 증거 등을 함께 제시하여야 한다.

③ 조사기관은 신고를 이첩받은 날부터 60일 이내에 감사 · 수사 또는 조사를 종결하여야 한다.

④ 신고를 이첩받은 조사기관은 감사 · 수사 또는 조사결과를 감사 · 수사 또는 조사 종료 후 7일 이내에 위원회에 통보하여야 한다.

19

다음은 「공공기관의 정보공개에 관한 법률」상 이의신청에 대한 설명이다. ㉠부터 ㉤까지에 들어갈 숫자를 모두 합한 값은?

- 청구인이 정보공개와 관련한 공공기관의 비공개 결정 또는 부분 공개 결정에 대하여 불복이 있거나 정보공개 청구 후 (㉠)일이 경과하도록 정보공개 결정이 없는 때에는 공공기관으로부터 정보공개 여부의 결정 통지를 받은 날 또는 정보공개 청구 후 (㉡)일이 경과한 날부터 (㉢)일 이내에 해당 공공기관에 문서로 이의신청을 할 수 있다.

- 공공기관은 이의신청을 받은 날부터 (㉣)일 이내에 그 이의신청에 대하여 결정하고 그 결과를 청구인에게 지체 없이 문서로 통지하여야 한다. 다만, 부득이한 사유로 정하여진 기간 이내에 결정할 수 없을 때에는 그 기간이 끝나는 날의 다음 날부터 기산하여 (㉤)일의 범위에서 연장할 수 있으며, 연장 사유를 청구인에게 통지하여야 한다.

① 84

② 90

③ 94

④ 100

20

경찰의 부정부패 이론에 대한 설명으로 가장 적절하지 않은 것은?

① 구조원인 가설에 따르면, 구조화된 조직적 부패는 서로가 문제점을 알면서도 눈감아주는 '침묵의 규범'을 형성한다.

② 윌슨이 주장한 전체사회 가설은 '미끄러지기 쉬운 경사로 이론'과 유사하다.

③ 썩은 사과 가설은 일부 부패경찰이 조직 전체를 부패로 물들게 한다는 이론으로 부패의 원인을 조직의 체계적 원인으로 파악한다.

④ 전체사회 가설은 시민사회의 부패를 경찰부패의 주요 원인으로 본다.

21

112신고 처리요령 중 가장 옳지 않은 것은?

① 피해상황을 파악하면서 성폭행 등 여경의 도움이 필요한지 여부를 판단한다.

② 신고자와 통화를 하면서 최근 1시간 이내에 신고 내역이 있는지(재신고) 여부를 확인한다.

③ 성폭력 신고의 경우, 현장 도착 전 신고자가 신고를 취소한 경우 신고취소로 종결한다.

④ 총기사용 관련 신고의 경우 현장 경찰관의 안전을 담보하기 위해 '범인의 현재성, 총기의 종류 및 사용여부 등'의 정보를 확인해야 한다.

22

□○△✕

다음 내용 중 지역경찰의 조직 및 운영에 관한 규칙상 상황근무에 해당하는 것은 모두 몇 개인가?

⊙ 시설 및 장비의 작동여부 확인
ⓒ 방문민원 및 각종 신고사건의 접수 및 처리
ⓒ 시설·장비의 관리 및 예산의 집행
ⓔ 문서의 접수 및 처리
ⓜ 주민여론 및 범죄첩보 수집
ⓗ 요보호자 또는 피의자에 대한 보호·감시

① 2개　　　　　　　② 3개
③ 4개　　　　　　　④ 5개

23

□○△✕

주취자 신고접수 시 조치사항에 대한 다음 설명 중 가장 틀린 것은?

① 불시공격, 장구피탈 등의 돌발상황에 대비하여 방어태세를 유지한다.
② 주취자가 지구대 내에서 소란, 공무집행 방해시 CCTV를 이용하여 채증한다.
③ 만취상태로 의식이 없는 주취자는 즉시 병원으로 구호조치한다.
④ 관공서에서의 주취소란자는 주거가 불분명하더라도 현행범 체포가 불가능하다.

24

□○△✕

다음의 「청소년 보호법」 및 동법 시행령상 청소년유해업소 중 "청소년 출입·고용금지업소"는 모두 몇 개인가?

⊙ 「게임산업진흥에 관한 법률」에 따른 인터넷컴퓨터게임시설 제공업
ⓒ 「게임산업진흥에 관한 법률」에 따른 일반게임제공업
ⓒ 「영화 및 비디오물의 진흥에 관한 법률」 제2조 제16호에 따른 비디오물감상실업
ⓔ 「영화 및 비디오물의 진흥에 관한 법률」에 따른 비디오물소극장업
ⓜ 회비 등을 받거나 유료로 만화를 빌려 주는 만화대여업
ⓗ 「체육시설의 설치·이용에 관한 법률」에 따른 무도학원업 및 무도장업

① 1개　　　　　　　② 2개
③ 3개　　　　　　　④ 4개

25

□○△✕

디엔에이신원확인정보의 이용 및 보호에 관한 법률에 대한 다음 설명 중 가장 틀린 것은?

① 살인·강간·강제추행은 디엔에이 감식시료 채취 대상범죄에 해당한다.
② 채취대상자가 동의하는 경우에는 영장 없이 디엔에이감식시료를 채취할 수 있다. 이 경우 미리 채취대상자에게 채취를 거부할 수 있음을 고지하고 서면으로 동의를 받아야 한다.
③ 검사의 혐의없음, 죄가안됨 또는 공소권없음의 처분이 있는 경우 데이터베이스에 수록된 디엔에이신원확인정보를 삭제하여야 한다.
④ 디엔에이신원확인정보담당자가 디엔에이신원확인정보를 데이터베이스에 수록한 때에는 채취된 디엔에이감식시료와 그로부터 추출한 디엔에이를 5년간 보관하여야 한다.

26 ⃞△✕

아동학대범죄의 처벌 등에 관한 특례법(약칭 : 아동학대처벌법)에 대한 설명으로 가장 적절한 것은?

① 아동이란 18세 미만인 사람을 말한다.

② 피해아동 등을 아동학대 관련 보호시설로 인도하는 경우 피해아동의 동의를 필요로 한다.

③ 아동학대행위자를 피해아동 등으로부터 격리(응급조치)하는 조치는 48시간을 초과할 수 없다.

④ 현장에 출동하거나 아동학대범죄 현장을 발견한 경우 또는 학대현장 이외의 장소에서 학대피해가 확인되고 재학대의 위험이 급박·현저한 경우, 사법경찰관리 또는 아동학대전담공무원은 피해아동, 피해아동의 형제자매인 아동 및 피해아동과 동거하는 아동의 보호를 위하여 즉시 임시조치를 하여야 한다.

27 ⃞△✕

L.S.D에 대한 다음 설명 중 가장 틀린 것은?

① 곡물의 곰팡이, 보리 맥각 등에서 추출한 물질을 인공합성해서 만든 것으로 무색, 무취이며 짠 맛이 난다.

② 미량을 유당, 각설탕, 과자, 빵 등에 첨가해서 먹거나 우편, 동이 등에 표면에 묻혔다가 뜯어서 입에 넣는 방법으로 복용한다.

③ 내성이나 심리적 의존성을 일으키지만 금단증상은 없다.

④ 일부 남용자들의 경우 해당 약물을 사용하지 않았는데도 환각현상을 경험하기도 하며, 이를 '플래시백'이라고 한다.

28 ⃞△✕

통합방위법에 대한 다음 설명 중 가장 틀린 것은?

① "갑종사태"란 일정한 조직체계를 갖춘 적의 대규모 병력 침투 또는 대량살상무기(大量殺傷武器) 공격 등의 도발로 발생한 비상사태로서 통합방위본부장 또는 지역군사령관의 지휘·통제 하에 통합방위작전을 수행하여야 할 사태를 말한다.

② 중앙협의회의 의장은 국무총리가 된다.

③ 둘 이상의 시·도에 걸쳐 병종사태에 해당하는 상황이 발생하였을 때 행정안전부장관 또는 국방부장관은 통합방위사태의 선포를 건의하여야 한다.

④ 지방경찰청장, 지방해양경찰청장(대통령령으로 정하는 해양경찰서장을 포함한다), 지역군사령관 및 함대사령관은 통합방위사태가 선포된 때에는 인명·신체에 대한 위해를 방지하기 위하여 즉시 작전지역에 있는 주민이나 체류 중인 사람에게 대피할 것을 명할 수 있다.

29 ⃞△✕

「경찰 비상업무 규칙」상 용어의 정의로 가장 적절한 것은?

① "가용경력"이라 함은 총원에서 휴가·출장·교육·파견 등을 포함하여 실제 동원될 수 있는 모든 인원을 말한다.

② "지휘선상 위치 근무"라 함은 감독순시·현장근무 및 사무실 대기 등 관할구역 내에 위치하는 것을 말한다.

③ "정착근무"라 함은 사무실 또는 상황과 관련된 현장에 위치하는 것을 말한다.

④ "작전준비태세"라 함은 '경계강화'단계를 발령하기 이전에 별도의 경력을 동원하여 경찰작전부대의 출동태세 점검, 지휘관 및 참모의 비상연락망 구축 및 신속한 응소체제를 유지하며, 작전상황반을 운영하는 등 필요한 작전사항을 미리 조치하는 것을 말한다.

30

경호경비에 대한 다음 설명 중 틀린 것은?

○△✕

> ⊙ 국내요인 중 대통령과 그 가족, 대통령 당선인과 그 가족, 대통령 권한대행과 그 배우자, 전직 대통령과 그 배우자(퇴임 후 10년 이내)는 갑호 경호대상에 해당한다.
> ⓒ 경호의 4대원칙에는 자기희생의 원칙, 자기담당구역 책임의 원칙, 하나의 통제된 지점을 통한 접근의 원칙, 목표물 보존의 원칙이 있다.
> ⓒ 경호행사 시 안전구역에서는 출입자통제관리, MD의 설치 및 운용, 비표확인 및 출입자에 대한 감시·통제가 이루어져야 한다.
> ⓔ 대중에게 노출된 도보행차는 가급적 제한되어야 하며, 이는 목표물 보존의 원칙과 관련이 있다.
> ⑩ 행사장 경호와 관련하여 제2선(경비구역)에서는 돌발사태에 대비하여 예비대를 운영한다.

① 1개 ② 2개
③ 3개 ④ 없음

31

다음은 「도로교통법 시행규칙」상 각종 운전면허로 운전할 수 있는 차량의 종류를 표로 정리한 것이다. ⊙부터 ⑩까지 (   ) 안에 들어갈 숫자를 순서대로 나열한 것은?

○△✕

> 〈제1종 보통운전면허〉
> ⊙ 적재중량 (   )톤 미만의 화물자동차
> ⓒ 총중량 (   )톤 미만의 특수자동차(구난차등은 제외한다)

> 〈제2종 보통운전면허〉
> ⓒ 승차정원 (   )명 이하의 승합자동차
> ⓔ 적재중량 (   )톤 이하의 화물자동차
> ⑩ 총중량 (   )톤 이하의 특수자동차(구난차등은 제외한다)

① 10 - 10 - 12 - 4 - 3.5
② 12 - 10 - 10 - 4 - 3.5
③ 12 - 12 - 10 - 4 - 4
④ 12 - 10 - 10 - 3.5 - 4

32

「교통사고처리 특례법」 제3조(처벌의 특례) 제2항 각 호에 규정된 12개 예외 항목에 해당하지 않는 것은?

○△✕

① 술에 취한 상태에서 운전을 하거나 같은 약물의 영향으로 정상적으로 운전하지 못할 우려가 있는 상태에서 운전한 경우
② 자동차의 화물이 떨어지지 아니하도록 필요한 조치를 하지 아니하고 운전한 경우
③ 제한속도를 시속 10킬로미터 초과하여 운전한 경우
④ 어린이 보호구역에서 어린이의 안전에 유의하면서 운전하여야 할 의무를 위반하여 어린이의 신체를 상해(傷害)에 이르게 한 경우

33

도로교통법에 대한 다음 내용 중 가장 적절한 것은? (다툼이 있으면 판례에 의함)

○△✕

① 고속도로를 운행하는 자동차 운전자에게 고속도로를 무단횡단하는 보행자가 있을 것을 예견하여 운전할 주의의무가 있다.
② 자동차를 움직이게 할 의도 없이 다른 목적을 위하여 자동차의 원동기(모터)의 시동을 걸었는데, 실수로 기어 등 자동차의 발진에 필요한 장치를 건드려 원동기의 추진력에 의하여 자동차가 움직인 경우 자동차의 운전에 해당한다.
③ 무면허운전으로 인한 도로교통법위반죄에 있어서는 어느 날에 운전을 시작하여 다음날까지 동일한 기회에 일련의 과정에서 계속 운전을 한 경우 등 특별한 경우를 제외하고는 사회통념상 운전한 날을 기준으로 운전한 날마다 1개의 운전행위가 있다고 보는 것은 상당하지 않다.
④ 특별한 이유 없이 호흡측정기에 의한 측정에 불응하는 운전자에게 경찰공무원이 혈액채취에 의한 측정방법이 있음을 고지하고 그 선택 여부를 물어야 할 의무가 있다고는 할 수 없다.

34

정보상황보고에 대한 다음 설명 중 가장 틀린 것은?

① 판단정보의 일종으로 속보라고도 한다.
② 집회나 시위 상황 등 특별한 사안에 대한 그때그 때 상황에 관하여 보고되는 정보이다.
③ 그 성질상 완전한 내용으로 보고하는 것이 어렵다.
④ 제1보, 제2보 등의 형식을 취하는 경우가 많다.

35

○△✕

다음 중 「집회 및 시위에 관한 법률」에 대한 설명으로 옳은 것은 모두 몇 개인가?

⊙ 집회 또는 시위의 주최자 및 질서유지인은 특정한 사람이나 단체가 집회나 시위에 참가하는 것을 막을 수 있다. 다만, 언론사의 기자는 출입이 보장되어야 하며, 이 경우 기자는 신분증을 제시하고 기자임을 표시한 완장을 착용하여야 한다.
ⓒ 단체는 「집회 및 시위에 관한 법률」상 "주최자"가 될 수 없다.
ⓒ 집회 또는 시위의 주최자는 집회 또는 시위의 질서 유지에 관하여 자신을 보좌하도록 18세 이상의 사람을 질서유지인으로 임명할 수 있다.
ⓔ 학문, 예술, 체육, 종교, 의식, 친목, 오락, 관혼상제 및 국경행사에 관한 집회에는 '확성기등 사용의 제한'에 관한 규정을 적용하지 아니한다.
ⓜ 옥외집회나 시위를 주최하려는 자는 신고서를 옥외집회나 시위를 시작하기 720시간 전부터 48시간 전에 관할 경찰서장에게 제출하여야 한다.

① 1개   ② 2개
③ 3개   ④ 4개

36

○△✕

다음 중 보안관찰해당범죄에 해당하는 것은 모두 몇 개인가?

⊙ 형법상 내란목적살인죄
ⓒ 군형법상 반란죄
ⓒ 형법상 일반이적죄
ⓔ 국가보안법상 잠입·탈출죄
ⓜ 형법상 간첩죄
ⓗ 군형법상 간첩죄

① 2개   ② 3개
③ 4개   ④ 5개

37

○△✕

다음 중 「북한이탈주민의 보호 및 정착지원에 관한 법률」에 대한 설명으로 옳은 것은?

⊙ "관리대상자"란 이 법에 따라 보호 및 지원을 받는 북한이탈주민을 말한다.
ⓒ "보호금품"이란 이 법에 따라 보호대상자에게 지급하거나 빌려주는 금전 또는 물품을 말한다.
ⓒ 북한이탈주민으로서 보호신청을 한 사람 중 국내 입국 후 3년이 지나서 보호신청한 사람은 보호대상자로 결정될 수 없다.
ⓔ 보호대상자에 대한 보호 및 지원 기준은 나이, 성별, 세대 구성, 학력, 경력, 자활 능력, 건강 상태 및 재산 등을 고려하여 합리적으로 정하여야 한다.
ⓜ 국가안전보장에 현저한 영향을 줄 우려가 있는 사람에 대하여는 국가정보원장이 그 보호 여부를 결정하고, 그 결과를 지체 없이 통일부장관과 보호신청자에게 통보하거나 알려야 한다.

① ⊙, ⓒ, ⓒ   ② ⊙, ⓒ, ⓔ
③ ⓒ, ⓒ, ⓜ   ④ ⓒ, ⓔ, ⓜ

38

다음은 출입국관리법에 대한 설명이다. (가)~(마)에 들어갈 숫자를 순서대로 바르게 나열한 것은?

> ⊙ 법무부장관은 형사재판에 계속(係屬) 중인 국민에 대하여는 (가)개월 이내의 기간을 정하여 출국을 금지할 수 있다.
> ⓒ 관광통과(B-2)의 체류자격을 가진 자는 (나)일의 범위 내에서 채류기간을 부여받아 사증없이 입국할 수 있다.
> ⓒ 출입국관리공무원은 선박등에 타고 있는 외국인(승무원을 포함한다)이 질병이나 그 밖의 사고로 긴급히 상륙할 필요가 있다고 인정되면 그 선박등의 장이나 운수업자의 신청을 받아 (다)일의 범위에서 긴급상륙을 허가할 수 있다.
> ⓔ 입국하려는 외국인은 입국심사를 받을 때 법무부령으로 정하는 방법으로 지문 및 얼굴에 관한 정보를 제공하고 본인임을 확인하는 절차에 응하여야 한다. 다만, (라)세 미만인 사람은 그러하지 아니하다.

① 3-30-30-18
② 3-15-60-19
③ 6-15-60-17
④ 6-30-30-17

39

다음은 「범죄인인도법」상 인도심사명령청구에 대한 설명이다. ( ) 안에 들어갈 말을 순서대로 바르게 나열한 것은?

> ( )장관은 ( )장관으로부터 「범죄인인도법」 제11조에 따른 인도청구서 등을 받았을 때에는 이를 ( ) 검사장에게 송부하고 그 소속검사로 하여금 ( )에 범죄인 인도허가 여부에 관한 심사를 청구하도록 명하여야 한다.

① 법무부-외교부-서울고등검찰청-서울고등법원
② 외교부-법무부-서울중앙지방검찰청-서울중앙지방법원
③ 외교부-법무부-서울고등검찰청-서울고등법원
④ 법무부-외교부-서울중앙지방검찰청-서울중앙지방법원

40

인터폴(INTERPOL)에 대한 설명으로 가장 옳은 것은?

① 회원국 간 협력의 기본 원칙 중 '보편성'이란 모든 회원국은 재정분담금의 규모와 관계없이 동일한 혜택과 지원을 받을 수 있다는 내용이다.
② 인터폴 사무총국은 인터폴의 전반적인 시책과 원칙을 결정하는 최고 의결기관이다.
③ 인터폴 수배서는 총회에서 발행한다.
④ 국제형사경찰위원회(ICPC)는 국제형사경찰기구의 전신이라고 할 수 있지만, 유럽대륙 위주의 국제기구라는 지역적 한계성을 가지고 있었다.

제6회 경찰승진 최종모의고사

01 ☐○△✕

다음 중 경찰의 권한과 책임의 소재에 따라 구분한 것으로 가장 적절한 것은?

① 국가경찰과 자치경찰
② 예방경찰과 진압경찰
③ 보안경찰과 협의의 행정경찰
④ 질서경찰과 봉사경찰

02 ☐○△✕

미군정기의 경찰사에 대한 다음 설명 중 옳지 않은 것은?

① 경제경찰과 고등경찰이 폐지되어 경찰업무의 범위가 축소되었다.
② 중앙경찰위원회가 도입되어 경찰의 민주화를 추진하였다.
③ 다수의 독립운동가 출신이 경찰공무원으로 채용되었다.
④ 범죄수사에 관한 권한이 경찰에서 검찰로 이관되었다.

03 ☐○△✕

경찰행정기관에 대한 다음 설명 중 틀린 것은?

① 경찰의결기관이란 경찰행정관청의 의사를 구속하는 의결을 행하는 경찰행정기관으로, 경찰의결기관의 명의로 외부에 의사표시를 할 수 있다.
② 경찰행정기관에는 법률에 의하여 일정한 범위의 권한과 책임이 주어지며, 경찰행정기관이 그 권한의 범위 내에서 행하는 행위의 효과는 법률상 행정주체인 국가에 귀속된다.
③ 국장·과장·계장 등은 보조기관에 해당한다.
④ 순경에서 치안총감에 이르는 모든 경찰공무원은 경찰집행기관에 해당한다.

04

'경찰법'에 대한 다음 설명 중 옳은 것은?

⊙⊿☒

> ㉠ 이 법은 국가경찰의 민주적인 관리·운영과 효율적인
>   임무수행을 위하여 국가경찰의 기본조직 및 직무 범
>   위와 그 밖에 필요한 사항을 규정함을 목적으로 한다.
> ㉡ 지방행정과 치안행정의 업무조정과 그 밖에 필요한
>   사항을 협의·조정하기 위하여 시·도지사(제주특별
>   자치도지사는 제외한다) 소속으로 치안행정협의회를
>   둔다.
> ㉢ 치안행정협의회의 조직·운영과 그 밖에 필요한 사항
>   은 경찰청 훈령으로 정한다.
> ㉣ 경찰서장 소속으로 지구대 또는 파출소를 두고, 그 설
>   치기준은 치안수요·교통·지리 등 관할구역의 특성
>   을 고려하여 행정안전부령으로 정한다.
> ㉤ 경찰서에 경찰서장을 두며, 경찰서장은 경무관, 총경
>   (總警) 또는 경정(警正)으로 보한다.

① ㉠, ㉡, ㉢   ② ㉠, ㉡, ㉣, ㉤
③ ㉡, ㉢, ㉣, ㉤   ④ ㉡, ㉢, ㉤

05

경찰위원회에 대한 다음 설명 중 옳은 것은?

⊙⊿☒

① 경찰행정에 관하여 일정한 사항을 심의·의결하
   기 위하여 경찰청에 경찰위원회(이하 "위원회"라
   한다)를 둔다.
② 행정안전부장관은 위원 임명을 제청할 때 국가경
   찰의 정치적 중립이 보장되도록 하여야 하며, 위
   원 중 3명은 법관의 자격이 있는 사람이어야 한다.
③ 보궐위원의 임기는 3년으로 하며, 연임할 수 없다.
④ 위원장은 필요한 경우 임시회의를 소집할 수 있으
   며, 위원 3인 이상과 행정안전부장관 또는 경찰청
   장은 위원장에게 임시회의의 소집을 요구할 수
   있다.

06

공무원의 전문직위에 대한 설명으로 가장 틀린 것은?

⊙⊿☒

① 소속 장관은 해당 기관의 직위 중 전문성이 특히
   요구되는 직위를 전문직위로 지정하여 관리할 수
   있고, 직무수행요건이나 업무분야가 동일한 전문
   직위의 군(群)을 전문직위군으로 지정하여 관리
   할 수 있다.
② 소속 장관은 위 ①에 따라 지정된 전문직위 중 행
   정안전부장관이 정하는 전문직위에 대해서는 직
   무수행요건을 설정하고, 직무수행요건을 갖춘 사
   람을 전문직위 전문관으로 선발하여 임용하여야
   한다.
③ 임용권자 또는 임용제청권자는 「공무원임용령」 제
   43조의3에 따른 전문직위에 임용된 경찰공무원
   을 해당 직위에 임용된 날부터 3년의 범위에서 경
   찰청장이 정하는 기간이 지나야 다른 직위에 전
   보할 수 있다.
④ 전문직위의 지정, 전문직위 전문관의 선발 및 관
   리 등 전문직위의 운영에 필요한 사항은 경찰청
   장이 따로 정한다.

07

경찰공무원관계의 소멸에 대한 다음 설명 중 틀린 것은?

> ㉠ 임용권자는 경찰공무원이 해당 경과에서 직무를 수행하는 데 필요한 자격증의 효력이 상실되거나 면허가 취소되어 담당 직무를 수행할 수 없게 되었을 때에는 직권으로 면직시킬 수 있다(다만, 이 경우 징계위원회의 동의를 받아야 한다).
>
> ㉡ 경찰공무원의 계급정년은 치안감 4년, 경무관 6년, 총경 11년, 경정 14년이다.
>
> ㉢ 수사, 정보, 외사(外事), 보안 등 특수 부문에 근무하는 경찰공무원으로서 대통령령으로 정하는 바에 따라 지정을 받은 사람 중 총경 및 경정의 경우에는 3년의 범위에서 대통령령으로 정하는 바에 따라 계급정년을 연장할 수 있다.
>
> ㉣ 지능 저하 또는 판단력 부족으로 경찰업무를 감당할 수 없는 경우, 책임감의 결여로 직무수행에 성의가 없고 위험한 직무를 고의로 기피하거나 포기하는 경우 징계위원회의 동의를 받아 직권면직이 가능하다.
>
> ㉤ 경찰공무원은 그 정년이 된 날이 1월에서 6월 사이에 있으면 6월 30일에 당연퇴직하고, 7월에서 12월 사이에 있으면 12월 31일에 당연퇴직한다.

① 없음 ② 1개
③ 2개 ④ 3개

08

경찰공무원법상 경찰공무원의 당연퇴직 사유에 해당하는 것은 모두 몇 개인가?

> ㉠ 피성년후견인 또는 피한정후견인
>
> ㉡ 파산선고를 받은 사람으로서 「채무자 회생 및 파산에 관한 법률」에 따라 신청기한 내에 면책신청을 하지 아니하였거나 면책불허가 결정 또는 면책취소가 확정된 사람
>
> ㉢ 자격정지 이상의 형을 선고받은 사람
>
> ㉣ 「국적법」 제11조의2 제1항에 따른 복수국적자
>
> ㉤ 징계에 의하여 파면 또는 해임처분을 받은 사람

① 2개 ② 3개
③ 4개 ④ 5개

09

경찰공무원의 징계에 대한 다음 설명 중 옳은 것은?

> ㉠ 징계위원회의 회의에 참석한 사람은 직무상 알게 된 비밀을 누설해서는 아니 된다.
>
> ㉡ 중징계 처분의 제청을 받은 임용권자는 지체없이 의결서 사본에 징계등 처분 사유 설명서를 첨부하여 징계등 처분 대상자에게 보내야 한다.
>
> ㉢ 징계위원회는 징계등 사건을 의결할 때에는 징계등 심의 대상자의 평소 행실, 근무 성적, 공적(功績), 뉘우치는 정도와 징계등 의결을 요구한 자의 의견을 고려하여야 한다.
>
> ㉣ 견책(譴責)은 전과(前過)에 대하여 훈계하고 회개하게 한다.
>
> ㉤ 징계등 의결 요구를 받은 징계위원회는 그 요구서를 받은 날부터 30일 이내에 징계등에 관한 의결을 하여야 한다. 다만, 부득이한 사유가 있을 때에는 해당 징계위원회의 의결로 30일 이내의 범위에서 그 기간을 연장할 수 있다.

① ㉠, ㉡, ㉣ ② ㉠, ㉢, ㉣
③ ㉠, ㉣, ㉤ ④ ㉠, ㉡, ㉢, ㉣

10

경찰작용의 일반적 수권조항에 대한 다음 설명 중 그 견해가 다른 하나는?

① 경찰권 발동의 성질상 입법기관이 미리 경찰권의 발동사태를 상정해서 모든 요건을 법률에 규정하는 것은 불가능하다.

② 일반적 수권조항에 존재하는 불확정개념은 학설·판례 등을 통하여 특정할 수 있다.

③ 일반적 수권조항에 근거한 경찰권의 발동도 조리상의 한계를 통해 그 한계를 설정할 수 있다.

④ 국민의 기본권에 대한 침해의 최소화를 위하여 경찰권의 발동에는 반드시 개별적인 법률에 근거하여야 한다.

11

○△✕

경찰관직무집행법에 대한 다음 설명 중 가장 틀린 것은?

① 경찰관은 이미 행하여진 범죄나 행하여지려고 하는 범죄행위에 관한 사실을 안다고 인정되는 사람을 정지시켜 질문할 수 있다.

② 경찰관은 구호대상자를 공공보건의료기관이나 공공구호기관에 인계하였을 때에는 즉시 그 사실을 소속 경찰서장이나 해양경찰서장에게 보고하여야 한다.

③ 경찰관서의 장은 대간첩 작전의 수행이나 소요(騷擾) 사태의 진압을 위하여 필요하다고 인정되는 상당한 이유가 있을 때에는 대간첩 작전지역이나 경찰관서·무기고 등 국가중요시설에 대한 접근 또는 통행을 제한하거나 금지할 수 있다.

④ 경찰관은 대간첩 작전 수행에 필요할 때에는 작전지역에서 다른 사람의 토지·건물·배 또는 차를 검색할 수 있다.

12

○△✕

위해성 경찰장비의 사용기준 등에 관한 규정에 대한 다음 설명 중 옳은 것은?

⊙ 가스차·살수차·특수진압차·물포·석궁·다목적발사기 및 도주차량차단장비는 기타장비에 해당한다.

ⓛ 경찰관은 14세 미만의 자 또는 임산부에 대하여 권총 또는 소총을 발사하여서는 아니된다.

ⓒ 경찰관은 1미터 이내의 거리에서 상대방의 얼굴을 향하여 가스발사총을 발사하여서는 아니된다.

ⓔ 위해성 경찰장비를 사용하는 경우 그 현장책임자 또는 사용자는 별지 서식의 사용보고서를 작성하여 직근상급 감독자에게 보고하고, 직근상급 감독자는 이를 3년간 보관하여야 한다.

ⓜ 경찰관은 최루탄발사기로 최루탄을 발사하는 경우 15도 이상의 발사각을 유지하여야 하고, 가스차·살수차 또는 특수진압차의 최루탄발사대로 최루탄을 발사하는 경우에는 30도 이상의 발사각을 유지하여야 한다.

① ⊙, ⓛ, ⓒ   ② ⊙, ⓛ, ⓒ, ⓔ

③ ⊙, ⓒ, ⓔ   ④ ⓛ, ⓒ, ⓔ, ⓜ

13

○△✕

국가재정법상 경찰예산에 대한 다음 설명 중 틀린 것은?

⊙ 경찰예산의 대부분은 일반회계에 해당한다.

ⓛ 정부는 대통령의 승인을 얻은 예산안을 회계연도 개시 90일 전까지 국회에 제출하여야 한다.

ⓒ 각 중앙관서의 장은 매년 1월 31일까지 당해 회계연도부터 5회계연도 이상의 기간 동안의 신규사업 및 기획재정부장관이 정하는 주요 계속사업에 대한 중기사업계획서를 기획재정부장관에게 제출하여야 한다.

ⓔ 각 중앙관서의 장은 예산안편성지침에 따라 그 소관에 속하는 다음 연도의 예산배정요구서를 작성하여 매년 5월 31일까지 기획재정부장관에게 제출하여야 한다.

ⓜ 기획재정부장관은 각 중앙관서의 장에게 예산을 배정한 때에는 감사원에 통지하여야 한다.

① ⊙, ⓛ, ⓒ   ② ⊙, ⓛ, ⓜ

③ ⓛ, ⓔ   ④ ⓛ, ⓔ, ⓜ

14

○△✕

경찰장비관리규칙에 대한 다음 설명 중 가장 틀린 것은?

① 불용처분된 차량은 부속기관 및 지방경찰청별로 실정에 맞게 공개매각을 원칙으로 하되, 공개매각이 불가능한 때에는 폐차처분을 할 수 있다. 다만, 매각을 할 때에는 경찰표시도색을 제거하는 등 필요한 조치를 하여야 한다.

② 무기고는 탄약고와 분리되어야 하며 가능한 본 청사와 격리된 독립 건물로 하여야 한다.

③ 경찰기관의 장은 무기를 휴대한 자 중에서 사의를 표명한 자가 발생한 때에는 즉시 대여한 무기·탄약을 회수하여야 한다.

④ 차량운행시 책임자는 1차 운전자, 2차 선임탑승자(사용자), 3차 경찰기관의 장으로 한다.

15

경찰홍보에 대한 다음 설명 중 가장 틀린 것은?

① 협의의 홍보(PR)은 유인물, 팸플릿 등 각종 매체를 통해 개인이나 단체의 좋은 점을 일방적으로 알리는 활동이다.

② 지역공동체 관계(CR)는 지역사회 내의 각종 기관, 단체 및 주민들과의 유기적인 연락 및 협조체제를 구축·유지하여 지역사회 각계각층의 요구에 부응하는 경찰활동을 하는 동시에, 경찰활동의 긍정적인 측면을 지역사회에 널리 알리는 종합적인 지역사회 홍보체계이다.

③ 상징물을 개발·전파하는 등 조직 이미지를 고양하여 높아진 주민 지지도를 바탕으로 예산획득, 형사사법 환경 하의 협력확보 등의 목적을 달성하는 종합적이고 계획적인 홍보활동은 기업이미지식 경찰홍보에 해당한다.

④ 대중매체 관계란 신문, TV 등 뉴스프로그램의 보도기능에 대응하는 활동으로 대게 사건·사고에 대한 기자들의 질의에 답하는 대응적이고 소극적인 홍보활동을 말한다.

16

경찰의 통제와 관련된 다음 설명 중 틀린 것은?

⊙ 영미법계 국가는 민주적인, 대륙법계 국가는 사법적인 방법을 주로 하여 통제장치를 마련하고 있다.

ⓛ 우리나라의 경우 민주적 통제장치와 사법적 통제장치를 동시에 활용하고 있다.

ⓒ 우리나라의 행정절차법은 사후적 통제수단에 해당한다.

ⓔ 행정소송과 국가배상청구소송은 사법부에 의한 통제에 해당한다.

ⓜ 소청심사위원회를 통한 경찰의 통제는 내부적 통제에 해당한다.

① ⊙, ⓛ, ⓒ 　　　　② ⓛ, ⓒ, ⓜ

③ ⓒ, ⓜ 　　　　　　④ ⓒ, ⓔ, ⓜ

17

경찰 인권보호 규칙에 대한 다음 설명 중 가장 틀린 것은?

① "인권침해"란 경찰관등이 직무를 수행하는 과정에서 모든 사람에게 보장된 인권을 침해하는 것을 말한다.

② 인권위원회는 위원장 1명을 포함하여 7명 이상 13명 이하의 위원으로 구성한다. 이때, 특정 성별이 전체 위원 수의 10분의 6을 초과하지 아니해야 한다.

③ 경찰청장은 인권침해를 예방하고, 인권친화적인 치안 행정이 구현되도록 제·개정하려는 법령 및 행정규칙에 대하여 인권영향평가를 실시하여야 한다.

④ 경찰관서의 장은 3년 단위로 인권교육 계획을 수립하여 시행하여야 한다.

18

다음의 내용이 설명하는 경찰의 부정부패이론으로 가장 적절한 것은?

> 정직하고 청렴하였던 신임 경찰관 A가 자신의 순찰팀장인 B로부터 관내 유흥업소 업자들을 소개받고, 이후 B와 함께 활동을 해가면서 B가 유흥업소 업자들로부터 상납금을 받는 것을 보고 점점 그 방식 등을 답습하였다.

① 전체사회 가설

② 구조원인 가설

③ 썩은 사과 가설

④ 미끄러지기 쉬운 경사로 이론

19

「경찰청 공무원 행동강령」에 대한 설명으로 가장 옳은 것은?

① 공무원은 경찰청 및 소속기관의 퇴직공무원(임직원)으로서 퇴직 전 3년간 같은 부서에서 근무하였던 자가 직무관련자인 경우에는 소속 기관의 장에게 해당 사실을 서면(전자문서를 포함한다)으로 신고하여야 한다. 다만, 공무원이 상담, 절차 및 규정 안내, 각종 증명서 발급, 기타 이에 준하는 단순 민원업무를 수행하는 경우에는 그러하지 아니하다.

② 공무원은 직무수행 중 알게 된 정보를 이용하여 유가증권, 부동산 등과 관련된 재산상 거래 또는 투자를 해서는 아니 된다. 다만, 타인에게 그러한 정보를 제공하여 재산상 거래 또는 투자를 돕는 행위는 그러하지 아니하다.

③ 외부강의등에 관한 사례금 또는 공무원의 친족(「민법」 제777조에 따른 친족을 말한다)이 제공하는 금품등은 수수(收受)를 금지하는 금품등에 해당하지 아니한다.

④ 공무원은 정치인이나 정당 등으로부터 부당한 직무수행을 강요받거나 청탁을 받은 경우에는 소속 기관의 장에게 보고하거나 행동강령책임관과 상담할 수 있다.

20

「경비업법」상 경비업무의 종류에 대한 정의로 가장 틀린 것은?

① 특수경비업무−공항(항공기를 포함한다) 등 대통령령이 정하는 국가중요시설의 경비 및 도난·화재 그 밖의 위험발생을 방지하는 업무를 말한다.

② 기계경비업무−경비대상시설에 설치한 기기에 의하여 감지·송신된 정보를 그 경비대상시설 내의 장소에 설치한 관제시설의 기기로 수신하여 도난·화재 등 위험 발생을 방지하는 업무를 말한다.

③ 시설경비업무−경비를 필요로 하는 시설 및 장소에서의 도난·화재 그 밖의 혼잡 등으로 인한 위험발생을 방지하는 업무를 말한다.

④ 신변보호업무−사람의 생명이나 신체에 대한 위해의 발생을 방지하고 그 신변을 보호하는 업무를 말한다.

21

식품위생법에 대한 다음 설명 중 가장 틀린 것은?(다툼이 있는 경우 판례에 의함)

① '음식류의 조리·판매보다는 주로 주류의 조리·판매를 목적으로 하는 소주방·호프·카페 등의 영업형태로 운영되는 영업'은 구 식품위생법상 식품접객업의 종류 중에서는 일반음식점영업 허가를 받은 영업자가 적법하게 할 수 있는 행위의 범주에 속한다.

② 음식을 나르기 위하여 고용된 종업원이 손님의 거듭되는 요구에 못이겨 할 수 없이 손님과 합석하여 술을 마시게 된 경우 그 종업원은 유흥접객원에 포함되지 아니한다.

③ 유흥종사자란 반드시 고용기간과 임금, 근로시간 등을 명시한 고용계약에 의하여 취업한 여자종업원에 한정된다고는 할 수 없다.

④ 단순히 놀러오거나 손님으로 왔다가 다른 남자손님과 합석하여 술을 마신 부녀자는 유흥종사자에 해당한다.

22

경범죄 처벌법에 대한 다음 설명 중 틀린 것은?

> ㉠ 칼·쇠몽둥이·쇠톱 등 사람의 생명 또는 신체에 중대한 위해를 끼치거나 집이나 그 밖의 건조물에 침입하는 데에 사용될 수 있는 연장이나 기구를 정당한 이유 없이 숨겨서 지니고 다니는 사람(흉기의 은닉휴대)은 10만 원 이하의 벌금, 구류 또는 과료(科料)의 형으로 처벌한다.
>
> ㉡ 경범죄 처벌법상의 죄를 짓도록 시키거나 도와준 사람은 죄를 지은 사람에 준하여 벌한다.
>
> ㉢ 경범죄 처벌법을 위반한 사람을 벌할 때에는 그 사정과 형편을 헤아려서 그 형을 면제하거나 벌금과 구류를 함께 과(科)할 수 있다.
>
> ㉣ 못된 장난 등으로 다른 사람, 단체 또는 공무수행 중인 자의 업무를 방해한 사람(업무방해)은 20만 원 이하의 벌금, 구류 또는 과료의 형으로 처벌한다.
>
> ㉤ 경찰서장, 해양경찰서장, 제주특별자치도지사 또는 철도특별사법경찰대장은 범칙자로 인정되는 사람에 대하여 그 이유를 명백히 나타낸 서면으로 범칙금을 부과하고 이를 납부할 것을 통고하여야 한다.

① ㉠, ㉡
② ㉡, ㉢, ㉣
③ ㉡, ㉢, ㉤
④ ㉢, ㉤

23

아동학대범죄의 처벌 등에 관한 특례법(약칭 : 아동학대처벌법)에 대한 다음 설명 중 틀린 것은?

> ㉠ 아동학대범죄 행위의 제지는 학대행위자의 폭력행위 또는 욕설 등을 물리적으로 저지하는 최소한의 실력행사를 의미한다.
>
> ㉡ 아동학대범죄에 대하여는 이 법을 우선 적용한다. 다만, 「성폭력범죄의 처벌 등에 관한 특례법」, 「아동·청소년의 성보호에 관한 법률」에서 가중처벌되는 경우에는 그 법에서 정한 바에 따른다.
>
> ㉢ 검사는 아동학대범죄의 원활한 조사·심리 또는 피해아동 보호를 위하여 필요하다고 인정하는 경우에는 결정으로 아동학대행위자에게 임시조치를 할 수 있다.
>
> ㉣ 사법경찰관으로부터 임시조치 청구의 신청을 받은 검사는 임시조치를 청구하는 때에는 응급조치가 있었던 때부터 72시간 이내에, 긴급임시조치가 있었던 때부터 48시간 이내에 하여야 한다.
>
> ㉤ 피해아동 등의 동의가 있는 경우에만 아동학대 관련 보호시설로 인도가 가능하다.

① 없음
② 1개
③ 2개
④ 3개

24

범죄수사규칙상 변사사건 처리 요령에 대한 다음 설명 중 가장 틀린 것은?

① 사법경찰관은 검사로부터 「형사소송법」 제222조 제3항의 규정에 따른 처분 지휘를 받았을 때에는 직접 검시하여야 한다.

② 사법경찰관은 위 ①의 경우에 의사를 참여시켜 시체를 검시하고 즉시 그 결과를 경찰서장과 검사에게 보고하여야 한다.

③ 경찰관은 검시에 특별한 지장이 없다고 인정하면 변사자의 가족·친족·이웃사람·친구, 시·군·구·읍·면·동의 공무원 그 밖에 필요하다고 인정하는 자를 참여시킬 수 있다.

④ 사법경찰관은 검시를 한 경우에 사망이 범죄에 기인한 것으로 인정될 때에는 즉시 소속 경찰관서장에게 보고하는 동시에 수사를 개시하여야 한다.

안심Touch

25

◯△✕

통신비밀보호법상 통신제한조치에 대한 다음 설명 중 가장 틀린 것은?

① 검사는 범죄수사를 위한 통신제한조치의 허가요 건이 구비된 경우에는 법원에 대하여 각 피의자 별 또는 각 피내사자별로 통신제한조치를 허가하 여 줄 것을 청구할 수 있다.

② 통신제한조치의 기간은 2개월을 초과하지 못하 고, 그 기간 중 통신제한조치의 목적이 달성되었 을 경우에는 즉시 종료하여야 한다.

③ 검사 또는 사법경찰관이 통신제한조치의 연장을 청구하는 경우에 통신제한조치의 총 연장기간은 6개월을 초과할 수 없다.

④ 국가안보를 위한 통신제한조치의 기간은 4월을 초과하지 못하고, 그 기간중 통신제한조치의 목적 이 달성되었을 경우에는 즉시 종료하여야 한다.

26

◯△✕

테러취약시설 안전활동에 관한 규칙에 대한 다음 설명 중 틀린 것은?

> ㉠ 다중이용건축물등 중에서 B등급은 테러에 의하여 파 괴되거나 기능 마비시 광범위한 지역의 대테러진압작 전이 요구되고, 국민생활에 결정적인 영향을 미칠 수 있는 건축물 또는 시설을 말한다.
> ㉡ 테러취약시설 심의위원회의 위원장은 경찰청 경비국 장이다.
> ㉢ 경찰서장은 관할 테러취약시설 중 선정하여 분기 1회 이상 대테러 훈련(FTX)을 실시해야 한다.
> ㉣ 경찰서장은 관할 내에 있는 다중이용건축물등 전체에 대해 A급은 매월 1회 이상 지도 · 점검을 실시하여야 한다.
> ㉤ 테러경보는 관심－주의－경계－심각의 4단계로 구분 한다.

① ㉠, ㉡ ② ㉠, ㉣
③ ㉡, ㉢ ④ ㉢, ㉣

27

◯△✕

경호경비에 대한 다음 설명 중 옳은 것은?

> ㉠ 경호대상 중 국내요인은 갑, 을, 병호 경호대상으로 구 분하고, 병호 경호대상은 갑호 · 을호 이외에 경찰청장 이 경호가 필요하다고 인정한 사람이다.
> ㉡ 대통령 선거 후보자는 을호 경호대상이다.
> ㉢ 행사장 경호에서 MD를 설치 · 운용하는 곳은 제1선이다.
> ㉣ 퇴임 후 10년이 경과한 전직 대통령은 병호 경호대상 이다.
> ㉤ 대통령과 그 가족, 대통령 당선인과 그 가족은 갑호 경호대상이다.

① ㉠, ㉡, ㉢, ㉤ ② ㉠, ㉣, ㉤
③ ㉡, ㉢, ㉣, ㉤ ④ ㉡, ㉢, ㉤

28

◯△✕

「통합방위법」에 대한 다음 설명 중 가장 적절하지 않 은 것은?

① 지방경찰청장, 지역군사령관 또는 함대사령관은 을종사태나 병종사태에 해당하는 상황이 발생한 때에는 즉시 시 · 도지사에게 통합방위사태의 선 포를 건의하여야 한다.

② "갑종사태"란 일정한 조직체계를 갖춘 적의 대규 모 병력 침투 또는 대량살상무기(大量殺傷武器) 공격 등의 도발로 발생한 비상사태로서 통합방위 본부장 또는 지역군사령관의 지휘 · 통제 하에 통 합방위작전을 수행하여야 할 사태를 말한다.

③ 통합방위본부에는 본부장과 부본부장 1명씩을 두 되, 통합방위본부장은 합동참모의장이 되고 부본 부장은 합동참모본부 합동작전본부장이 된다.

④ 지방경찰청장, 지역군사령관 또는 함대사령관은 둘 이상의 시 · 도에 걸쳐 병종사태에 해당하는 상황이 발생하였을 때에는 즉시 국무총리를 거쳐 대통령에게 통합방위사태의 선포를 건의하여야 한다.

29

○△✕

청원경찰법에 대한 다음 설명 중 틀린 것은 모두 몇 개인가?

- ㉠ 청원경찰은 근무 중 제복을 착용할 수 있다.
- ㉡ 청원경찰을 배치받으려는 자는 대통령령으로 정하는 바에 따라 관할 지방경찰청장에게 청원경찰 배치를 신청하여야 한다.
- ㉢ 청원경찰은 청원주가 임용하되, 임용을 할 때에는 미리 지방경찰청장의 승인을 받아야 한다.
- ㉣ 청원경찰에 대한 징계 종류로는 파면, 해임, 강등, 감봉, 견책이 있다.
- ㉤ 청원경찰은 제4조 제2항에 따라 청원경찰의 배치 결정을 받은 자{이하 "청원주"(請願主)라 한다}와 배치된 기관·시설 또는 사업장 등의 구역을 관할하는 경찰서장의 감독을 받아 그 경비구역만의 경비를 목적으로 필요한 범위에서 「경찰법」에 따른 경찰관의 직무를 수행한다.

① 없음　　　　　　② 1개
③ 2개　　　　　　④ 3개

30

○△✕

「도로교통법」상 주차금지 장소로 옳은 것은 모두 몇 개인가?

- ㉠ 「화재예방, 소방시설 설치·유지 및 안전관리에 관한 법률」 제2조 제1항 제1호에 따른 소방시설로서 대통령령으로 정하는 시설이 설치된 곳으로부터 5미터 이내인 곳
- ㉡ 터널 안 및 다리 위
- ㉢ 교차로의 가장자리나 도로의 모퉁이로부터 5미터 이내인 곳
- ㉣ 도로공사를 하고 있는 경우에는 그 공사구역의 양쪽 가장 자리로부터 5미터 이내인 곳

① 1개　　　　　　② 2개
③ 3개　　　　　　④ 4개

31

○△✕

「도로교통법」 및 동법 시행규칙 상 제1종 보통면허로 운전할 수 있는 것은 모두 몇 개인가?

- ㉠ 승용자동차
- ㉡ 승차정원 15명의 승합자동차
- ㉢ 배기량 125시시의 이륜자동차
- ㉣ 총중량 10톤 미만의 특수자동차(구난차등을 포함한다)
- ㉤ 3톤의 지게차

① ㉠, ㉡, ㉢　　　　② ㉠, ㉡, ㉣
③ ㉠, ㉡, ㉤　　　　④ ㉠, ㉡, ㉢, ㉣, ㉤

32

○△✕

도로교통법상 범칙행위에 대한 다음 설명 중 틀린 것은?

① 범칙행위 당시 운전면허증등 또는 이를 갈음하는 증명서를 제시하지 못하거나 경찰공무원의 운전자 신원 및 운전면허 확인을 위한 질문에 응하지 아니한 운전자는 "범칙자"에 해당하지 아니한다.

② 범칙금 통고처분서를 받은 사람은 통고처분서를 받은 날부터 10일 이내에 경찰청장·해양경찰청장 또는 철도특별사법경찰대장이 지정한 은행, 그 지점이나 대리점, 우체국 또는 제주특별자치도지사가 지정하는 금융기관이나 그 지점에 범칙금을 납부하여야 한다.

③ 다만, 천재지변이나 그 밖의 부득이한 사유로 말미암아 위 ②의 기간에 범칙금을 낼 수 없는 경우에는 부득이한 사유가 없어지게 된 날부터 7일 이내에 내야 한다.

④ 1차 납부기간에 범칙금을 내지 아니한 사람은 납부기간이 끝나는 날의 다음 날부터 20일 이내에 통고받은 범칙금에 100분의 20을 더한 금액을 내야 한다.

안심Touch

33

○△✕

다음은 정보요구방법 중 무엇에 대한 설명인가?

> 정보사용자가 필요 시 특정 사안에 대해 단기적 필요에 따라 특별히 요구하는 구체적이고 단발적인 첩보요구

① PNIO
② EEI
③ SRI
④ OIR

34

○△✕

집회 및 시위에 관한 법률(약칭 : 집시법)에 대한 다음 설명 중 틀린 것은?

> ㉠ 누구든지 헌법재판소의 결정에 따라 해산된 정당의 목적을 달성하기 위한 집회 또는 시위를 주최하여서는 아니 된다.
> ㉡ 주최자는 신고한 옥외집회 또는 시위를 하지 아니하게 된 경우에는 신고서에 적힌 집회 일시 48시간 전에 그 철회사유 등을 적은 철회신고서를 관할경찰관서장에게 제출하여야 한다.
> ㉢ 관할경찰관서장은 신고서의 기재 사항에 미비한 점을 발견하면 접수증을 교부한 때부터 12시간 이내에 주최자에게 24시간을 기한으로 그 기재 사항을 보완할 것을 통고할 수 있다.
> ㉣ 뒤에 접수된 옥외집회 또는 시위가 금지 통고된 경우 먼저 신고를 접수하여 옥외집회 또는 시위를 개최할 수 있는 자는 집회 시작 24시간 전에 관할경찰관서장에게 집회 개최 사실을 통지하여야 한다.
> ㉤ 집회 또는 시위의 주최자는 금지 통고를 받은 날부터 48시간 이내에 해당 경찰관서의 바로 위의 상급경찰관서의 장에게 이의를 신청할 수 있다.

① ㉠, ㉡, ㉣
② ㉠, ㉡, ㉣, ㉤
③ ㉡, ㉢, ㉣, ㉤
④ ㉡, ㉣, ㉤

35

○△✕

대상국의 기밀 탐지, 전복, 태업 등을 효과적으로 수행하기 위한 지하조직형태를 간첩망이라 한다. 다음의 내용이 설명하는 간첩망의 형태를 가장 적절하게 나열한 것은?

> ㉠ 지하당 구축에 흔히 사용하는 형태로, 간첩이 3명 이내의 행동공작원을 포섭하여 직접 지휘하고 공작원 간 횡적 연락을 차단시키는 활동조직
> ㉡ 간첩이 주공작원 2~3명을 두고, 주공작원은 그 밑에 각각 2~3명의 행동공작원을 두는 조직형태
> ㉢ 합법적 신분을 이용하여 적국의 이념이나 사상에 동조하도록 유도하여 공작목표를 달성하기 위한 조직형태

① ㉠ 삼각형 ㉡ 피라미드형 ㉢ 서클형
② ㉠ 삼각형 ㉡ 피라미드형 ㉢ 레포형
③ ㉠ 피라미드형 ㉡ 삼각형 ㉢ 서클형
④ ㉠ 피라미드형 ㉡ 삼각형 ㉢ 레포형

36

○△✕

다음 중 보안관찰 해당범죄는 모두 몇 개인가?

> ㉠ 형법상 내란목적의 살인
> ㉡ 군형법상 반란 목적의 군용물 탈취
> ㉢ 국가보안법상 잠입 · 탈출
> ㉣ 형법상 간첩
> ㉤ 군형법상 반란
> ㉥ 형법상 모병이적
> ㉦ 형법상 외환유치
> ㉧ 국가보안법상 목적수행

① 5개
② 6개
③ 7개
④ 8개

37

□△×

북한이탈주민의 보호 및 정착지원에 관한 법률(약칭 : 북한이탈주민법)에 대한 다음 설명 중 가장 틀린 것은?

① 보호대상자 중 북에서 중요 직책에 종사하여 신변위해를 당할 잠재적 우려가 있는 자와 사회정착이 심히 불안정하여 특별한 관찰과 지원이 필요한 자는 "가급"에 해당한다.

② "보호금품"이란 이 법에 따라 보호대상자에게 지급하거나 빌려주는 금전 또는 물품을 말한다.

③ 북한이탈주민으로서 이 법에 따른 보호를 받으려는 사람은 재외공관이나 그 밖의 행정기관의 장(각급 군부대의 장을 포함한다)에게 보호를 직접 신청하여야 한다.

④ 국내 입국 후 3년이 지나서 보호신청한 사람은 보호대상자로 결정하지 아니할 수 있다.

38

□△×

다음은 통역의 한 종류에 대한 설명이다. 무엇에 대한 설명인가?

동시통역이 필요한 상황에서 통역장비 없이 한두 명의 청자 옆에서 동시통역하는 것으로 주로 의전대상에게만 통역을 제공해야 할 때 사용한다.

① 동시통역
② 순차통역
③ 릴레이통역
④ 위스퍼링

39

□△×

다음 중 국제형사경찰기구로부터 외국의 형사사건 수사에 대하여 협력을 요청받거나 국제형사경찰기구에 협력을 요청하는 경우 행정안전부장관이 취할 수 있는 조치에 해당하지 않는 것은?

① 국제범죄의 정보 및 자료 교환
② 사람 또는 물건의 소재에 대한 수사
③ 국제범죄에 관한 사실 확인 및 그 조사
④ 국제범죄의 동일증명(同一證明) 및 전과 조회

40

□△×

범죄인 인도법에 대한 다음 설명 중 옳은 것은?

㉠ 인도조약이 체결되어 있지 아니한 경우에도 범죄인의 인도를 청구하는 국가가 같은 종류 또는 유사한 인도범죄에 대한 대한민국의 범죄인 인도청구에 응한다는 보증을 하는 경우에는 이 법을 적용한다.

㉡ 대한민국과 청구국의 법률에 따라 인도범죄가 사형, 무기징역, 무기금고, 장기(長期) 3년 이상의 징역 또는 금고에 해당하는 경우에만 범죄인을 인도할 수 있다.

㉢ 우리나라는 자국민불인도의 원칙을 명문으로 규정하고 있다.

㉣ 인도범죄의 성격과 범죄인이 처한 환경 등에 비추어 범죄인을 인도하는 것이 비인도적(非人道的)이라고 인정되는 경우 범죄인을 인도하여서는 아니된다.

㉤ 이 법에 규정된 범죄인의 인도심사 및 그 청구와 관련된 사건은 서울고등법원과 서울고등검찰청의 전속관할로 한다.

① ㉠, ㉡, ㉤
② ㉠, ㉢, ㉤
③ ㉠, ㉢, ㉣, ㉤
④ ㉡, ㉢, ㉣, ㉤

제7회 경찰승진 최종모의고사

01 ⬜△✕

행정규칙과 법규명령에 대한 설명으로 가장 옳은 것은?

① 법규명령은 국민과 행정청을 동시에 구속하는 양면적 구속력을 가짐으로써 재판규범이 된다.

② 행정규칙은 대외적 구속력을 갖고 있으므로 위반하면 반드시 위법이 된다.

③ 위임명령은 법규명령에 해당하고, 집행명령은 행정규칙에 해당한다.

④ 법규명령은 공포를 요하지 않으나, 행정규칙은 공포를 요한다.

02 ⬜△✕

경찰법에 대한 다음 설명 중 틀린 것은?

㉠ 경찰청의 사무를 지역적으로 분담하여 수행하게 하기 위하여 특별시장·광역시장 및 도지사(이하 "시·도지사"라 한다) 소속으로 지방경찰청을 두고, 지방경찰청장 소속으로 경찰서를 둔다.

㉡ 경찰위원회는 행정안전부에 설치된 합의제 경찰행정관청이다.

㉢ 지방경찰청장은 시·도지사의 지휘·감독을 받아 관할구역의 국가경찰사무를 관장하고 소속 공무원 및 소속 국가경찰기관의 장을 지휘·감독한다.

㉣ 경찰청에 차장을 두며, 차장은 치안정감(治安正監)으로 보한다.

㉤ 행정안전부장관은 경찰위원회에서 심의·의결된 내용이 적정하지 아니하다고 판단할 때에는 재의(再議)를 요구할 수 있다.

---

① 1개   ② 2개

③ 3개   ④ 4개

03 ⬜△✕

경찰행정관청의 권한의 위임, 대리, 대결에 관한 다음 설명 중 옳은 것은?

① 대결은 권한 자체의 귀속에 있어서 변경을 가져오지 않고 본래의 경찰행정관청의 이름으로 행해지는 내부적 사실행위이다.

② 원칙적으로 임의대리는 권한의 전부에 대해서 가능하고 복대리가 불가능하나, 법정대리는 권한의 일부에 대해서만 가능하고 복대리가 가능하다.

③ 권한의 위임의 효과는 수임관청에게 귀속되고, 권한의 대리의 효과는 대리관청에게 귀속된다.

④ 법정대리의 경우 피대리관청은 대리기관의 지휘·감독상의 책임을 부담한다.

04

☐△✕

경찰공무원의 권리·의무에 대한 다음 설명 중 가장 옳은 것은?

① 국가공무원법 규정에 따라 경찰공무원은 직무에 관하여 거짓으로 보고나 통보를 하여서는 아니된다.

② 공무원은 취임할 때에 소속 기관장 앞에서 대통령령등으로 정하는 바에 따라 선서(宣誓)하여야 한다. 다만, 불가피한 사유가 있으면 취임 후에 선서하게 할 수 있다. 이는 국가공무원법상의 의무로서 신분상 의무에 해당한다.

③ 공직자윤리법상 공무원 또는 공직유관단체의 임직원은 외국으로부터 선물(대가 없이 제공되는 물품 및 그 밖에 이에 준하는 것을 말하되, 현금은 제외한다)을 받거나 그 직무와 관련하여 외국인(외국단체를 포함한다)에게 선물을 받으면 지체 없이 소속 기관·단체의 장에게 신고하고 그 선물을 인도하여야 한다.

④ 경찰공무원은 직무 수행을 위하여 필요하면 무기를 휴대하여야 한다.

05

☐△✕

「경찰공무원 복무규정」에 관한 다음 설명 중 가장 적절하지 않은 것은?

① 경찰공무원은 국가와 민족을 위하여 충성과 봉사를 다하며, 국민의 생명·신체 및 재산을 보호하고, 공공의 안녕과 질서를 유지함을 그 사명으로 한다. 이는 기본강령 중 경찰사명에 대한 설명이다.

② 경찰공무원은 휴무일 또는 근무시간 외에 3시간 이내에 직무에 복귀하기 어려운 지역으로 여행을 하고자 할 때에는 소속 경찰기관의 장에게 신고를 하여야 한다.

③ 경찰기관의 장은 특별한 사정이 없는 한 연일근무자 및 공휴일근무자에 대하여는 그 다음날 1일의 휴무를 허가하여야 한다.

④ 경찰기관의 장은 근무성적이 탁월하거나 다른 경찰공무원의 모범이 될 공적이 있는 경찰공무원에 대하여 1회 10일 이내의 포상휴가를 허가할 수 있다. 이 경우의 포상휴가기간은 연가일수에 산입하지 아니한다.

06

☐△✕

소청심사에 대한 다음 설명 중 틀린 것은?

⊙ 소청심사위원회의 위원(위원장을 포함한다)은 인사혁신처장의 제청으로 국무총리를 거쳐 대통령이 임명한다.

ⓛ 소청심사위원회의 상임위원은 다른 직무를 겸할 수 있다.

ⓒ 대학에서 행정학·정치학 또는 법률학을 담당한 부교수 이상의 직에 3년 이상 근무한 자는 소청심사위원회의 위원이 될 수 있다.

ⓔ 소청심사위원회의 공무원이 아닌 위원은 「형법」이나 그 밖의 법률에 따른 벌칙을 적용할 때 공무원으로 본다.

ⓜ 소청심사위원회의 심사·결정을 거치지 아니하고 행정소송을 제기할 수 있다.

① ⊙, ⓛ, ⓒ   ② ⊙, ⓔ, ⓜ

③ ⓛ, ⓒ, ⓔ   ④ ⓛ, ⓒ, ⓜ

07

☐△✕

경찰작용은 다른 어떤 행정작용보다도 국민의 자유와 권리에 큰 영향을 미칠 가능성이 큰 행정작용에 해당하므로 경찰작용의 근거, 요건 및 한계 등에 관하여 가능한 명백한 법적 근거규정을 필요로 한다. 경찰작용의 근거에 대한 다음 설명 중 틀린 것은?

① 경찰권 발동상황의 성질상 입법기관이 미리 경찰권의 발동사태를 상정해서 모든 요건을 법률에 규정하는 것은 불가능하기 때문에 일반적 수권조항이 필요하다고 보는 견해가 있다.

② 일반적 수권조항에 근거한 경찰권 발동을 부정하는 입장에서는 경찰관직무집행법 제2조 제7호 '그 밖에 공공의 안녕과 질서유지' 규정을 경찰작용의 일반적 수권조항이 아닌 조직법적 규정으로 본다.

③ 경찰권은 공공의 안녕과 질서유지라는 소극목적을 위해서만 발동될 수 있는 것으로 적극적인 복지증진을 위한 경찰권 발동은 허용되지 않는다. 이를 경찰공공의 원칙이라고 한다.

④ 경찰비례의 원칙은 초기에는 경찰행정영역에서 적용되었으나 오늘날에는 모든 행정영역에 적용되고 있다.

08

○△✕

경찰권 발동에 대한 다음 설명 중 가장 틀린 것은?

① 경찰책임과 관련하여 책임자의 고의·과실 여부는 무관하지만, 위법성에 대한 인식은 존재하여야 한다.

② 경찰관직무집행법은 경찰상 즉시강제의 기본법이다.

③ 사회사정과 관념이 부단히 변하기 때문에 경찰권 발동의 요건이나 효과를 상세히 정한다는 것은 입법기술상 불가능하므로 일반수권조항에 근거한 경찰권 발동이 필요하다고 보는 견해가 있다.

④ 경찰비례의 원칙은 경찰권 발동의 조건·정도에 관련된 원칙으로 헌법 제37조 제2항, 경찰관 직무집행법 제1조 제2항 등에 명시적으로 규정되어 있다.

09

○△✕

경찰관직무집행법상 불심검문에 대한 다음 설명 중 가장 틀린 것은?

① 경찰관은 불심검문대상자에게 질문을 할 때에 그 사람이 흉기를 가지고 있는지를 조사할 수 있다.

② 경찰관은 불심검문대상자에게 질문을 하거나 동행을 요구할 경우 자신의 신분을 표시하는 증표를 제시하거나 또는 소속과 성명을 밝히고 질문이나 동행의 목적과 이유를 설명하여야 하며, 동행을 요구하는 경우에는 동행 장소를 밝혀야 한다.

③ 경찰관은 동행한 사람의 가족이나 친지 등에게 동행한 경찰관의 신분, 동행 장소, 동행 목적과 이유를 알리거나 본인으로 하여금 즉시 연락할 수 있는 기회를 주어야 하며, 변호인의 도움을 받을 권리가 있음을 알려야 한다.

④ 경찰관은 동행한 사람을 6시간을 초과하여 경찰관서에 머물게 할 수 없다.

10

○△✕

다음은 경찰관직무집행법 제4조 보호조치를 설명한 것이다. 가장 적절한 것은?

① 경찰관은 수상한 행동이나 그 밖의 주위 사정을 합리적으로 판단해 볼 때 보호조치대상자에 해당하는 것이 명백하고 응급구호가 필요하다고 믿을 만한 상당한 이유가 있는 사람(이하 "구호대상자"라 한다)을 발견하였을 때에는 보건의료기관이나 공공구호기관에 긴급구호를 요청하거나 경찰관서에 보호하는 등 적절한 조치를 하여야 한다.

② 경찰관이 보호조치를 한 때에는 지체 없이 구호대상자의 가족, 친지 또는 그 밖의 연고자에게 그 사실을 알려야 하며, 연고자가 발견되지 아니할 때에는 구호대상자를 적당한 공공보건의료기관이나 공공구호기관에 즉시 인계하여야 한다.

③ 경찰관서에서의 보호조치는 12시간을 초과할 수 없다.

④ 경찰관은 구호대상자를 공공보건의료기관이나 공공구호기관에 인계하였을 때에는 24시간 이내에 그 사실을 소속 경찰서장이나 해양경찰서장에게 보고하여야 한다.

11

○△✕

경찰관 직무집행법상 경찰장구의 사용 기준으로 가장 적절하지 않은 것은?

① 현행범이나 사형·무기 또는 장기 3년 이상의 징역이나 금고에 해당하는 죄를 범한 범인의 체포 또는 도주 방지

② 체포·구속영장과 압수·수색영장을 집행하는 과정에서 경찰관의 직무집행에 항거하거나 도주하려고 할 때

③ 자신이나 다른 사람의 생명·신체의 방어 및 보호

④ 공무집행에 대한 항거 제지

12

⊙△☒

범인검거 등 공로자 보상에 관한 규정 제6조에 규정된 보상금의 지급 기준에 대한 다음 설명 중 가장 틀린 것은?

① 사형, 무기징역 또는 무기금고, 장기 10년 이상의 징역 또는 금고에 해당하는 범죄의 보상금 지급 기준은 30만 원이다.

② 장기 10년 미만의 징역 또는 금고에 해당하는 범죄의 보상금 지급 기준은 20만 원이다.

③ 장기 5년 미만의 징역 또는 금고, 장기 5년 이상의 자격정지 또는 벌금 50만 원을 초과하는 범죄의 보상금 지급 기준은 10만 원이다.

④ 벌금 50만 원 이하의 범죄의 보상금 지급 기준은 3만 원이다.

13

⊙△☒

경찰장비관리규칙에 대한 다음 설명 중 가장 옳은 것은?

① 경찰기관의 장은 무기를 휴대한 자 중에서 직무상의 비위 등으로 인하여 징계대상이 된 자가 발생한 때에는 즉시 대여한 무기·탄약을 회수할 수 있다.

② 차량은 용도별로 전용·지휘용·업무용·순찰용·특수용 차량으로 구분한다.

③ 불용처분된 차량은 부속기관 및 지방경찰청별로 폐차처분을 원칙으로 한다.

④ 차량운행시 책임자는 1차 경찰기관의 장, 2차 선임탑승자(사용자), 3차 운전자로 한다.

14

⊙△☒

보안업무규정 및 보안업무규정 시행규칙에 대한 다음 설명 중 틀린 것은?

> ⊙ 보안의 대상(객체)에는 문서, 시설, 인원, 국가 등이 있다.
>
> ⓛ "비밀"이란 그 내용이 누설될 경우 국가안전보장에 해를 끼칠 우려가 있는 국가 기밀로서 이 영에 따라 비밀로 분류된 것을 말한다.
>
> ⓒ Ⅱ급비밀이란 누설될 경우 국가안전보장에 해를 끼칠 우려가 있는 비밀을 말한다.
>
> ⓔ Ⅱ급비밀 및 Ⅲ급비밀은 금고 또는 이중 철제캐비닛 등 잠금장치가 있는 안전한 용기에 보관하여야 하며, 보관책임자가 Ⅱ급비밀 취급 인가를 받은 때에는 Ⅱ급비밀과 Ⅲ급비밀을 같은 용기에 혼합하여 보관할 수 있다.
>
> ⓜ 보호지역에 접근하거나 출입하려는 사람은 각급기관의 장 또는 관리기관 등의 장의 승인을 받아야 한다.

① 없음   ② 1개

③ 2개   ④ 3개

15

⊙△☒

공공기관의 정보공개에 관한 법률(약칭 : 정보공개법)에 대한 다음 설명 중 틀린 것은?

> ⊙ 정보의 공개를 청구하는 자는 해당 정보를 보유하거나 관리하고 있는 공공기관에 정보공개 청구서를 제출하거나 말로써 정보의 공개를 청구할 수 있다.
>
> ⓛ 외국인은 정보공개를 청구할 수 없다.
>
> ⓒ 공공기관은 정보공개의 청구를 받으면 그 청구를 받은 날부터 7일 이내에 공개 여부를 결정하여야 한다.
>
> ⓔ 공공기관은 부득이한 사유로 ⓒ에 따른 기간 이내에 공개 여부를 결정할 수 없을 때에는 그 기간이 끝나는 날의 다음 날부터 기산(起算)하여 10일의 범위에서 공개 여부 결정기간을 연장할 수 있다.
>
> ⓜ 공공기관은 공개 청구된 공개 대상 정보의 전부 또는 일부가 제3자와 관련이 있다고 인정할 때에는 그 사실을 제3자에게 7일 이내에 통지하여야 한다.

① ⊙, ⓛ, ⓔ   ② ⊙, ⓔ, ⓜ

③ ⓛ, ⓒ, ⓔ   ④ ⓛ, ⓒ, ⓜ

안심Touch

16

경찰 인권보호 규칙에 대한 다음 설명 중 틀린 것은?

⊙□△☒

> ㉠ 인권위원회는 위원장 1명을 포함하여 7명 이상 13명 이하의 위원으로 구성한다. 이때, 특정 성별이 전체 위원 수의 10분의 6을 초과하지 아니해야 한다.
> ㉡ 당연직 위원은 경찰청은 감사관, 지방경찰청은 청문감사담당관으로 한다.
> ㉢ 경찰청장은 제·개정하려는 법령 및 행정규칙이 있을 경우 해당 안건을 경찰위원회에 상정하기 30일 이전에 인권영향평가를 실시하여야 한다.
> ㉣ 인권보호담당관은 매월 1회 이상 인권영향평가의 이행 여부를 점검하고, 이를 경찰청 인권위원회에 제출하여야 한다.
> ㉤ 경찰청장은 경찰관등이 근무하는 동안 지속적·체계적으로 교육을 받을 수 있도록 매년 인권교육종합계획을 수립하여 시행하여야 한다.

① ㉠, ㉢, ㉣
② ㉠, ㉣, ㉤
③ ㉡, ㉢, ㉣
④ ㉢, ㉣, ㉤

17

부정청탁 및 금품등 수수의 금지에 관한 법률 및 동법 시행령에 대한 다음 설명 중 가장 틀린 것은?

⊙□△☒

① 「초·중등교육법」, 「고등교육법」, 「유아교육법」 및 그 밖의 다른 법령에 따라 설치된 각급 학교 및 「사립학교법」에 따른 학교법인은 공공기관에 해당한다.
② 공직자등은 직무 관련 여부 및 기부·후원·증여 등 그 명목에 관계없이 동일인으로부터 1회에 100만 원 또는 매 회계연도에 300만 원을 초과하는 금품등을 받거나 요구 또는 약속해서는 아니된다.
③ 경조사비의 경우 축의금·조의금은 5만 원까지 수수할 수 있다. 다만, 축의금·조의금을 대신하는 화환·조화는 10만 원으로 한다.
④ 공직자등은 사례금을 받는 외부강의등을 할 때에는 대통령령으로 정하는 바에 따라 외부강의등의 요청 명세 등을 소속기관장에게 그 외부강의등을 마친 날부터 7일 이내에 서면으로 신고하여야 한다.

18

코헨(Cohen)과 펠드버그(Feldberg)가 제시한 민주경찰의 바람직한 지향점에 대한 다음 설명 중 옳은 것은?

⊙□△☒

> ㉠ 경찰은 사회 전체의 필요에 의해서 생겨난 기구이므로 경찰 서비스에 대한 공정한 접근을 허용해야 한다. 이는 공정한 접근의 보장과 관련이 있다.
> ㉡ 경찰은 사회 일부분이 아닌 사회 전체의 이익을 염두에 두어야 한다는 것은 냉정하고 객관적인 자세와 관련이 있다.
> ㉢ 시민의 생명과 재산의 안전이 사회계약의 목적이므로 법집행 자체가 사회계약의 궁극적인 목적이 될 수는 없다.
> ㉣ 칼을 들고 있는 강도를 발견하고도 경찰관이 신변의 위험을 느껴 모르는 척 한 것은 편들기에 해당하며 공정한 접근의 보장을 저해하는 요소이다.
> ㉤ 냉정하고 객관적인 자세확보에 실패한 사례로 역할한계의 오류를 들 수 있다.

① ㉠, ㉡, ㉢
② ㉠, ㉢, ㉣
③ ㉡, ㉢, ㉣
④ ㉡, ㉢, ㉤

19

경비업법상 경비업무에 대한 설명으로 가장 적절한 것은?

⊙□△☒

① 시설경비업무－경비대상시설에 설치한 기기에 의하여 감지·송신된 정보를 그 경비대상시설 외의 장소에 설치한 관제시설의 기기로 수신하여 도난·화재 등 위험 발생을 방지하는 업무
② 호송경비업무－사람의 생명이나 신체에 대한 위해의 발생을 방지하고 그 신변을 보호하는 업무
③ 기계경비업무－경비를 필요로 하는 시설 및 장소에서의 도난·화재 그 밖의 혼잡 등으로 인한 위험발생을 방지하는 업무
④ 특수경비업무－공항(항공기를 포함한다) 등 대통령령이 정하는 국가중요시설의 경비 및 도난·화재 그 밖의 위험 발생을 방지하는 업무

20

□△☒

청소년 보호법에 대한 다음 설명 중 가장 옳은 것은?

① 「체육시설의 설치·이용에 관한 법률」에 따른 무도학원업 및 무도장업은 청소년고용금지업소에 해당한다.

② 동법은 '누구든지 청소년에게 신체의 전부 또는 일부를 접촉·노출하는 행위로서 일반인의 성적 수치심이나 혐오감을 일으키는 행위를 하여서는 아니 된다.'고 규정하고 있다.

③ 회비 등을 받거나 유료로 만화를 빌려 주는 만화대여업은 청소년출입·고용금지업소에 해당한다.

④ 다(茶)류를 판매하는 곳에서 청소년의 근무를 묵인하는 행위는 청소년 유해행위에 해당하지 않는다.

21

□△☒

아동학대범죄의 처벌 등에 관한 특례법(약칭 : 아동학대처벌법)에 대한 설명으로 가장 옳은 것은?

① 아동이란 19세 미만인 사람을 말한다.

② 아동학대범죄에 대하여는 이 법을 우선 적용한다. 다만, 「성폭력범죄의 처벌 등에 관한 특례법」, 「아동·청소년의 성보호에 관한 법률」에서 가중처벌되는 경우에는 그 법에서 정한 바에 따른다.

③ 사법경찰관은 응급조치에도 불구하고 아동학대범죄가 재발될 우려가 있고, 긴급을 요하여 법원의 임시조치 결정을 받을 수 없을 때에는 직권이나 피해아동등, 그 법정대리인(아동학대행위자를 제외한다), 변호사, 시·도지사, 시장·군수·구청장 또는 아동보호전문기관의 장의 신청에 따라 긴급임시조치를 하여야 한다.

④ 현장에 출동하거나 아동학대범죄 현장을 발견한 경우 또는 학대현장 이외의 장소에서 학대피해가 확인되고 재학대의 위험이 급박·현저한 경우, 사법경찰관리 또는 아동학대전담공무원은 피해아동, 피해아동의 형제자매인 아동 및 피해아동과 동거하는 아동의 보호를 위하여 즉시 임시조치를 하여야 한다.

22

□△☒

실종아동등 및 가출인 업무처리 규칙에 대한 다음 설명 중 가장 틀린 것은?

① 발견된 18세 미만 아동 및 가출인은 실종아동등 프로파일링시스템에 등록된 자료를 수배 해제 후로부터 5년간 보관한다. 다만, 대상자가 사망하거나 보호자가 삭제를 요구한 경우는 즉시 삭제하여야 한다.

② 경찰관서의 장은 실종아동등 또는 가출인에 대한 신고를 접수한 후 신고대상자가 채무관계 해결, 형사사건 당사자 소재 확인 등 실종아동등 및 가출인 발견 외 다른 목적으로 신고된 사람에 해당하는 경우에는 신고 내용을 실종아동등 프로파일링시스템에 입력하지 않을 수 있다.

③ 경찰관서의 장은 실종아동등에 대하여 현장 탐문 및 수색 후 그 결과를 즉시 보호자에게 통보하여야 한다. 이후에는 실종아동등 프로파일링시스템에 등록한 날로부터 1개월까지는 15일에 1회, 1개월이 경과한 후부터는 분기별 1회 보호자에게 추적 진행사항을 통보한다.

④ 인터넷 안전드림은 경찰관서 내에서만 사용할 수 있도록 제한하고, 실종아동등 프로파일링시스템은 누구든 사용할 수 있도록 공개하는 등 분리하여 운영한다.

23

□△☒

범죄수사규칙상 고소·고발이 있을 때 수리하지 않고 반려할 수 있는 경우에 해당하지 않는 것은?

① 고소·고발사실이 범죄를 구성하지 않을 경우

② 공소시효가 완성된 사건

③ 동일한 사안에 대하여 이미 법원의 판결이나 수사기관의 처분이 존재하여 다시 수사할 가치가 없다고 인정되는 사건

④ 피해자가 사망하였거나 피의자인 법인이 존속하지 않게 되었음에도 고소·고발된 사건

24

통신비밀보호법상 긴급통신제한조치에 대한 다음 설명 중 가장 틀린 것은?

① 검사, 사법경찰관 또는 정보수사기관의 장은 긴급통신제한조치의 집행착수후 지체없이 법원에 허가청구를 하여야 한다.

② 위 ①과 관련하여 긴급통신제한조치를 한 때부터 24시간 이내에 법원의 허가를 받지 못한 때에는 즉시 이를 중지하여야 한다.

③ 사법경찰관이 긴급통신제한조치를 할 경우에는 미리 검사의 지휘를 받아야 한다. 다만, 특히 급속을 요하여 미리 지휘를 받을 수 없는 사유가 있는 경우에는 긴급통신제한조치의 집행착수후 지체없이 검사의 승인을 얻어야 한다.

④ 긴급통신제한조치가 단시간내에 종료되어 법원의 허가를 받을 필요가 없는 경우에는 그 종료후 7일 이내에 관할 지방검찰청검사장은 이에 대응하는 법원장에게 긴급통신제한조치를 한 검사, 사법경찰관 또는 정보수사기관의 장이 작성한 긴급통신제한조치통보서를 송부하여야 한다.

25

시체에 대한 다음 설명 중 가장 틀린 것은?

① 사람이 사망하게 되면 시체의 온도는 주위의 대기온도와 같아지거나 주위의 기온보다 더 높아진다.

② 주위 환경의 습도가 낮을수록, 통풍이 좋을수록 시체의 온도하강속도는 빨라진다.

③ 사람이 사망하게 되면 각막은 사후 12시간을 전후하여 흐려지고, 24시간이 되면 현저하게 흐려진다. 이 후 48시간이 경과하면 불투명해진다.

④ 시체얼룩은 시체의 아래부위에 형성되는 것이 일반적이다.

26

공연법에 대한 다음 설명 중 가장 틀린 것은?

① 공연장운영자는 화재나 그 밖의 재해를 예방하기 위하여 그 공연장 종업원의 임무·배치 등 재해대처계획을 수립하여 매년 관할 특별자치시장·특별자치도지사·시장·군수·구청장에게 신고하여야 한다.

② 위 ①의 경우 특별자치시장·특별자치도지사·시장·군수·구청장은 신고받은 재해대처계획을 관할 소방서장에게 통보하여야 한다.

③ 위 ①을 위반한 자에게는 2천만 원 이하의 과태료를 부과한다.

④ 공연장 외의 시설이나 장소에서 1천명 이상의 관람이 예상되는 공연을 하려는 자는 신고한 사항을 변경하려는 경우에는 해당 공연 14일 전까지 변경신고를 하여야 한다.

27

다음은 다중범죄 진압경비에 대한 설명이다. 가장 적절하지 않은 것은?

① 진압의 기본원칙 중 군중이 목적지에 집결하기 이전에 중간에서 차단하여 집합을 하지 못하게 하는 방법은 차단·배제이다.

② 다중범죄의 특성으로는 부화뇌동적 파급성, 비이성적 단순성, 확신적 행동성, 조직적 연계성이 있다.

③ 시위군중은 이성적인 판단능력을 상실함으로써 과격하고 단순해지므로 타협이나 설득이 어려운 경우가 많다.

④ 다중범죄의 정책적 치료법 중 불만집단과 반대되는 대중의견을 크게 부각시켜 불만집단이 위압되어 스스로 해산 및 분산되도록 하는 방법은 전이법이다.

28

경찰비상업무규칙에 대한 다음 설명 중 가장 틀린 것은?

① 국제행사·기념일 등을 전후하여 치안수요가 증가하여 가용경력의 50%를 동원할 필요가 있는 경우 경비비상 을호를 발령한다.

② "필수요원"이라 함은 전 경찰관 및 일반직공무원(이하 "경찰관 등"이라 한다) 중 경찰기관의 장이 지정한 자로 비상소집시 1시간 이내에 응소하여야 할 자를 말한다.

③ 경계 강화 발령 시 지휘관과 참모는 지휘선상 위치 근무를 원칙으로 한다.

④ "작전준비태세"라 함은 '경계강화'단계를 발령하기 이전에 별도의 경력을 동원하여 경찰작전부대의 출동태세 점검, 지휘관 및 참모의 비상연락망 구축 및 신속한 응소체제를 유지하며, 작전상황반을 운영하는 등 필요한 작전사항을 미리 조치하는 것을 말한다.

29

교통지도단속에 대한 다음 설명 중 가장 틀린 것은?

① 범칙행위 당시 운전면허증등 또는 이를 갈음하는 증명서를 제시하지 못하거나 경찰공무원의 운전자 신원 및 운전면허 확인을 위한 질문에 응하지 아니한 운전자는 도로교통법상 범칙자에 해당하지 아니한다.

② 승객의 차 안 소란행위 방치 운전의 경우, 승합자동차는 10만 원의 범칙금이 부과된다.

③ 범칙금 납부 통고처분은 경미한 교통법규 위반자에게 경찰관이 직접 범칙금을 납부할 것을 통고하는 제도이다.

④ 제한속도를 20km/h 이하로 위반한 경우 벌점 15점이 부과된다.

30

도로교통법상 운전면허에 대한 다음 설명 중 가장 틀린 것은?

① 제1종 대형면허로 트럭적재식 천공기를 운전할 수 있다.

② 운전면허증을 받은 사람이 운전면허증 반납사유에 해당하면 그 사유가 발생한 날부터 7일 이내에 주소지를 관할하는 지방경찰청장에게 운전면허증을 반납하여야 한다.

③ 자동차등을 이용하여 범죄행위를 하거나 다른 사람의 자동차등을 훔치거나 빼앗은 사람이 무면허 운전 금지규정을 위반하여 그 자동차등을 운전한 경우에는 그 위반한 날부터 3년간 운전면허를 받을 수 없다.

④ 음주운전 금지규정 또는 음주측정 불응규정을 위반(무면허인 경우도 포함한다)하여 운전을 하다가 교통사고를 일으킨 경우 1년간 운전면허를 받을 수 없다.

31

교통사고에 대한 다음 설명 중 가장 적절하지 않은 것은?(다툼이 있으면 판례에 의함)

① 화물차를 주차한 상태에서 적재된 상자 일부가 떨어지면서 지나가던 피해자에게 상해를 입힌 경우, 교통사고로 볼 수 없다.

② 연속된 교통사고로 피해자가 사망한 경우 후행 교통사고 운전자에게 책임을 물으려면 후행 교통사고를 일으킨 사람이 주의의무를 게을리 하지 않았다면 피해자가 사망에 이르지 않았을 것이라는 사실이 증명되어야 한다.

③ '특정범죄 가중처벌 등에 관한 법률' 제5조의3 도주차량죄의 교통사고는 도로교통법이 정하는 도로에서의 교통사고로 제한하여야 한다.

④ 아파트 단지 내 통행로가 왕복 4차선의 외부도로와 직접 연결되어 있고, 외부차량의 통행에 제한이 없으며, 별도의 주차관리인이 없다면 도로교통법상 도로에 해당된다.

32

□△×

정보의 질적 요건에 대한 설명으로 가장 적절하지 않은 것은?

① 정확성(accuracy) - 정보가 사실과 일치되는 성질이다.

② 관련성(relevancy) - 정보가 당면 문제와 관련된 성질이다.

③ 적시성(timeliness) - 정보가 정책결정이 이루어지는 시점에 비추어 가장 적절한 시기에 존재하는 성질이다. 이를 평가할 때 그 기준이 되는 시점은 생산자의 생산시점이다.

④ 완전성(completeness) - 정보가 그 자체로서 정책결정에 필요하고 가능한 모든 내용을 망라하고 있는 성질이다.

33

□△×

집회 및 시위에 관한 법률(약칭 : 집시법)에 대한 다음 설명 중 옳은 것은?

> ⊙ 자진 해산 요청에 따르지 아니하는 경우에는 세 번 이상 자진 해산할 것을 명령하고, 참가자들이 해산명령에도 불구하고 해산하지 아니하면 직접 해산시킬 수 있다.
> ⓒ 관할 경찰서장 또는 지방경찰청장은 신고서를 접수하면 신고자에게 접수 일시를 적은 접수증을 즉시 내주어야 한다.
> ⓒ 주거지역, 학교, 종합병원, 공공도서관의 경우 주간에는 65dB 이하, 야간에는 60dB 이하의 소음기준이 적용된다.
> ② 신고장소가 「군사기지 및 군사시설 보호법」 제2조 제2호에 따른 군사시설의 주변 지역으로서 집회 또는 시위로 시설이나 군 작전의 수행에 심각한 피해가 발생할 우려가 있는 경우로서 그 거주자나 관리자가 시설이나 장소의 보호를 요청하는 경우에는 집회나 시위의 금지 또는 제한을 통고하여야 한다.
> ⑰ "질서유지선"이란 관할 경찰서장이나 지방경찰청장이 적법한 집회 및 시위를 보호하고 질서유지나 원활한 교통 소통을 위하여 집회 또는 시위의 장소나 행진 구간을 일정하게 구획하여 설정한 띠, 방책(防柵), 차선(車線) 등의 경계 표지(標識)를 말한다.

① ⊙, ⓒ, ⓒ, ② 　　　② ⊙, ⓒ, ⓒ, ⑰

③ ⓒ, ⓒ, ② 　　　④ ⓒ, ②, ⑰

34 ☐△☓

집회의 자유에 대한 판례의 태도로 가장 적절하지 않은 것은?

① 집회의 자유는 집회를 통하여 형성된 의사를 집단적으로 표현하고 이를 통하여 불특정 다수인의 의사에 영향을 줄 자유를 포함하므로 이를 내용으로 하는 시위의 자유 또한 집회의 자유를 규정한 헌법 제21조 제1항에 의하여 보호되는 기본권이다.

② 집회의 자유는 집회에 참가하지 못하게 하는 국가의 강제를 금지할 뿐 아니라, 예컨대 집회장소로의 여행을 방해하거나, 집회장소로부터 귀가하는 것을 방해하거나, 집회참가자에 대한 검문의 방법으로 시간을 지연시킴으로써 집회장소에 접근하는 것을 방해하는 것은 금지된다.

③ 집회의 금지와 해산은 원칙적으로 공공의 안녕질서에 대한 위협이 잠재적으로 존재하는 경우라면 허용된다.

④ 집회 및 시위에 관한 법률 제3조의 집회란 특정 또는 불특정 다수인이 특정한 목적 아래 일시적으로 일정한 장소에 모이는 것을 말한다.

35 ☐△☓

다음 중 공산주의 철학이론에 해당하지 않는 것은?

① 변증법
② 유물론
③ 유물사관
④ 폭력혁명론

36 ☐△☓

보안관찰에 대한 설명으로 가장 적절하지 않은 것은?

① 보안관찰처분대상자라 함은 보안관찰해당범죄 또는 이와 경합된 범죄로 금고 이상의 형의 선고를 받고 그 형기합계가 3년 이상인 자로서 형의 전부 또는 일부의 집행을 받은 사실이 있는 자를 말한다.

② 보안관찰처분의 면제는 '3인 이상의 신원보증이 있을 것'을 그 요건으로 한다.

③ 검사는 피보안관찰자가 도주하거나 1월 이상 그 소재가 불명한 때에는 보안관찰처분의 집행중지 결정을 할 수 있다. 그 사유가 소멸된 때에는 지체없이 그 결정을 취소하여야 한다.

④ 사법경찰관리는 사안송치 후 용의자에 대하여 다른 보안관찰해당범죄경력을 발견한 때에는 즉시 그 사안을 담당하는 검사(주임검사)에게 보고하여야 한다.

37 ☐△☓

북한이탈주민의 보호 및 정착지원에 관한 법률상 북한이탈주민 중 보호대상자로 결정하지 아니할 수 있는 경우에 해당하지 않는 것은?

① 항공기 납치, 마약거래, 테러, 집단살해 등 국제형사범죄자
② 살인 등 중대한 정치적 범죄자
③ 체류국(滯留國)에 10년 이상 생활 근거지를 두고 있는 사람
④ 국내 입국 후 3년이 지나서 보호신청한 사람

안심Touch

38

□△✕

국제질서에 대한 사상의 변천과정을 순서대로 바르게 나열한 것은?

① 이상주의−자유방임주의−제국주의−이데올로기적 패권주의−경제패권주의

② 이상주의−제국주의−자유방임주의−이데올로기적 패권주의−경제패권주의

③ 이상주의−자유방임주의−이데올로기적 패권주의−제국주의−경제패권주의

④ 이상주의−이데올로기적 패권주의−제국주의−자유방임주의−경제패권주의

39

□△✕

출입국관리법상 외국인의 강제퇴거 대상자에 해당하지 않는 것은 모두 몇 개인가?

⊙ 유효한 여권 또는 사증 없이 입국한 자
ⓒ 입국금지 해당사유가 입국 후에 발견되거나 발생한 자
ⓒ 체류자격 외의 활동을 하거나 체류기간이 경과한 자
ⓔ 상륙허가 없이 상륙하였거나 상륙허가 조건을 위반한 자
ⓜ 금고 이상의 형의 선고를 받고 석방된 자

① 없음
② 1개
③ 2개
④ 3개

40

□△✕

국제형사사법공조법에 대한 다음 설명 중 틀린 것은?

① 이 법에 요청국이 보증하도록 규정되어 있음에도 불구하고 요청국의 보증이 없는 경우에는 공조를 하지 아니할 수 있다.

② 공조에 관하여 공조조약에 이 법과 다른 규정이 있는 경우에는 이 법에 따른다.

③ 공조조약이 체결되어 있지 아니한 경우에도 동일하거나 유사한 사항에 관하여 대한민국의 공조요청에 따른다는 요청국의 보증이 있는 경우에는 이 법을 적용한다.

④ 동법 제5조는 '사람 또는 물건의 소재에 대한 수사'를 공조의 범위로 규정하고 있다.

제8회 경찰승진 최종모의고사

01 ○△✕

대륙법계 국가의 경찰 개념에 대한 설명 중 옳지 않은 것은?

① 1882년 프로이센 고등행정법원은 크로이쯔베르크(Kreuzberg) 판결을 통해 경찰관청이 일반수권 규정에 근거하여 법규명령을 발할 수 있는 분야는 위험방지 분야에 한정된다고 판시하였다.

② 1884년 프랑스 「지방자치법전」 제97조는 경찰의 직무범위에서 협의의 행정경찰적 사무를 제외시킴으로써 경찰의 직무를 소극목적에 한정하였다.

③ 1794년 「프로이센 일반란트법」 제10조에서 경찰관청은 공공의 평온, 안녕 및 질서를 유지하고, 또한 공중 및 그의 개개 구성원들에 대한 절박한 위험을 방지하기 위하여 필요한 기관이라고 규정하였다.

④ 1795년 프랑스 「죄와 형벌법전」 제16조에서 경찰은 공공의 질서를 유지하고 개인의 자유와 재산 및 안전을 유지하기 위한 기관이라고 규정하였다.

02 ○△✕

형식적 의미의 경찰과 실질적 의미의 경찰개념에 대한 설명으로 가장 적절하지 않은 것은?

① 실질적 의미의 경찰은 조직을 중심으로 파악된 개념에 해당한다.

② 실질적 의미의 경찰개념은 학문적으로 발전해온 개념이다.

③ 형식적 의미의 경찰이란 실정법상 보통경찰기관에 분배되어 있는 임무를 달성하기 위하여 행하여지는 경찰활동을 의미한다.

④ 정보경찰활동은 형식적 의미의 경찰개념에 해당한다.

03 ○△✕

우리나라 경찰과 관련된 연혁을 시간순서별(오래된 → 최근순)로 가장 적절하게 나열한 것은?

> ㉠ 경찰법 제정
> ㉡ 내무부 치안국을 치안본부로 개편
> ㉢ 정보경찰(정보과) 신설
> ㉣ 경찰관직무집행법 제정
> ㉤ 경찰공무원법 제정

① ㉢ → ㉣ → ㉡ → ㉠ → ㉤

② ㉢ → ㉣ → ㉤ → ㉡ → ㉠

③ ㉣ → ㉢ → ㉡ → ㉠ → ㉤

④ ㉣ → ㉢ → ㉠ → ㉡ → ㉤

04

한국경찰사와 관련된 주요 인물 중 다음은 누구에 대한 설명인가?

> • 호국경찰, 인권경찰, 문화경찰의 표상이다.
> • 빨치산 토벌의 주역으로 남부군 사령관 이현상을 사살(1953년)하였다.
> • 구례 화엄사 등 사찰과 문화재를 보호하였다.

① 차일혁 경무관
② 최규식 경무과
③ 안병하 치안감
④ 최중락 총경

05

경찰행정의 법원(法源)에 대한 다음 설명 중 가장 틀린 것은?

① 헌법전 가운데 경찰행정의 기본조직이나 작용의 기본원칙을 정하고 있는 부분은 그 한도 내에서 경찰행정의 법원이 된다.
② 국회의 의결을 거치지 않고 행정기관에 의해 제정된 성문법규를 '법규명령'이라고 한다. 이러한 법규명령에는 위임명령과 행정규칙이 있다.
③ 행정각부의 장은 소관 사무에 관하여 법률이나 대통령령의 위임으로 부령을 발할 수 있으며, 직권으로 부령을 발할 수도 있다.
④ 법률은 특별한 규정이 없는 한 공포한 날로부터 20일을 경과함으로써 효력이 발생한다.

06

경찰조직에 대한 다음 설명 중 가장 틀린 것은?

① 우리나라 행정조직에 관한 기본법은 '정부조직법'이고, 국가경찰조직에 관한 기본법은 '경찰법'이다.
② 정부조직법은 경찰청의 조직 및 직무범위에 관한 규정을 두고 있다.
③ 경찰청장, 지방경찰청장, 경찰서장은 경찰행정관청으로 수직적인 구조를 이루고 있다.
④ 경찰위원회는 경찰법에 그 설치 근거가 있다.

07

'경찰법' 및 '치안행정협의회규정'상 치안행정협의회에 대한 설명 중 옳은 것은 모두 몇 개인가?

> ㉠ 지방행정과 치안행정의 업무조정과 그 밖에 필요한 사항을 협의·조정하기 위하여 지방경찰청장 소속으로 치안행정협의회를 둔다.
> ㉡ 치안행정협의회의 조직·운영과 그 밖에 필요한 사항은 대통령령으로 정한다.
> ㉢ 협의회는 위원장을 포함한 위원 9인으로 구성한다.
> ㉣ 위원장은 지방경찰청장이 된다.
> ㉤ 협의회의 회의는 매분기 1회 개최하되, 특정사안에 관하여 지방행정과 치안행정과의 업무협조등을 위하여 필요한 경우에는 수시로 개최할 수 있다.

① 1개   ② 2개
③ 3개   ④ 4개

08

경찰공무원의 임용에 대한 설명으로 가장 적절하지 않은 것은?

① '경찰공무원은 임용장이나 임용통지서에 적힌 날짜에 임용된 것으로 보며, 임용일자를 소급해서는 아니 된다.'고 경찰공무원법에 명시되어 있다.

② 경찰청장은 경찰공무원의 채용시험 또는 경찰간부후보생 공개경쟁선발시험에서 부정행위를 한 응시자에 대하여는 해당 시험을 정지 또는 무효로 하고, 그 처분이 있은 날부터 5년간 시험응시자격을 정지한다.

③ 경찰청장은 순경에서 4년 이상 근속자를 경장으로, 경장에서 5년 이상 근속자를 경사로, 경사에서 6년 6개월 이상 근속자를 경위로, 경위에서 10년 이상 근속자를 경감으로 각각 근속승진임용할 수 있다.

④ 「성폭력범죄의 처벌 등에 관한 특례법」 제2조에 규정된 죄를 범한 사람으로서 100만 원 이상의 벌금형을 선고받고 그 형이 확정된 후 3년이 지나지 아니한 사람은 경찰공무원 임용결격사유에 해당한다.

09

「경찰공무원법」상 경찰공무원의 의무는 모두 몇 개인가?

> ㉠ 영리업무종사금지 의무
> ㉡ 거짓 보고 등의 금지 의무
> ㉢ 품위유지 의무
> ㉣ 법령준수의 의무
> ㉤ 제복착용 의무
> ㉥ 집단행위금지 의무
> ㉦ 비밀엄수 의무
> ㉧ 지정장소 외에서의 직무수행금지 의무

① 2개   ② 3개
③ 4개   ④ 5개

10

경찰공무원의 징계에 대한 설명으로 틀린 것은?

> ㉠ 중징계란 파면, 해임, 강등을 말하며, 경징계란 정직, 감봉 및 견책을 말한다.
> ㉡ 경찰공무원 보통징계위원회는 해당 징계위원회가 설치된 경찰기관 소속 경정 이하 경찰공무원에 대한 징계 등 사건을 심의·의결한다.
> ㉢ 총경 및 경정의 강등 및 정직은 경찰청장 또는 해양경찰청장이 한다.
> ㉣ 징계위원회의 의결은 위원장을 포함한 위원 과반수의 출석과 출석위원 2/3의 찬성으로 의결한다.
> ㉤ 징계위원회는 출석 통지를 하였음에도 불구하고 징계 등 심의 대상자가 정당한 사유 없이 출석하지 아니하였을 때에는 그 사실을 기록에 분명히 적고 서면심사로 징계등 의결을 할 수 있다.

① ㉠, ㉡, ㉣   ② ㉠, ㉡, ㉣, ㉤
③ ㉡, ㉢, ㉣   ④ ㉡, ㉢, ㉣, ㉤

11

경찰책임의 원칙에 대한 설명 중 옳지 않은 것은?

① 경찰이 경찰긴급권에 의하여 예외적으로 경찰책임이 없는 자에게 경찰권을 발동함으로써 제3자에게 손실을 입히는 경우에는 그 손실을 보상하여야 한다.

② 타인을 보호 감독할 지위에 있는 자가 피지배자의 행위로 발생한 경찰위반에 대하여 경찰책임을 지는 경우, 자기의 지배범위 내에서 발생한 데에 대한 대위책임으로 보는 것이 통설이다.

③ 다수인의 행위 또는 다수인이 지배하는 물건의 상태로 인하여 하나의 질서위반상태가 발생한 경우, 일부 또는 전체에 대하여 경찰권 발동이 가능하다.

④ 타인의 행위, 타인의 물건상태에 대해서도 경찰책임이 인정될 수 있다.

12

`□△×`

「경찰관직무집행법」 제4조 보호조치에 대한 설명 중 옳지 않은 것은 모두 몇 개인가?

> ㉠ 경찰관이 구호대상자를 경찰관서에 보호조치 하는 경우 지체 없이 해당 구호대상자의 가족, 친지 또는 그 밖의 연고자에게 그 사실을 알려야 하며, 연고자가 발견되지 아니할 때에는 구호대상자를 적당한 공공보건의료기관이나 공공구호기관에 즉시 인계하여야 한다.
>
> ㉡ 경찰관은 구호대상자를 공공보건의료기관이나 공공구호기관에 인계하였을 때에는 즉시 그 사실을 소속 경찰서장이나 해양경찰서장에게 보고하여야 한다.
>
> ㉢ 경찰관이 구호대상자를 경찰관서에 보호조치 하는 경우에 구호대상자가 휴대하고 있는 무기 · 흉기 등 위험을 일으킬 수 있는 것으로 인정되는 물건을 경찰관서에 임시로 영치하여 놓을 수 있다.
>
> ㉣ 구호대상자를 경찰관서에서 보호하는 기간은 24시간을 초과할 수 없고, 물건을 경찰관서에 임시로 영치하는 기간은 10일을 초과할 수 없다.
>
> ㉤ 경찰관은 자살을 시도하는 것이 명백하고 응급구호가 필요하다고 믿을 만한 상당한 이유가 있는 구호대상자에 대하여 해당 구호대상자의 동의 여부와 관계없이 보호조치를 실시할 수 있다.

① 1개 ② 2개
③ 3개 ④ 모두 옳다

13

`□△×`

「경찰관직무집행법」에 대한 다음 설명 중 가장 적절하지 않은 것은?

① 경찰관서의 장은 대간첩 작전의 수행이나 소요(騷擾) 사태의 진압을 위하여 필요하다고 인정되는 상당한 이유가 있을 때에는 대간첩 작전지역이나 경찰관서 · 무기고 등 국가중요시설에 대한 접근 또는 통행을 제한하거나 금지할 수 있다.

② 경찰관은 범죄행위가 목전(目前)에 행하여지려고 하고 있다고 인정될 때에는 이를 예방하기 위하여 관계인에게 필요한 경고를 하고, 그 행위로 인하여 사람의 생명 · 신체에 위해를 끼치거나 재산에 중대한 손해를 끼칠 우려가 있는 긴급한 경우에는 그 행위를 제지할 수 있다.

③ 법률에서 정한 절차에 따라 체포 · 구속된 사람 또는 신체의 자유를 제한하는 판결이나 처분을 받은 사람을 수용하기 위하여 경찰서와 해양경찰서에 유치장을 둔다.

④ 직무의 범위에 인권보호에 관한 사항이 규정되어 있다.

14

`□△×`

「경찰관직무집행법」상 경찰관의 무기사용 시 상대방에게 위해를 주어서는 아니 되는 경우로 가장 적절한 것은?

① 자신이나 다른 사람의 생명 · 신체의 방어 및 보호
② 대간첩 작전 수행 과정에서 무장간첩이 항복하라는 경찰관의 명령을 받고도 따르지 아니할 때
③ 「형법」에 규정된 정당방위와 긴급피난에 해당할 때
④ 범인이나 소요를 일으킨 사람이 무기 · 흉기 등 위험한 물건을 지니고 경찰관으로부터 3회 이상 물건을 버리라는 명령이나 항복하라는 명령을 받고도 따르지 아니하면서 계속 항거할 때

15

경찰관직무집행법 및 동법 시행령상 손실보상에 대한 설명으로 옳은 것은?

> ⊙ 보상을 청구할 수 있는 권리는 손실이 있음을 안 날로부터 1년, 손실이 발생한 날로부터 3년간 행사하지 아니하면 시효의 완성으로 소멸한다.
> ⓛ 경찰관의 적법한 직무집행으로 인하여 발생한 손실을 보상받으려는 사람은 보상금 지급 청구서에 손실내용과 손실금액을 증명할 수 있는 서류를 첨부하여 청구인의 주소지를 관할하는 국가경찰관서의 장에게 제출하여야 한다.
> ⓒ 국가는 경찰관의 적법한 직무집행으로 인하여 손실발생의 원인에 대하여 책임이 있는 자가 자신의 책임에 상응하는 정도를 초과하는 생명·신체 또는 재산상의 손실을 입은 경우 손실을 입은 자에 대하여 정당한 보상을 하여야 한다.
> ⓔ 보상금은 다른 법률에 특별한 규정이 있는 경우를 제외하고는 현금으로 지급하여야 한다.
> ⑰ 손실보상을 할 때 손실을 입은 물건을 수리할 수 없는 경우 손실을 입은 당시의 해당 물건의 교환가액을 보상한다.

① 없음　　　　② 1개
③ 2개　　　　④ 3개

16

공직분류 기준에 대한 설명으로 가장 옳지 않은 것은?

① 계급제는 인간중심의 분류방법으로 관료제의 전통이 강한 나라에서 채택하고 있다.
② 계급제는 폐쇄형 충원방식을 통해 직업공무원제도의 정착에 기여한다.
③ 직위분류제는 동일한 직무를 장기간 담당하게 되어 행정의 전문화에 유용하나, 권한과 책임의 한계가 불명확하다는 단점이 있다.
④ 직위분류제는 시험·채용·전직 등의 합리적 기준을 제공하여 인사행정의 합리화를 기한다.

17

다음은 예산제도에 대한 설명이다. 그 연결이 순서대로 바르게 된 것은?

> ⊙ 지출의 대상·성질에 따라 세출예산을 인건비·운영경비·시설비 등으로 구분하는 예산으로 재정통제에 초점을 맞추는 제도로 책임의 소재가 명확하지만 재량이 축소된다는 단점이 있다.
> ⓛ 정부의 물품구입보다는 정부가 수행하는 업무(활동)에 초점을 둠으로써 예산의 관리기능을 강조하는 제도로 예산을 통해 경찰활동을 이해하기 쉽다는 장점이 있지만 경직성 경비 적용에 어려움이 있다는 문제점을 가지고 있다.

① 영기준 예산제도 – 성과주의 예산제도
② 품목별 예산제도 – 자본예산제도
③ 품목별 예산제도 – 성과주의 예산제도
④ 성과주의 예산제도 – 기획예산제도

18

경찰통제의 유형에 대한 설명 중 옳은 것은?

① 행정절차법, 국회에 의한 국정감사·국정조사는 사전통제에 해당한다.
② 청문감사관 제도는 외부통제에 해당한다.
③ 국가인권위원회의 통제는 광의의 행정통제로서 외부통제에 해당한다.
④ 행정안전부장관의 경찰청장과 경찰위원회 위원의 임명제청권은 행정통제로서 내부통제에 해당한다.

19

「경찰감찰규칙」에 대한 설명 중 가장 옳은 것은?

① 감찰관은 감찰조사를 위해서 조사대상자의 출석을 요구할 때에는 조사기일 2일 전까지 출석요구서 또는 구두로 조사일시, 의무위반행위사실 요지 등을 통지하여야 한다. 다만, 사안이 급박한 경우 또는 조사대상자의 요청이 있는 경우에는 즉시 조사에 착수할 수 있다.

② 감찰관은 소속공무원의 의무위반사실에 대한 민원을 접수한 경우 접수일로부터 1개월 내에 신속히 처리하여야 한다.

③ 감찰관은 다른 경찰기관 또는 검찰, 감사원 등 다른 행정기관으로부터 통보받은 소속공무원의 의무위반행위에 대해서는 통보받은 날로부터 2개월 이내에 신속히 처리하여야 한다.

④ 경찰기관의 장은 1년 이상 성실히 근무한 감찰관에 대해서는 희망부서를 고려하여 전보한다.

20

경찰윤리강령에 대한 다음 설명 중 가장 틀린 것은?

① 우리나라의 경찰윤리강령은 경찰윤리헌장-새경찰신조-경찰헌장-경찰서비스헌장의 순으로 제정되었다.

② 경찰윤리강령은 경찰관의 도덕적 자각에 따른 자발적 행동이 아니라 외부로부터 요구된 것으로서 타율적이다. 이는 경찰윤리강령의 문제점 중에서 비진정성의 조장과 관련이 있다.

③ 경찰윤리강령의 실행가능성의 문제란 '경찰윤리강령이 행위 위주로 규정되어 있어 행위 이전의 의도나 동기를 소홀히 하는 경향이 있다'는 것과 관련이 있다.

④ 경찰윤리강령으로 해결이 곤란한 현실문제에 있어서 무엇이 우선인지 결정하는 기준이 될 수 없다. 이는 우선순위의 미결정과 관련이 있다.

21

환경설계를 통한 범죄예방(CPTED) 원리와 그에 대한 적용을 연결한 것 중에 옳지 않은 것은?

① 자연적 감시-조경 · 가시권의 확대를 위한 건물 배치

② 자연적 접근통제-출입구의 최소화, 벤치 · 정자의 위치 및 활용성에 대한 설계

③ 영역성의 강화-사적 · 공적 공간의 구분, 울타리의 설치

④ 활동의 활성화-놀이터 · 공원의 설치, 체육시설의 접근성과 이용의 증대

22

Mendelshon의 범죄피해자 유형론에 대한 다음 설명은 피해자 중 어떤 유형에 대한 설명인가?

무지에 의한 낙태여성이나 인공유산을 시도하다 사망한 임산부가 가장 대표적인 예로 무지(無知)에 의한 경우가 대부분이다.

① 책임이 없는 피해자
② 책임이 조금 있는 피해자
③ 가해자와 같은 정도의 책임이 있는 피해자
④ 가해자보다 더 책임이 있는 피해자

23 ☐△✗

「청소년보호법」상 청소년유해행위에 해당하는 것은 모두 몇 개인가?

> ㉠ 청소년에게 구걸을 시키거나 청소년을 이용하여 구걸하는 행위
>
> ㉡ 영리나 흥행을 목적으로 청소년에게 음란한 행위를 하게 하는 행위
>
> ㉢ 영리를 목적으로 청소년으로 하여금 거리에서 손님을 유인하는 행위를 하게 하는 행위
>
> ㉣ 주로 차 종류를 조리·판매하는 업소에서 청소년을 고용하는 행위
>
> ㉤ 청소년을 남녀 혼숙하게 하는 등 풍기를 문란하게 하는 영업행위를 하거나 이를 목적으로 장소를 제공하는 행위
>
> ㉥ 영리를 목적으로 청소년으로 하여금 손님과 함께 술을 마시거나 노래 또는 춤 등으로 손님의 유흥을 돋우는 접객행위를 하게 하거나 이러한 행위를 알선·매개하는 행위

① 3개   ② 4개

③ 5개   ④ 6개

24 ☐△✗

「가정폭력범죄의 처벌 등에 관한 특례법(약칭:가정폭력처벌법)」에 대한 설명으로 틀린 것은?

> ㉠ 동거하는 친족은 가정구성원에 해당한다.
>
> ㉡ 피해자의 동의 없이도 피해자를 가정폭력 관련 상담소 또는 보호시설로 인도할 수 있다.
>
> ㉢ 진행 중인 가정폭력범죄에 대하여 신고를 받은 사법경찰관리는 즉시 현장에 나가서 폭력행위 재발 시 임시조치를 신청할 수 있음을 통보하여야 한다.
>
> ㉣ 피해자에게 고소할 법정대리인이나 친족이 없는 경우에 검사는 직권으로 10일 이내에 고소할 수 있는 사람을 지정하여야 한다.
>
> ㉤ 사법경찰관은 응급조치에도 불구하고 가정폭력범죄가 재발될 우려가 있고, 긴급을 요하여 검사의 임시조치 결정을 받을 수 없을 때에는 직권 또는 피해자나 그 법정대리인의 신청에 의하여 긴급임시조치를 할 수 있다.

① 1개   ② 2개

③ 3개   ④ 4개

25 ☐△✗

수사의 조건에 대한 다음 설명 중 가장 틀린 것은?

① 수사는 수사기관의 주관적 혐의에 의하여 개시된다.

② 고소가 없더라도 고소의 가능성이 있는 경우 임의수사와 강제수사 모두 허용된다.

③ 객관적 혐의란 일반인의 기준으로 인정되는 혐의를 말하는 것이 아니라 증거에 의하여 증명되는 혐의를 말한다.

④ 친고죄에 있어서 고소는 수사의 조건에 해당한다.

26 ☐△✗

경찰내사처리규칙상 진정내사 사전을 공람종결할 수 있는 경우가 아닌 것은?

① 2회 이상 반복 진정하여 1회 이상 그 처리결과를 통지한 것과 같은 내용인 경우

② 무기명 또는 가명으로 한 경우

③ 단순한 풍문이나 인신공격적인 내용인 경우

④ 민사소송 또는 행정소송에 관한 사항인 경우

27 ☐△✗

통합방위법상 경찰작전에 대한 설명 중 옳지 않은 것은?

① "을종사태"란 일부 또는 여러 지역에서 적이 침투·도발하여 단기간 내에 치안이 회복되기 어려워 지역군사령관의 지휘·통제 하에 통합방위작전을 수행하여야 할 사태를 말한다.

② 중앙통합방위협의회의 의장은 국무총리가 된다.

③ 지방경찰청장, 지역군사령관 또는 함대사령관은 둘 이상의 시·도에 걸쳐 을종사태나 병종사태에 해당하는 상황이 발생한 때에는 즉시 대통령에게 통합방위사태의 선포를 건의하여야 한다.

④ 통합방위사태는 갑종사태, 을종사태 또는 병종사태로 구분하여 선포한다.

28

□△✕

경찰의 대테러 업무에 대한 설명 중 옳지 않은 것은?

① 국민보호와 공공안전을 위한 테러방지법 시행령 상 테러경보는 테러위협의 정도에 따라 관심·주의·경계·심각의 4단계로 구분한다.

② 외국의 대테러부대로 영국의 SAS, 미국의 SWAT, 독일의 GSG-9, 프랑스의 GIGN 등이 있다.

③ 「테러취약시설 안전활동에 관한 규칙」상 경찰서 장은 관할 내에 있는 B급 다중이용건축물 등에 대하여 분기 1회 이상 지도·점검을 실시하여야 한다.

④ 「국민보호와 공공안전을 위한 테러방지법」상 '테 러단체'란 국제연합(UN)이 지정한 테러단체를 말 한다.

29

□△✕

청원경찰에 대한 설명으로 가장 적절한 것은?

① 청원경찰을 배치받으려는 자는 대통령령으로 정 하는 바에 따라 관할 경찰서장에게 청원경찰 배 치를 신청하여야 한다.

② 청원경찰은 청원주의 신청에 따라 경찰서장이 임 용한다.

③ 청원경찰의 임용자격은 18세 이상인 사람이다. 다만, 남자의 경우에는 군복무를 마쳤거나 군복 무가 면제된 사람으로 한정한다.

④ 청원경찰의 '근무 중 제복 착용 의무'가 법률에 명 시적으로 규정되어 있지는 않다.

30

□△✕

다음은 도로교통법상 음주운전 처벌기준에 대한 내용 이다. 빈 칸에 들어갈 숫자를 모두 더하면 얼마인가?

도로교통법 제148조의2(벌칙) ① 제44조 제1항(음주운 전) 또는 제2항(측정불응)을 2회 이상 위반한 사람(자동 차등 또는 노면전차를 운전한 사람으로 한정한다)은 (㉠) 년 이상 (㉡)년 이하의 징역이나 (㉢)천만 원 이상 (㉣) 천만 원 이하의 벌금에 처한다.

② 술에 취한 상태에 있다고 인정할 만한 상당한 이유가 있는 사람으로서 제44조 제2항에 따른 경찰공무원의 측 정에 응하지 아니하는 사람(자동차등 또는 노면전차를 운 전하는 사람으로 한정한다)은 (㉤)년 이상 5년 이하의 징역이나 500만 원 이상 (㉥)천만 원 이하의 벌금에 처 한다.

③ 제44조 제1항을 위반하여 술에 취한 상태에서 자동차 등 또는 노면전차를 운전한 사람은 다음 각 호의 구분에 따라 처벌한다.

1. 혈중알코올농도가 0.2퍼센트 이상인 사람은 2년 이상 (Ⓐ)년 이하의 징역이나 1천만 원 이상 (◎)천만 원 이하의 벌금

① 15 　　　　　② 18

③ 20 　　　　　④ 23

31

□△✕

교통법규 위반에 대한 설명 중 옳지 않은 것은?(다툼 이 있을 경우 판례에 의함)

① 횡단보도의 신호가 적색인 상태에서 반대차선에 정지 중인 차량 뒤에서 보행자가 건너올 것까지 예 상하여 주의의무를 다하여야 한다고 할 수 없다.

② 앞차가 빗길에 미끄러져 비정상적으로 움직일 때 는 진로를 예상할 수 없으므로 뒤따라가는 차량 의 운전자는 이러한 사태에 대비하여 속도를 줄 이고 안전거리를 확보해야 할 주의의무가 있다.

③ 택시 운전자인 피고인이 교차로에서 적색등화에 우회전하다가 신호에 따라 진행하던 피해자 운전 의 승용차를 충격하여 그에게 상해를 입힌 경우, 신호위반의 책임을 진다.

④ 교통사고처리특례법 제3조 제2항의 피해자의 처 벌불원의사표시는 적어도 1심판결 선고 전에 해 야만 효력이 있다.

32

□△×

「교통사고처리특례법」제3조 제2항 단서 '처벌특례 항목'에 해당하지 않는 것은?

① 일시정지를 내용으로 하는 안전표지가 표시하는 지시를 위반하여 운전한 경우
② 교차로 통행방법을 위반하여 운전한 경우
③ 고속도로에서의 앞지르기 방법을 위반하여 운전한 경우
④ 약물의 영향으로 정상적으로 운전하지 못할 우려가 있는 상태에서 운전한 경우

33

□△×

정보경찰활동에 대한 다음 설명 중 가장 옳은 것은?

① 정보는 그 사용목적을 기준으로 적극정보, 소극(보안)정보로 구분할 수 있다.
② 간접정보는 직접정보에 비해 출처의 신빙성과 내용의 신뢰성이 낮게 평가될 수 있다.
③ '정보는 국력이다'라는 명제는 통제효용과 관련이 있다.
④ 정보는 그 요소를 기준으로 정치정보, 경제정보, 사회정보, 군사정보, 과학정보 등으로 분류할 수 있다.

34

□△×

「집회 및 시위에 관한 법률(약칭 : 집시법)」에 대한 설명으로 틀린 것은?

> ㉠ 질서유지선의 설정 고지는 서면으로 하여야 한다. 다만, 집회 또는 시위 장소의 상황에 따라 질서유지선을 새로 설정하거나 변경하는 경우에는 집회 또는 시위의 장소에 있는 국가경찰공무원이 구두로 알릴 수 있다.
> ㉡ 종결 선언 요청에 따르지 아니하거나 종결 선언에도 불구하고 집회 또는 시위의 참가자들이 집회 또는 시위를 계속하는 경우에는 직접 참가자들에 대하여 자진 해산할 것을 요청한다.
> ㉢ 관할경찰관서장은 신고서의 기재 사항에 미비한 점을 발견하면 접수증을 교부한 때부터 12시간 이내에 주최자에게 24시간을 기한으로 그 기재 사항을 보완할 것을 통고하여야 한다.
> ㉣ 단체는 집회 및 시위에 관한 법률상 '주최자'가 될 수 있다.
> ㉤ 학문, 예술, 체육, 종교, 의식, 친목, 오락, 관혼상제 및 국경행사에 관한 집회에서는 '옥외집회 및 시위의 신고 등'에 관한 규정을 적용하지 아니한다.

① 없음   ② 1개
③ 2개   ④ 3개

35

□△×

공작에 대한 다음 설명 중 가장 틀린 것은?

① 공작의 4대 요소에는 공작관, 공작목표, 공작원, 공작금이 있다.
② 공작과정은 지령-계획-모집-훈련-브리핑-파견 및 귀환-디브리핑-보고서 작성-해고의 순으로 이루어진다.
③ 가장이란 정보활동에 관계되는 모든 요소의 정체가 외부에 노출되지 않도록 꾸며지는 내적·외적 형태를 말한다.
④ 관찰이란 일정한 목적 하에 사물의 현상 및 사건의 전말을 감지하는 과정이며, 묘사란 관찰한 경험을 재생하여 표현·기술하는 것을 말한다.

36

☐△☒

국가보안법에 대한 다음 설명 중 가장 틀린 것은?

① 불고지의 경우 본범과 친족관계가 있는 때에는 그 형을 감경 또는 면제한다.

② 국가보안법은 과실범에 대한 처벌규정을 두고 있지 않다.

③ 국가보안법 제7조(찬양·고무)를 위반한 자의 최장 구속기간은 50일이다.

④ 이 법의 죄에 관하여 유기징역형을 선고할 때에는 그 형의 장기 이하의 자격정지를 병과할 수 있다.

37

☐△☒

보안관찰법상 보안관찰처분을 받은 자(피보안관찰자)의 신고에 대한 다음 설명 중 가장 옳은 것은?

① 최초 신고사항에 변동이 있을 때에는 10일 이내에 지구대장(파출소장)을 거쳐 관할경찰서장에게 변동사항을 신고하여야 한다.

② 주거지를 이전하거나 국외여행 또는 7일 이상 주거를 이탈하여 여행하고자 할 때에는 미리 지구대장(파출소장)을 거쳐 관할경찰서장에게 신고하여야 한다.

③ 보안관찰처분결정고지를 받은 날부터 10일 이내에 지구대장(파출소장)을 거쳐 관할경찰서장에게 피보안관찰자신고를 하여야 한다.

④ 보안관찰처분결정고지를 받은 날이 속한 달부터 매 3월이 되는 달의 말일까지 3월간의 주요활동사항 등 소정사항을 지구대장(파출소장)을 거쳐 관할경찰서장에게 신고하여야 한다.

38

☐△☒

외국인의 입국과 출국에 대한 다음 설명 중 가장 틀린 것은?

① 영미법계의 경우 외국인의 입국은 본질적으로 국내문제이므로 원칙적으로 금지할 수 있다고 본다.

② 두 국가 간에 조약을 체결하고 해당 조약에 근거하여 상호입국을 허용하는 것이 일반적이다.

③ 외국인이 자발적 의사에 의해 체류국으로부터 출국하는 것은 자유이며, 체류국은 원칙적으로 외국인의 출국을 금지할 수 없다.

④ 외국인의 강제출국은 형벌에 해당한다.

39

☐△☒

인터폴에서 발행하는 국제수배서에 대한 설명으로 가장 적절하지 않은 것은?

① 적색수배서는 국제체포수배서로서 범죄인 인도를 목적으로 발행한다.

② 녹색수배서는 가출인의 소재 확인 또는 기억상실자 등의 신원을 확인할 목적으로 발행한다.

③ 흑색수배서는 사망자의 신원을 확인할 수 없거나 사망자가 가명을 사용하였을 경우 정확한 신원을 파악할 목적으로 발행한다.

④ 오렌지수배서는 폭발물 등에 대한 경고목적으로 발행한다.

40

□△☒

범죄인인도법 제7조에서 규정하고 있는 임의적 인도 거절 사유로 바르게 짝지어진 것은?

⊙ 인도범죄의 전부 또는 일부가 대한민국 영역에서 범한 것인 경우

ⓛ 범죄인이 인종, 종교, 국적, 성별, 정치적 신념 또는 특정 사회단체에 속한 것 등을 이유로 처벌되거나 그 밖의 불리한 처분을 받을 염려가 있다고 인정되는 경우

ⓒ 범죄인이 대한민국 국민인 경우

ⓔ 범죄인이 인도범죄에 관하여 제3국(청구국이 아닌 외국을 말한다)에서 재판을 받고 처벌되었거나 처벌받지 아니하기로 확정된 경우

ⓜ 대한민국 또는 청구국의 법률에 따라 인도범죄에 관한 공소시효 또는 형의 시효가 완성된 경우

---

① ⊙, ⓛ

② ⊙, ⓛ, ⓜ

③ ⊙, ⓒ, ⓔ

④ ⓛ, ⓒ, ⓜ

제9회 경찰승진 최종모의고사

01 □○△×

경찰의 개념에 관한 다음 내용 중 가장 적절하지 않은 것은?

① 형식적 의미의 경찰 중에서 경찰활동의 질과 내용을 기준으로 질서경찰과 봉사경찰로 구분할 수 있으며, 범죄수사 및 진압은 질서경찰에 포함되고, 교통정보제공이나 청소년 선도 등은 봉사경찰의 개념에 포함된다.

② 형식적 의미의 경찰은 실정법상 보통경찰기관의 직무와 관련이 있다.

③ 행정경찰과 사법경찰의 구분은 삼권분립의 사상에 투철했던 프랑스에서 확립된 것이며, 그 영향을 받아 우리나라에서는 조직법상 행정경찰과 사법경찰의 구분이 명확하다.

④ 건축경찰 또는 위생경찰처럼 다른 행정작용과 결합하여 특별한 사회적 이익의 보호를 목적으로 하면서 그 부수작용으로서 사회공공의 안녕과 질서를 유지하기 위한 경찰작용을 협의의 행정경찰이라 한다.

02 □○△×

경찰의 임무(목적)와 수단에 대한 다음 설명 중 틀린 것은?

㉠ 법질서의 불가침은 공공의 안녕의 제1요소를 구성하는 것으로 공공의 안녕을 구성하는 개념적 요소 중 가장 중요한 것이라고 할 수 있다.

㉡ 공법규범 위반 및 사법(私法)상의 문제는 공공의 안녕에 대한 직접적인 위험으로 간주되므로 경찰은 즉시 개입하여야 한다.

㉢ 공공의 질서는 원만한 국가 공동체 생활을 영위하기 위한 불가결적 전제조건이 되는 각 개인의 행동에 대한 불문규범의 총체를 의미한다.

㉣ 손해란 보호받는 개인 및 공동의 법익에 관한 정상적 상태의 객관적 감소를 뜻하며, 보호법익에 대한 현저한 침해행위가 있어야한다.

㉤ 경찰이 의무에 합당한 사려깊은 판단을 할 때 실제로 위험의 가능성은 예측되지만 그 실현이 불확실한 경우를 위험혐의라고 하며, 위험혐의가 존재하는 경우 경찰은 위험의 존재여부가 명백해질 때까지는 예비적 조치차원에서만 개입할 수 있다.

① 1개
② 2개
③ 3개
④ 없음

03

□△✕

1948년 대한민국 정부수립 이후 한국경찰에 대한 다음 설명 중 틀린 것은?

① 내무부 치안본부시절에는 소방업무가 이관되었으며, 경찰대학교가 설치되었다.

② 1991년 경찰법의 제정으로 경찰위원회제도가 도입되었다.

③ 경찰법에 근거하여 치안행정과 지방행정의 상호협조를 위해 행정안전부(당시 내무부) 장관 소속으로 치안행정협의회를 설치하였다.

④ 경찰법의 제정으로 경찰청장과 지방경찰청장이 행정관청의 지위를 가지게 되었다.

04

□△✕

훈령에 대한 설명으로 가장 적절하지 않은 것은?

① 훈령이란 상급 경찰행정관청이 하급 경찰행정관청의 권한행사를 지휘·감독하기 위해 발하는 명령이다.

② 내용이 실현 가능하고 명확할 것, 내용이 적법하고 타당할 것, 공익에 반하지 않을 것은 훈령의 실질적 요건이다.

③ 하급행정기관은 서로 모순되는 둘 이상의 상급관청의 훈령이 경합하는 때에는 주관상급관청의 훈령에 따라야 하고, 주관상급관청이 서로 상하관계에 있을 때에는 직근상급관청의 훈령에 따라야 하며, 주관상급관청이 불명확한 때에는 주관쟁의 방법으로 해결하여야 한다.

④ 하급관청 구성원의 변동이 있으면 훈령은 그 효력에 영향을 받는다.

05

□△✕

경찰법상 경찰행정기관에 대한 다음 설명 중 가장 틀린 것은?

① 국가경찰은 그 직무를 수행할 때 헌법과 법률에 따라 국민의 자유와 권리를 존중하고, 국민 전체에 대한 봉사자로서 공정·중립을 지켜야 하며, 부여된 권한을 남용하여서는 아니 된다.

② 경찰법은 국가경찰의 민주적인 관리·운영과 효율적인 임무수행을 위하여 국가경찰의 기본조직 및 직무 범위와 그 밖에 필요한 사항을 규정함을 목적으로 한다.

③ 경찰청장이 직무를 집행하면서 헌법이나 법률을 위배하였을 때에는 국회는 탄핵 소추를 의결할 수 있다.

④ 경찰청에 차장을 두며, 차장은 치안정감(治安正監) 또는 치안감(治安監)으로 보한다. 차장은 경찰청장을 보좌하며, 경찰청장이 부득이한 사유로 직무를 수행할 수 없을 때에는 그 직무를 대행한다.

06

□△✕

다음은 경찰위원회와 관련된 내용이다. 틀린 것은?

> ⊙ 경찰위원회는 경찰법에 그 설치에 대한 근거규정이 있다.
> ⓒ 경찰위원회는 위원장 1인을 포함하여 5명 이상 7명 이하의 위원으로 구성한다.
> ⓒ 위원은 국무총리의 제청으로 대통령이 임명한다.
> ⓔ 위원의 임기는 2년이며 연임할 수 없다.
> ⓜ 경찰청장은 경찰위원회 위원장에게 임시회의 소집을 요구할 수 있다.
> ⓗ 위원 중 2명은 법관의 자격이 있는 사람이어야 한다.
> ⊗ '범죄피해자 보호와 관련되는 국가경찰의 운영·개선에 관한 사항은 경찰위원회의 심의·의결사항에 해당한다

① 2개　　　　　② 3개

③ 4개　　　　　④ 5개

안심Touch

07

☐○△✕

행정관청의 권한의 위임, 대리, 대결에 관한 다음 설명 중 가장 옳은 것은?

① 권한의 위임이란 상급 경찰행정관청이 하급 경찰행정관청에 권한의 전부 또는 주요부분을 이전하여 수임기관의 권한으로 행하도록 하는 것이다.

② 원칙적으로 임의대리는 권한의 전부에 대해서 가능하고 복대리가 불가능하나, 법정대리는 권한의 일부에 대해서만 가능하고 복대리가 가능하다.

③ 대결은 외부에 대한 관계에서는 본래 경찰행정관청의 이름으로 표시하여 권한을 행사하는 내부적 사실행위이다.

④ 권한의 위임의 효과는 수임관청에게 귀속되고, 권한의 대리의 효과는 대리관청에게 귀속된다.

08

☐○△✕

다음은 경찰공무원의 임용에 대한 규정이다. 밑줄 친 부분 중 옳은 것은?

경찰공무원법 제6조(임용권자) ① ㉠총경 이상 경찰공무원은 경찰청장 또는 해양경찰청장의 제청으로 행정안전부장관 또는 해양수산부장관과 국무총리를 거쳐 대통령이 임용한다. 다만, ㉡총경의 전보, 휴직, 직위해제, 강등, 정직 및 복직은 경찰청장 또는 해양경찰청장이 한다.
② ㉢경정 이하의 경찰공무원은 경찰청장 또는 해양경찰청장이 임용한다. 다만, ㉣경정으로의 신규채용, 승진임용 및 면직은 경찰청장 또는 해양경찰청장의 추천으로 국무총리를 거쳐 대통령이 한다.

① 없음   ② 1개
③ 2개   ④ 3개

09

☐○△✕

채용후보자에 대한 다음 설명 중 옳은 것은?

㉠ 경찰청장은 신규채용시험에 합격한 사람을 대통령령으로 정하는 바에 따라 성적 순위에 따라 채용후보자 명부에 등재(謄載)하여야 한다.

㉡ 경찰공무원의 신규채용은 채용후보자 명부의 등재 순위에 따른다.

㉢ 다만, 위의 ㉡과 관련하여 채용후보자가 경찰교육기관에서 신임교육을 받은 경우에는 그 교육성적 순위에 따른다.

㉣ 채용후보자가 징계상유에 해당하게 된 경우에는 채용후보자로서의 자격을 상실한다.

㉤ 채용후보자가 질병 등 교육훈련을 계속할 수 없는 불가피한 사정으로 퇴학처분을 받은 경우에는 채용후보자로서의 자격을 상실한다.

① ㉠, ㉡, ㉢   ② ㉠, ㉡, ㉢, ㉣
③ ㉡, ㉢, ㉣   ④ ㉡, ㉢, ㉣, ㉤

10

☐○△✕

다음 중 경찰공무원 시보임용에 관하여 옳은 것으로 짝지어진 것은?

㉠ 시보임용기간 중에 있는 경찰공무원이 근무성적 또는 교육훈련성적이 불량할 때에는 「국가공무원법」 제68조 및 이 법 제22조에도 불구하고 면직시키거나 면직을 제청할 수 있다.

㉡ 임용권자 또는 임용제청권자는 시보임용경찰공무원이 징계사유에 해당하여 정규 경찰공무원으로 임용하는 것이 부적당하다고 인정되는 경우에는 징계절차를 거쳐 해당 시보임용경찰공무원을 면직시키거나 면직을 제청할 수 있다.

㉢ 경찰대학을 졸업한 사람 또는 경찰간부후보생으로서 정하여진 교육을 마친 사람을 경위로 임용하는 경우 시보임용을 거치지 아니한다.

㉣ 경정 이하의 경찰공무원을 신규채용 할 때에는 1년간 시보로 임용하고, 그 기간이 만료되는 날 정규 경찰공무원으로 임용한다.

① ㉠, ㉡, ㉢   ② ㉠, ㉢
③ ㉢, ㉣   ④ ㉡, ㉢, ㉣

11

다음 중 「국가공무원법」상 직위해제의 사유는 모두 몇 개인가?

○△×

> ㉠ 직무수행 능력이 부족하거나 근무성적이 극히 나쁠 때
> ㉡ 휴직 기간이 끝나거나 휴직 사유가 소멸된 후에도 직무에 복귀하지 아니하거나 직무를 감당할 수 없을 때
> ㉢ 형사 사건으로 기소된 때(약식명령이 청구된 자는 제외한다)
> ㉣ 파면·해임·강등 또는 정직에 해당하는 징계 의결이 요구 중인 때
> ㉤ 직제와 정원의 개폐 또는 예산의 감소 등에 따라 폐직 또는 과원이 되었을 때

① 2개 ② 3개
③ 4개 ④ 5개

12

경찰공무원 징계에 관한 다음 설명 중 가장 적절하지 않은 것은?

○△×

① 징계위원회의 위원장은 표결권을 가진다.
② 징계요구권자 또는 징계위원회는 의무위반행위의 발생을 방지하기 위해 최선을 다하였으나 부득이한 사유로 결과가 발생하였을 때에는 징계책임을 감경하여 징계의결 요구 또는 징계의결하거나 징계책임을 묻지 아니할 수 있다.
③ 위원장이 부득이한 사유로 직무를 수행할 수 없거나 위원장이 필요하다고 인정하는 경우에는 출석한 위원 중 최상위 계급 또는 이에 상응하는 직급에 있거나 최상위 계급 또는 이에 상응하는 직급에 먼저 승진임용된 공무원이 위원장이 된다.
④ 징계위원회가 설치된 경찰기관의 장은 징계등 심의 대상자보다 상위 계급인 경감 이상의 소속 경찰공무원 또는 상위 직급에 있는 6급 이상의 소속 공무원 중에서 징계위원회의 공무원위원을 임명한다.

13

경찰강제에 대한 다음 설명 중 틀린 것은?

○△×

① 대집행은 행정대집행법에 근거하며, 대집행의 통지 – 대집행영장에 의한 계고 – 대집행의 실행 – 비용의 징수절차로 구성되어 있다.
② 부작위의무 또는 비대체적 작위의무의 불이행에 대하여 집행벌(이행강제금)을 통해 의무의 이행을 확보할 수 있다. 그러나 집행벌은 사후적 제재수단이 아니라 장래에 대한 의무이행의 확보수단이라는 점에서 경찰벌과 구분된다.
③ 직접강제의 경우 인권침해의 소지가 크기 때문에 최후수단으로 사용되어야 하며, 일반법은 없고 각 개별법에서 규정하고 있다.
④ 경찰상 즉시강제라 함은 목전의 급박한 경찰상 장해를 미연에 제거하고 장해발생을 예방하기 위하여 미리 의무를 명한 시간적 여유가 없을 때 직접 국민의 신체 또는 재산에 실력을 가하여 경찰상 필요한 상태를 실현하는 작용을 말한다.

14

경찰관직무집행법 및 동법 시행령상 범인검거등 공로자 보상에 대한 다음 설명 중 가장 틀린 것은?

○△×

① 보상금심사위원회는 위원장 1명을 포함한 5명 이내의 위원으로 구성한다.
② 경찰청에 두는 보상금심사위원회의 위원장은 호선한다.
③ 보상금심사위원회의 회의는 재적위원 과반수의 찬성으로 의결한다.
④ 보상금의 최고액은 5억원으로 한다.

15

다음의 내용은 경찰조직편성의 원리 중 무엇에 관한 설명인가?

> 한 사람의 감독자가 직접 감독할 수 있는 부하의 수는 일정한 한도로 제한해 줄 필요가 있다. 이 원리는 신설조직이냐 기성조직이냐 전문적 사무를 담당하느냐 단순 반복적인 업무를 담당하느냐에 따라 영향을 받는다.

① 통솔범위의 원리
② 전문화의 원리
③ 계층제의 원리
④ 명령통일의 원리

16

예산에 관한 다음 설명 중 가장 적절하지 않은 것은?

① 각 중앙관서의 장은 예산의 목적범위 안에서 재원의 효율적 활용을 위하여 대통령령이 정하는 바에 따라 기획재정부장관의 승인을 얻어 각 세항 또는 목의 금액을 전용할 수 있다.
② 기획재정부장관은 예산집행의 효율성을 높이기 위하여 매년 예산집행에 관한 지침을 작성하여 각 중앙관서의 장에게 통보하여야 한다.
③ 특별회계는 원칙적으로 설치 소관부서가 관리하며 기획재정부의 직접적인 통제를 받지 않는다.
④ 경찰예산의 대부분은 특별회계에 속한다.

17

'경찰장비관리규칙'상 차량관리에 대한 설명으로 가장 옳은 것은?

① 차량 교체를 위한 불용차량 선정에는 내용연수 경과 여부 등 차량 사용기간을 최우선적으로 고려하여 선정한다.
② 차량 열쇠는 지정된 열쇠함에 집중보관하여야 하며, 예비열쇠를 확보하기 위해 복제해 놓아야 한다.
③ 부속기관 및 지방경찰청은 소속기관 차량 중 다음 년도 교체대상 차량을 매년 12월 말까지 경찰청장에게 보고하여야 한다.
④ 차량운행 시 책임자는 1차 선임탑승자(사용자), 2차 운전자, 3차 경찰기관의 장으로 한다.

18

「공공기관의 정보공개에 관한 법률(약칭 : 정보공개법)」에 대한 설명으로 가장 적절하지 않은 것은?

① 공공기관이 보유·관리하는 정보는 국민의 알권리 보장 등을 위하여 이 법에서 정하는 바에 따라 적극적으로 공개하여야 한다.
② 청구인이 정보공개와 관련한 공공기관의 결정에 대하여 불복이 있거나 정보공개 청구 후 20일이 경과하도록 정보공개 결정이 없는 때에는 「행정심판법」에서 정하는 바에 따라 행정심판을 청구할 수 있다.
③ 공공기관은 청구인의 정보공개청구가 있을 때에는 원칙적으로 청구를 받은 날부터 10일 이내에 공개 여부를 결정하여야 한다.
④ 공공기관은 이의신청을 받은 날부터 7일 이내에 그 이의신청에 대하여 결정하고 그 결과를 청구인에게 지체 없이 문서로 통지하여야 한다. 다만, 부득이한 사유로 정하여진 기간 이내에 결정할 수 없을 때에는 그 기간이 끝나는 날부터 기산하여 7일의 범위에서 연장할 수 있으며, 연장 사유를 청구인에게 통지하여야 한다.

19

☐○△✕

경찰부패이론에 대한 다음 설명 중 가장 적절하지 않은 것은?

⊙ 전체사회가설은 클라이니히가 주장한 이론으로서 시카고 시민이 경찰을 부패시켰다고 주장하면서 시민사회의 부패가 경찰부패의 주된 원인이라고 보는 이론이다.

ⓛ 구조원인가설은 신참 경찰관들이 그들의 고참 동료들에 의해 조직의 부패전통 내에서 사회화됨으로써 부패의 길로 들어선다고 보며, 니더호퍼·로벅·바커가 주장한 이론이다.

ⓒ 썩은 사과 가설은 부패의 원인은 자질이 없는 경찰관들이 모집단계에서 배제되지 못하고 조직 내에 유입됨으로써 경찰의 부패가 나타난다는 이론이다.

ⓔ 미끄러지기 쉬운 경사로 이론은 처음 단계에는 설령 불법적인 행위를 하지 않더라도 작은 호의와 같은 것에 길들여져 나중에는 명백한 부정부패로 빠져들게 된다는 이론이다.

ⓜ 법규범과 현실이 일치하지 않는 경우에도 부패가 발생할 수 있다.

① 없음
② 1개
③ 2개
④ 3개

20

☐○△✕

「경비업법」에 대한 설명 중 가장 옳지 않은 것은?

① 경비업을 영위하고자 하는 법인은 도급받아 행하고자 하는 경비업무를 특정하여 그 법인의 주사무소의 소재지를 관할하는 경찰서장의 허가를 받아야 한다. 도급받아 행하고자 하는 경비업무를 변경하는 경우에도 또한 같다.

② 경비업은 법인이 아니면 이를 영위할 수 없다.

③ 경비업 허가의 유효기간은 허가받은 날부터 5년으로 한다.

④ 경비업자는 집단민원현장에 경비원을 배치하는 때에는 경비지도사를 선임하고 그 장소에 배치하여 행정안전부령으로 정하는 바에 따라 경비원을 지도·감독하게 하여야 한다.

21

☐○△✕

유실물 처리와 관련된 다음 설명 중 틀린 것은 모두 몇 개인가?

⊙ 습득물 공고 후 1년 이내에 소유자가 권리를 주장하지 않으면 습득자가 소유권을 취득한다.

ⓛ 국가 또는 지방자치단체와 그 밖에 대통령령으로 정하는 공공기관도 보상금을 청구할 수 있다.

ⓒ 물건의 반환을 받는 자는 물건 가액의 100분의 5 이상 100분의 20 이하의 범위 내에서 보상금을 습득자에게 지급할 수 있다.

ⓔ 습득물, 유실물, 준유실물, 유기동물은 '유실물법'의 규정에 따라 처리된다.

① 1개
② 2개
③ 3개
④ 4개

22

☐○△✕

다음 중 통신비밀보호법상 통신사실 확인자료에 해당하는 것은 모두 몇 개인가?

⊙ 전기통신일시
ⓛ 발·착신 통신번호 등 상대방의 가입자번호
ⓒ 전기통신개시·종료시간
ⓔ 가입일 또는 해지일
ⓜ 전화번호
ⓗ 주민등록번호

① 2개
② 3개
③ 4개
④ 5개

23

☐○△✗

범죄수사규칙상 송치서류에 대한 다음 설명 중 가장 틀린 것은?

① '혐의없음'으로 송치할 때에는 범죄경력조회(지문조회)통보서를 첨부하지 아니할 수 있다.

② 경찰관은 사건송치 전에 전항의 첨부서류중 조회회답 또는 통보를 받지 못하였을 때에는 그 사유를 동 사건 송치서 비고란에 기재하여야 하며 송치후에 범죄경력을 발견하였거나 그 밖의 회보를 받았을 때에는 추송서를 첨부하여 즉시 이를 추송하여야 한다.

③ 송치서류는 사건송치서-기록목록-압수물 총목록-의견서-그 밖의 서류 순서로 편철하여야 한다.

④ 의견서는 사법경찰관이 작성하여야 한다.

24

☐○△✗

피의자 유치 및 호송 규칙에 대한 다음 설명 중 가장 틀린 것은?

① 경찰서장은 유치인보호관에 대하여 의하여 피의자의 유치에 관한 관계법령 및 규정 등을 매분기 1회 이상 정기적으로 교양하고 유치인보호관은 이를 숙지하여야 한다.

② 호송관서의 장은 특별한 사유가 있는 경우 호송관이 총기를 휴대하도록 할 수 있다.

③ 호송관 및 피호송자의 여비, 식비, 기타 호송에 필요한 비용은 호송관서에서 이를 부담하여야 한다.

④ 피호송자가 식량, 의류, 침구 등을 자신의 비용으로 구입할 수 있을 때에는 호송관은 물품의 구매를 허가할 수 있다.

25

☐○△✗

아동학대범죄의 처벌 등에 관한 특례법에 대한 다음 설명 중 가장 틀린 것은?

① 이 법은 아동학대범죄의 처벌 및 그 절차에 관한 특례와 피해아동에 대한 보호절차 및 아동학대행위자에 대한 보호처분을 규정함으로써 아동을 보호하여 아동이 건강한 사회 구성원으로 성장하도록 함을 목적으로 한다.

② 아동학대범죄 신고를 접수한 사법경찰관리나 「아동복지법」 제22조 제4항에 따른 아동학대전담공무원은 지체 없이 아동학대범죄의 현장에 출동하여야 한다.

③ 응급조치는 72시간을 넘을 수 없다. 다만, 검사가 임시조치를 법원에 청구한 경우에는 법원의 임시조치 결정 시까지 연장된다.

④ 사법경찰관의 신청을 받은 검사는 임시조치를 청구하는 때에는 응급조치가 있었던 때부터 72시간 이내에, 긴급임시조치가 있었던 때부터 24시간 이내에 하여야 한다.

26

☐○△✗

다음 설명에 해당하는 마약의 종류는 무엇인가?

- 무색, 무취로 짠 맛이 나며, 주로 음료에 타서 복용한다.
- 24시간 이내 인체에서 빠져나가기 때문에 사후 추적이 거의 불가능하다.

① GHB

② LSD

③ YABA

④ MDMA

27 ○△✕

경비경찰의 경비수단에 대한 설명으로 가장 적절한 것은?

① '경고와 제지'는 간접적 실력행사로 '경찰관직무집행법'에 근거하고, '체포'는 직접적 실력행사로 '형사소송법'에 근거를 두고 있다.
② 일반적 경비수단의 원칙에는 균형의 원칙, 위치의 원칙, 적시의 원칙, 보충의 원칙이 있다.
③ 균형의 원칙이란, 필요최소한도 내에서의 경찰권 행사를 말한다.
④ '경찰관직무집행법'에 근거한 '제지'는 대인적 즉시강제 수단으로 의무 불이행을 전제로 하는 행정상 강제집행과는 구별된다.

28 ○△✕

다음 경호의 대상 중 경호등급이 다른 사람은 누구인가?

① 전직 대통령(퇴임 후 10년 이내)의 배우자
② 대통령선거 후보자
③ 전직 대통령(퇴임 후 10년 경과)
④ 국회의장

29 ○△✕

다음 중 운전면허 결격기간(응시제한기간)이 나머지와 다른 것은?

① 음주운전으로 2회 이상 교통사고를 일으킨 경우
② 2회 이상 음주운전 및 측정거부로 운전면허가 취소된 경우
③ 다른 사람의 자동차를 훔치거나 빼앗은 경우
④ 무면허 운전금지 규정(정지기간 중 운전 포함)을 3회 이상 위반하여 단속된 경우

30 ○△✕

교통사고 현장의 노면흔적에 대한 다음 설명 중 가장 틀린 것은?

① "스키드마크(Skid mark)"란 차의 급제동으로 인하여 타이어의 회전이 정지된 상태에서 노면에 미끄러져 생긴 타이어 마모흔적 또는 활주흔적을 말한다.
② "요마크(Yaw mark)"란 급핸들 등으로 인하여 차의 바퀴가 돌면서 차축과 평행하게 옆으로 미끄러진 타이어의 마모흔적을 말한다.
③ "가속스커프(Acceleration Scuff)"란 급격한 속도 증가로 바퀴가 제자리에서 회전할 때 주로 나타나며, 오직 구동바퀴에서만 발생하는 것이 특징이다.
④ "스크래치(Scratch)"란 호미로 노면을 판 것 같이 짧고 깊게 패인 가우지 마크로서 차량간의 최대 접촉시에 만들어진다.

31 ○△✕

다음은 어떤 정보에 대한 설명인가?

> 과거의 사실이나 사건들에 대한 정적인 상태를 기술한 정보로서 국가안보와 정책결정에 필요한 모든 정보를 망라하여 놓음으로써 정보사용자가 이를 참고하거나 정보생산자가 정보의 평가나 분석을 위해 활용하는 정보

① 기본정보
② 보안정보
③ 현용정보
④ 전략정보

32 ☐△☒

정보의 배포수단에 대한 설명 중 가장 적절하게 연결된 것은?

> ㉠ 축적된 정보가 다수의 사람이나 기관이 이해관계를 가지는 경우 부정기적으로 발행한다.
> ㉡ 정보사용자 또는 다수 인원에게 신속히 전달하는 경우에 이용되는 방법으로 강연식이나 문답식으로 진행되며, 현용정보의 배포수단으로 많이 이용된다.
> ㉢ 정보분석관이 가장 많이 활용하는 방법으로 정기간행물에 포함시키는 것이 적절하지 못한 긴급한 정보를 전달하는 데 주로 사용되며, 신속성이 중요하다.
> ㉣ 매일 24시간에 걸친 정치, 경제, 사회, 문화 등 제반 정세의 변화를 중점적으로 망라한 보고서로 사전에 고안된 양식에 의해 매일 작성되며, 제한된 범위에서 배포된다.

① ㉠ 특별보고서 ㉡ 브리핑
　 ㉢ 메모 ㉣ 일일정보보고서
② ㉠ 비공식적 방법 ㉡ 브리핑
　 ㉢ 전신 ㉣ 특별보고서
③ ㉠ 브리핑 ㉡ 비공식적 방법
　 ㉢ 메모 ㉣ 특별보고서
④ ㉠ 브리핑 ㉡ 특별보고서
　 ㉢ 전신 ㉣ 일일정보보고서

33 ☐△☒

집회 및 시위에 관한 법률 및 동법 시행령에 대한 다음 내용 중 가장 적절한 것은?

① 관할 경찰관서장은 집회 및 시위의 보호와 공공의 질서 유지를 위하여 경찰관의 통행 또는 교통 소통 등을 위하여 필요할 경우에는 질서유지선을 설정할 수 있다.
② 집회 또는 시위의 주최자는 집회 또는 시위의 금지 통고를 받은 날부터 10일 이내에 해당 경찰관서의 장에게 이의를 신청할 수 있다.
③ 법 제8조 제4항에 해당하는 먼저 신고된 옥외집회 또는 시위의 주최자가 법 제6조 제3항을 위반한 경우 100만 원 이하의 과태료를 부과한다.
④ 질서유지선을 경찰관의 경고에도 불구하고 정당한 사유 없이 상당 시간 침범하거나 손괴 · 은닉 · 이동 또는 제거하거나 그 밖의 방법으로 그 효용을 해친 자는 1년 이하의 징역 또는 500만 원 이하의 벌금에 처한다.

34 ☐△☒

방첩활동의 대상에서 일반적으로 간첩, 태업, 전복 등을 들 수 있다. 이에 대한 설명 중 가장 적절하지 않은 것은?

① 간첩망의 형태로 삼각형, 써클형, 단일형, 피라미드형, 레포형이 있는데 지하당 구축에 많이 사용되는 형태가 삼각형이다.
② 전복의 형태로 국가전복과 정부전복이 있다.
③ 태업이란 대상국가의 방위력 또는 전쟁수행능력을 직 · 간접적으로 손상하기 위하여 행하는 일체의 행위를 말하며, 물리적 태업과 심리적 태업으로 구분할 수 있다.
④ 간첩을 임무(사명)에 의해 분류하면 일반간첩, 고정간첩, 증원간첩, 보급간첩으로 나눌 수 있다.

35

☐△✗

보안관찰법에 대한 다음 설명 중 틀린 것은?

> ㉠ 보안관찰처분심의위원회의 위원장은 법무부차관이다.
> ㉡ 형법상 내란목적살인죄는 보안관찰해당범죄이다.
> ㉢ 보안관찰처분의 기간은 2년으로 한다.
> ㉣ 보안관찰처분심의위원회의 회의는 위원장을 포함한 재적위원 과반수의 출석으로 개의하고 출석위원 과반수의 찬성으로 의결한다.
> ㉤ 보안관찰처분을 받은 자(이하 "피보안관찰자"라 한다)는 보안관찰처분결정고지를 받은 날부터 7일 이내에 주거지를 관할하는 지구대 또는 파출소의 장(이하 "지구대·파출소장"이라 한다)을 거쳐 관할경찰서장에게 신고하여야 한다.

① 없음 　　　　② 1개
③ 2개 　　　　④ 3개

36

☐△✗

다음 설명에 해당하는 다문화사회의 접근 유형으로 가장 적절한 것은?

> 다문화주의는 '차이에 대한 권리'로 해석되며, 다문화주의는 소수자의 문화적 권리(cultural rights)와 결부되어 이해된다. 그리고 소수집단이 자결(self-determination)의 원칙을 내세워 문화적 공존을 넘어서는 소수민족 집단만의 공동체 건설을 지향한다. 다민족 다문화사회에서는 주류 사회의 문화, 언어, 규범, 가치, 생활양식을 부정하고 독자적인 생활방식을 추구하는 것이 그들의 입장이다.

① 다원주의
② 급진적 다문화주의
③ 자유주의적 다문화주의
④ 조합주의적 다문화주의

37

☐△✗

외국인의 체류자격에 대한 다음 설명과 그 내용이 순서대로 바르게 나열된 것은?

> ㉠ 대한민국정부가 승인한 외국정부 또는 국제기구의 공무를 수행하는 사람과 그 가족
> ㉡ 전문대학 이상의 교육기관 또는 학술연구기관에서 정규과정의 교육을 받거나 특정 연구를 하려는 사람
> ㉢ 국민과 혼인관계(사실상의 혼인관계를 포함한다)에서 출생한 자녀를 양육하고 있는 부 또는 모로서 법무부장관이 인정하는 사람

① A-2, D-2, F-6
② D-2, E-2, E-9
③ A-2, E-9, F-6
④ E-2, E-6, E-9

38

☐△✗

주한미군지위협정(SOFA)에 대한 다음 설명 중 가장 틀린 것은?

① 미군 군속도 주한미군지위협정의 적용 대상자에 해당한다.
② 오로지 미국의 재산이나 안전에 관한 범죄의 경우 주한미군 당국이 1차적 재판권을 가진다.
③ 미국 군대의 구성원, 군속 또는 그들의 가족을 체포한 경우 그 사실을 즉시 미군 당국에 통고하여야 한다.
④ 미군 당국이 통역을 별도로 대동한 경우 우리 측 통역과 동시에 조사에 참여시키는 것은 공정성을 훼손할 우려가 있으므로 허용되지 않는다.

39

범죄인인도법에 대한 다음 설명 중 가장 틀린 것은?

① 이 법에 규정된 범죄인의 인도심사 및 그 청구와 관련된 사건은 서울고등법원과 서울고등검찰청의 전속관할로 한다.

② 인도조약이 체결되어 있지 아니한 경우에도 범죄인의 인도를 청구하는 국가가 같은 종류 또는 유사한 인도범죄에 대한 대한민국의 범죄인 인도청구에 응한다는 보증을 하는 경우에는 이 법을 적용한다.

③ 대한민국 또는 청구국의 법률에 따라 인도범죄에 관한 공소시효 또는 형의 시효가 완성된 경우에는 범죄인을 인도하여서는 아니 된다.

④ 외교부장관은 청구국으로부터 범죄인의 인도청구를 받았을 때에는 인도청구서와 관련 자료를 서울고등법원으로 송부하여야 한다.

40

출입국관리법상 출국금지 기간에 대한 설명이다. 빈칸의 숫자를 순서대로 바르게 나열한 것은?

> ㉠ 형사재판에 계속(係屬) 중인 사람-(   )개월 이내
> ㉡ 도주 등 특별한 사유가 있어 수사진행이 어려운 사람-(   )개월 이내
> ㉢ 범죄 수사를 위하여 출국이 적당하지 아니하다고 인정되는 사람-(   )개월 이내

① 6-3-1
② 3-3-1
③ 3-1-1
④ 6-1-3

제10회 경찰승진 최종모의고사

01 ☐△✕

국가경찰제도와 비교할 때 자치경찰제도에 대한 설명으로 가장 옳은 것은?

① 조직이 비대화되고 관료화될 우려가 크다는 단점이 있다.

② 각 지방의 특수성이 반영되지 않고 창의성이 저해될 수 있다는 단점이 있다.

③ 다른 지방자치경찰과의 협조가 원활하다는 장점이 있다.

④ 주민의견 수렴이 용이하여 주민들의 지지를 받기가 쉽다는 장점이 있다.

02 ☐△✕

경찰의 관할에 대한 다음 설명 중 틀린 것은 모두 몇 개인가?

> ㉠ 외교사절의 승용차, 보트, 비행기 등 교통수단도 치외법권 지역과 동일하게 취급된다.
>
> ㉡ 협의의 경찰권은 특별한 규정이 없는 한 통치권에 복종하는 모든 자를 대상으로 발동할 수 있다.
>
> ㉢ 외교관의 개인주택은 치외법권 지역에 해당하지 않는다.
>
> ㉣ 우리나라는 영·미 경찰개념의 영향을 받아 범죄수사에 관한 임무가 경찰의 사물관할로 인정된다.
>
> ㉤ 국회의장은 국회의 경호를 위하여 필요한 때에는 경찰위원회의 동의를 얻어 일정한 기간을 정하여 정부에 대하여 필요한 국가경찰공무원의 파견을 요구할 수 있다.

① 1개 ② 2개

③ 3개 ④ 4개

03 ☐△✕

'미군정시기'의 경찰에 대한 다음 설명 중 가장 틀린 것은?

① 비경찰화 작업이 행해져 경찰의 활동영역이 축소되었다.

② 1946년 여자경찰제도를 신설하여 14세 미만의 소년범죄와 여성관련 업무 등을 담당하게 하였다.

③ 1947년 6인의 위원으로 구성된 중앙경찰위원회가 설치되어 경찰의 민주화 개혁에 성공하였다.

④ 영미법의 영향을 받아 경찰의 이념 및 제도에 민주적 요소가 도입되었다.

04

다음은 한국경찰사에 있어서 자랑스러운 경찰의 표상에 관한 설명이다. ㉠~㉢에 해당하는 인물을 가장 바르게 나열한 것은?

> ㉠ 1950년 6월 25일 10여명의 인력으로 춘천으로 가는 길목을 사수하고, 북한군 1만여명의 진격을 1시간 이상 지연시키고 전사하였다.
>
> ㉡ 5·18 광주 민주화운동 당시 전남도경국장으로서, 과격한 진압을 지시했던 군과 달리 '분산되는 자는 너무 추격하지 말 것, 부상자 발생치 않도록 할 것' 등과 '연행과정에서 학생의 피해가 없도록 유의하라'고 지시하였다. 신군부의 명령을 어겼다는 이유로 직위해제를 당했다.
>
> ㉢ 공비들의 근거지가 될 수 있는 사찰을 불태우라는 상부의 명령에 대해 현명하게 대처하여 화엄사(구례), 선운사(고창), 백양사(장성) 등 여러 사찰과 문화재를 보호하였다.
>
> ㉣ 1968년 1.21 무장공비침투사건 당시 군 방어선이 뚫린 상황에서 격투 끝에 청와대를 사수하였으며, 순국으로 대한민국을 지켜내고 조국의 발전을 가능하게 한 영웅적인 사례로 평가받고 있다.

① ㉠ 노종해 ㉡ 안병하 ㉢ 차일혁 ㉣ 정종수
② ㉠ 최천 ㉡ 안병하 ㉢ 최규식 ㉣ 정종수
③ ㉠ 정종수 ㉡ 차일혁 ㉢ 안병하 ㉣ 최규식
④ ㉠ 노종해 ㉡ 최규식 ㉢ 안병하 ㉣ 차일혁

05

경찰행정의 일반원칙에 대한 다음 설명 중 가장 틀린 것은?

① 경찰행정관청의 행위가 형식상 적법한 경우라고 하더라도 법의 일반원칙에 위반될 경우 위법한 행위가 될 수 있다. 이는 법률우위의 원칙과 관련이 있다.

② 신뢰보호의 원칙이란 경찰행정관청이 행한 일정한 언동의 정당성 또는 존속성에 대하여 개인의 보호가치가 있는 신뢰는 보호해 주어야 한다는 원칙이다. 이러한 신뢰보호의 원칙에 위반하는 경찰행정관청의 처분은 원칙적으로는 취소사유에 해당하고, 예외적으로 무효사유에 해당할 수 있다.

③ 운전면허 취소사유에 해당하는 음주운전을 적발한 경찰관의 소속 경찰서장이 사무착오로 위반자에게 운전면허정지처분을 한 상태에서 위반자의 주소지 관할 지방경찰청장이 위반자에게 운전면허취소처분을 한 것은 선행처분에 대한 당사자의 신뢰 및 법적 안정성을 저해하는 것으로서 허용될 수 없다.

④ 헌법 제37조 제2항과 경찰관직무집행법 제1조 제2항은 경찰비례의 원칙의 근거규정으로 볼 수 있으며, 경찰작용이 경찰비례의 원칙에 위반되지 않기 위해서는 그 세부원칙인 적합성의 원칙, 필요성의 원칙, 최소침해의 원칙 모두를 충족해야 한다.

06

경찰행정관청의 지휘·감독에 대한 다음 설명 중 틀린 것은 모두 몇 개인가?

> ⊙ 상급 경찰공무원이 하급 경찰공무원 개인에 대하여 직무를 지휘·감독하기 위하여 발하는 명령을 훈령이라고 한다.
> ⓛ 기관의 구성원이 변경되더라도 훈령과 직무명령의 효력에는 영향이 없다.
> ⓒ 훈령과 직무명령은 국민의 권리, 의무에 영향을 미치는 법규가 아니므로 특별한 법적 근거 없이도 발할 수 있다.
> ② 원칙적으로 훈령에 위반한 행정처분의 경우 위법한 처분에 해당하므로 그 처분은 당연무효에 해당한다.

① 없음   ② 1개
③ 2개   ④ 3개

07

경찰위원회에 대한 다음 설명 중 틀린 것은?

> ⊙ 경찰행정에 관하여 일정한 사항을 심의·의결하기 위하여 경찰청에 경찰위원회(이하 "위원회"라 한다)를 둔다.
> ⓛ 경찰, 검찰, 국가정보원 직원 또는 군인의 직(職)에서 퇴직한 날부터 3년이 지나지 아니한 사람은 위원이 될 수 없다.
> ⓒ 국가경찰 임무 외에 다른 국가기관으로부터의 업무협조 요청에 관한 사항은 위원회의 심의·의결을 거쳐야 한다.
> ② 행정안전부장관이 재의를 요구하는 경우에는 의결한 날부터 7일 이내에 재의요구서를 위원회에 제출하여야 한다.
> ⓜ 위원장은 필요한 경우 임시회의를 소집할 수 있으며, 위원 3인 이상과 행정안전부장관 또는 경찰청장은 위원장에게 임시회의의 소집을 요구할 수 있다.

① 없음   ② 1개
③ 2개   ④ 3개

08

경찰행정관청의 권한의 위임과 대리에 대한 다음 설명 중 가장 적절하지 않은 것은?

① 권한의 위임은 경찰행정관청이 권한의 일부를 다른 경찰기관에 이전하여 수임기관이 자기의 명의와 책임으로 권한을 행사하게 하는 것을 말한다.
② 권한의 위임은 법령상의 근거가 없더라도 가능하다.
③ 권한의 위임은 권한의 전부 또는 주요부분에 대하여는 위임이 허용되지 않는다.
④ 대리기관은 피대리관청을 위한 것임을 표시하고 자신(대리기관)의 명의로 권한의 행사를 대리한다.

09

경찰공무원의 경과(警科)에 대한 다음 설명 중 가장 틀린 것은?

① 경과는 일반경과, 수사경과, 보안경과, 특수경과(항공경과, 정보통신경과)로 구분한다.
② 경과는 총경 이하 경찰공무원에게 부여한다.
③ 수사경과와 보안경과는 경정 이하 경찰공무원에게만 부여한다.
④ 임용권자 또는 임용제청권자는 경찰공무원을 신규채용 할 때에 경과를 부여할 수 있다.

안심Touch

10 ○△×

경찰공무원의 임용에 대한 다음 설명 중 틀린 것은?

> ㉠ 미성년자에 대한 「성폭력범죄의 처벌 등에 관한 특례법」 제2조에 따른 성폭력범죄 또는 「아동·청소년의 성보호에 관한 법률」 제2조 제2호에 따른 아동·청소년대상 성범죄를 저질러 형 또는 치료감호가 확정된 사람(집행유예를 선고받은 후 그 집행유예기간이 경과한 사람을 포함한다)은 경찰공무원으로 임용될 수 없다.
> ㉡ 경찰청장 또는 해양경찰청장은 경찰공무원의 채용시험 또는 경찰간부후보생 공개경쟁선발시험에서 부정행위를 한 응시자에 대하여는 해당 시험을 정지 또는 무효로 하고, 그 처분이 있는 날부터 5년간 시험응시 자격을 정지한다.
> ㉢ 채용후보자 명부의 유효기간은 1년의 범위에서 대통령령으로 정한다. 다만, 경찰청장 또는 해양경찰청장은 필요에 따라 1년의 범위에서 그 기간을 연장할 수 있다.
> ㉣ 경위 이하의 경찰공무원을 신규채용할 때에는 1년간 시보(試補)로 임용하고, 그 기간이 만료된 다음 날에 정규 경찰공무원으로 임용한다.
> ㉤ 경감 및 순경의 신규채용은 공개경쟁시험으로 한다.

① ㉠, ㉡, ㉢ ② ㉠, ㉢, ㉣
③ ㉡, ㉢, ㉤ ④ ㉢, ㉣, ㉤

11 ○△×

다음은 경찰공무원의 승진에 관한 내용이다. 틀린 것은 모두 몇 개인가?

> ㉠ 경찰공무원의 승진방법에는 시험승진, 심사승진, 특별승진, 근속승진이 있다.
> ㉡ 경정이하 계급의 경우 시험성적으로 승진할 수 있는 인원은 계급별 승진임용 예정인원의 60퍼센트이다.
> ㉢ 시험으로 승진할 수 있는 계급은 총경까지이다.
> ㉣ 순경, 경장, 경사, 경위의 승진소요 최저근무연수는 각각 4년, 5년, 6년 6개월, 10년이다.
> ㉤ 일정한 계급에서 일정기간 근무하면 승진임용 제한사유에 해당하지 않는 한 경정까지 승진할 수 있다.

① 2개 ② 3개
③ 4개 ④ 없음

12 ○△×

경찰공무원 복무규정 제3조에 규정된 기본강령의 내용이 바르게 연결된 것은?

> ㉠ 경찰공무원은 국가와 민족을 위하여 충성과 봉사를 다하며, 국민의 생명·신체 및 재산을 보호하고, 공공의 안녕과 질서를 유지함을 그 사명으로 한다.
> ㉡ 경찰공무원은 법령을 준수하고 직무상의 명령에 복종하며, 상사에 대한 존경과 부하에 대한 신애로써 규율을 지켜야 한다.
> ㉢ 경찰공무원은 주어진 사명을 다하기 위하여 긍지를 가지고 한마음 한뜻으로 굳게 뭉쳐 임무수행에 모든 역량을 기울여야 한다.
> ㉣ 경찰공무원은 성실하고 청렴한 생활태도로써 국민의 모범이 되어야 한다.

① ㉠ 봉사, ㉡ 신애, ㉢ 경찰사명, ㉣ 모범
② ㉠ 경찰사명, ㉡ 규율, ㉢ 단결, ㉣ 성실·청렴
③ ㉠ 봉사, ㉡ 규율, ㉢ 경찰사명, ㉣ 모범
④ ㉠ 경찰사명, ㉡ 신애, ㉢ 단결, ㉣ 성실·청렴

13 ○△×

다음은 인사혁신처 소속의 '소청심사위원회'를 설명한 것이다. 가장 틀린 것은?

① 대학에서 행정학·정치학 또는 법률학을 담당한 부교수 이상의 직에 5년 이상 근무한 자는 위원이 될 수 있다.
② 위원장 1명을 포함한 5명 이상 7명 이하의 상임위원과 상임위원 수의 2분의 1 이상인 비상임위원으로 구성하되, 위원장은 정무직으로 보한다.
③ 소청 사건의 결정은 재적위원 3분의 2 이상의 출석과 재적위원 과반수의 합의에 따르되, 의견이 나뉠 경우에는 출석위원 과반수에 이를 때까지 소청인에게 가장 불리한 의견에 차례로 유리한 의견을 더하여 그 중 가장 유리한 의견을 합의된 의견으로 본다.
④ 상임위원은 다른 직무를 겸할 수 없다.

14

질서위반행위규제법에 대한 다음 설명 중 틀린 것은?

> ⊙ 행정청의 과태료 부과에 불복하는 당사자는 과태료 부과 통지를 받은 날부터 60일 이내에 해당 행정청에 서면으로 이의제기를 할 수 있다.
> ⊙ 행정청이 질서위반행위에 대하여 과태료를 부과하고자 하는 때에는 미리 당사자에게 대통령령으로 정하는 사항을 통지하고, 10일 이상의 기간을 정하여 의견을 제출할 기회를 주어야 한다.
> ⊙ 심신(心神)장애로 인하여 행위의 옳고 그름을 판단할 능력이 미약하거나 그 판단에 따른 행위를 할 능력이 미약한 자의 질서위반행위는 과태료를 부과하지 아니한다.
> ⊙ 과태료는 행정청의 과태료 부과처분이나 법원의 과태료 재판이 확정된 후 5년간 징수하지 아니하거나 집행하지 아니하면 시효로 인하여 소멸한다.
> ⊙ 질서위반행위의 성립과 과태료 처분은 처분 시의 법률에 따른다.

① 1개   ② 2개
③ 3개   ④ 4개

15

경찰관 직무집행법상 불심검문에 대한 다음 설명 중 틀린 것은?

> ⊙ 경찰관은 정신착란을 일으키거나 술에 취하여 자신 또는 다른 사람의 생명·신체·재산에 위해를 끼칠 우려가 있는 사람을 정지시켜 질문할 수 있다.
> ⊙ 경찰관으로부터 동행을 요구받은 사람은 그 요구를 거절할 수 있다.
> ⊙ 불심검문 대상자에게 질문을 할 때에 그 사람이 흉기를 가지고 있는지를 조사하여야 한다.
> ⊙ 경찰관은 질문을 하거나 동행을 요구할 경우 자신의 신분을 표시하는 증표를 제시하면서 소속과 성명을 밝히고 질문이나 동행의 목적과 이유를 설명하여야 하며, 동행을 요구하는 경우에는 동행 장소를 밝혀야 한다.
> ⊙ 현행 규정상 진술거부권 고지에 대한 명시적인 규정은 없다.

① 없음   ② 1개
③ 2개   ④ 3개

16

경찰관직무집행법에 대한 설명 중 가장 틀린 것은?

① 경찰관은 범죄행위가 목전(目前)에 행하여지려고 하고 있다고 인정될 때에는 이를 예방하기 위하여 관계인에게 필요한 경고를 하고, 그 행위로 인하여 사람의 생명·신체에 위해를 끼치거나 재산에 중대한 손해를 끼칠 우려가 있는 긴급한 경우에는 그 행위를 제지할 수 있다.

② 경찰관서의 장은 대간첩 작전의 수행이나 소요(騷擾) 사태의 진압을 위하여 필요하다고 인정되는 상당한 이유가 있을 때에는 대간첩 작전지역이나 경찰관서·무기고 등 국가중요시설에 대한 접근 또는 통행을 제한하거나 금지할 수 있다.

③ 경찰관은 구호대상자를 공공보건의료기관이나 공공구호기관에 인계하였을 때에는 즉시 그 사실을 해당 공공보건의료기관 또는 공공구호기관의 장 및 그 감독행정청에 통보하여야 한다.

④ 경찰청장 또는 해양경찰청장은 이 법에 따른 경찰관의 직무수행을 위하여 외국 정부기관, 국제기구 등과 자료 교환, 국제협력 활동 등을 할 수 있다.

17

국가재정법상의 예산에 대한 다음 설명 중 틀린 것은?

① 준예산은 예산집행의 신축성을 부여하고 예산 불성립으로 인한 행정중단의 방지를 도모하는데 그 목적이 있다.

② 기획재정부장관은 각 중앙관서의 장에게 통보한 예산안편성지침을 국회 예산결산특별위원회에 보고하여야 한다.

③ 경찰청장은 매년 1월 31일까지 당해 회계연도부터 5회계연도 이상의 기간 동안의 신규사업 및 행정안전부장관이 정하는 주요 계속사업에 대한 중기사업계획서를 행정안전부장관에게 제출하여야 한다.

④ 기획재정부장관은 국무회의의 심의를 거쳐 대통령의 승인을 얻은 다음 연도의 예산안편성지침을 매년 3월 31일까지 각 중앙관서의 장(경찰청장)에게 통보하여야 한다.

18

$\boxed{\bigcirc\triangle\times}$

다음 중 보안의 원칙에 해당하지 않는 것은?

① 알 사람만 알아야 하는 원칙
② 부분화의 원칙
③ 보안과 효율 조화의 원칙
④ 독립분류의 원칙

19

$\boxed{\bigcirc\triangle\times}$

언론중재 및 피해구제 등에 관한 법률상 언론중재위원회에 대한 다음 설명 중 가장 틀린 것은?

① 언론등의 보도 또는 매개로 인한 분쟁의 조정·중재 및 침해사항을 심의하기 위하여 언론중재위원회(이하 "중재위원회"라 한다)를 둔다.
② 중재위원회는 40명 이상 90명 이내의 중재위원으로 구성한다.
③ 중재위원회에 위원장 1명과 2명 이내의 부위원장 및 2명 이내의 감사를 두며, 각각 중재위원 중에서 호선(互選)한다.
④ 위원장·부위원장·감사 및 중재위원의 임기는 각각 3년으로 하며, 연임할 수 없다.

20

$\boxed{\bigcirc\triangle\times}$

다음 중 경찰청공무원행동강령 제5조(사적 이해관계의 신고 등)에 규정된 신고사항에 해당하지 않는 것은?

① 공무원의 4촌 이내의 친족(「민법」 제767조에 따른 친족을 말한다)이 직무관련자인 경우
② 100만 원 이상의 금전거래가 있는 자가 직무관련자인 경우
③ 학연, 지연, 종교, 직연 또는 채용동기 등 지속적인 친분 관계가 있어 공정한 직무수행이 어렵다고 판단되는 자가 직무관련자인 경우
④ 경찰청 및 소속기관의 퇴직공무원(임직원)으로서 퇴직 전 5년간 같은 부서에서 근무하였던 자가 직무관련자인 경우

21

$\boxed{\bigcirc\triangle\times}$

총포·도검·화약류 등의 안전관리에 관한 법률에 대한 다음 설명 중 옳은 것은?

> ㉠ 제조업자는 그 허가를 받은 날부터 1년 이내에 그 시설 또는 설비에 대하여 허가관청의 검사를 받아야 한다.
> ㉡ 이 법을 위반하여 벌금형을 선고받고 5년이 지나지 아니한 자는 총포·도검·화약류·분사기·전자충격기·석궁의 소지허가를 받을 수 없다.
> ㉢ 이 법을 위반하여 금고 이상의 형의 집행유예를 선고받고 그 유예기간이 끝난 날부터 1년이 지나지 아니한 자는 총포·도검·화약류·분사기·전자충격기·석궁의 소지허가를 받을 수 없다.
> ㉣ 화약류를 발파하거나 연소시키려는 자는 행정안전부령으로 정하는 바에 따라 화약류의 사용장소를 관할하는 경찰서장의 화약류 사용허가를 받아야 한다.
> ㉤ 이 법에서 "총포"란 권총, 소총, 기관총, 포, 엽총, 금속성 탄알이나 가스 등을 쏠 수 있는 장약총포(裝藥銃砲), 공기총(가스를 이용하는 것은 제외한다) 및 총포신·기관부 등 그 부품으로서 대통령령으로 정하는 것을 말한다.

① 1개　　　　　　② 2개
③ 3개　　　　　　④ 4개

22

☐△✕

즉결심판에 관한 절차법에 대한 다음 설명 중 가장 틀린 것은?

① 판사는 구류의 선고를 받은 피고인이 일정한 주소가 없거나 또는 도망할 염려가 있을 때에는 5일을 초과하지 아니하는 기간 경찰서유치장(지방해양경찰관서의 유치장을 포함한다)에 유치할 것을 명령할 수 있다. 다만, 이 기간은 선고기간을 초과할 수 없다.

② 즉결심판절차에 의한 심리와 재판의 선고는 공개된 법정에서 행하되, 그 법정은 경찰관서(해양경찰관서를 포함한다)외의 장소에 설치되어야 한다.

③ 판사는 정식재판청구서를 받은 날부터 7일 이내에 경찰서장에게 정식재판청구서를 첨부한 사건기록과 증거물을 송부한다.

④ 지방법원, 지원 또는 시·군법원의 판사는 즉결심판절차에 의하여 피고인에게 60만 원 이하의 벌금, 구류 또는 과료에 처할 수 있다.

23

☐△✕

수사첩보 수집 및 처리 규칙에 대한 다음 설명 중 가장 틀린 것은?

① 수사첩보 수집 내역, 평가 및 처리결과는 수사첩보분석시스템을 이용하여 전산관리한다.

② 수집된 수사첩보는 수집관서에서 처리하는 것을 원칙으로 한다.

③ 다만, 위의 ②와 관련하여 평가 책임자는 수사첩보에 대해 범죄지, 피내사자의 주소·거소 또는 현재지 중 어느 1개의 관할권도 없는 경우 이송하여야 한다.

④ 평가 책임자는 제출된 수사첩보를 비공개하여야 한다. 다만 범죄예방 및 검거 등 수사목적상 수사첩보 내용을 공유할 필요가 있다고 인정할 경우 수사첩보 분석시스템상에서 공유하게 할 수 있다.

24

☐△✕

다음 중 시체의 초기현상에 해당하지 않는 것은?

① 시체의 건조
② 각막의 혼탁
③ 시체군음
④ 자가용해

25

☐△✕

성폭력범죄의 처벌 등에 관한 특례법(약칭 : 성폭력처벌법)에 대한 다음 설명 중 틀린 것은?

① 미성년자에 대한 성폭력범죄의 공소시효는 「형사소송법」 제252조 제1항 및 「군사법원법」 제294조 제1항에도 불구하고 해당 성폭력범죄로 피해를 당한 미성년자가 성년에 달한 날부터 진행한다.

② 피해자가 13세 이하이거나 신체적인 또는 정신적인 장애로 사물을 변별하거나 의사를 결정할 능력이 미약한 경우에는 관련 전문가에게 피해자의 정신·심리 상태에 대한 진단 소견 및 진술 내용에 관한 의견을 조회하여야 한다.

③ 강간등 살인죄에 대하여는 공소시효를 적용하지 아니한다.

④ 경찰청장은 각 경찰서장으로 하여금 성폭력범죄 전담 사법경찰관을 지정하도록 하여 특별한 사정이 없으면 이들로 하여금 피해자를 조사하게 하여야 한다.

안심Touch

26

☐ ◯ △ ✕

다음은 총상의 유형에 대한 설명이다. 적절하게 나열된 것은?

> ⊙ 탄환의 속도가 떨어져 피부를 뚫지 못하고 피부까짐이나 피부밑 출혈만 형성된 경우
> ⓛ 탄환이 골격에 맞았으나 천공시키지 못하고 뼈와 연부조직 사이를 우회한 경우

① 반도총상 – 회선총상
② 맹관총상 – 회선총상
③ 찰과총상 – 반도총상
④ 반도총상 – 찰과총상

27

◯ △ ✕

선거경비에 대한 다음 설명 중 틀린 것은?

① 일반적으로 선거일 06:00부터 개표 종료시까지는 갑호비상을 발령한다.
② 구 · 시 · 군선거관리위원회와 그 상급선거관리위원회의 위원 · 직원, 개표사무원 · 개표사무협조요원 및 개표참관인을 제외하고는 누구든지 개표소에 들어갈 수 없다.
③ 누구든지 예외 없이 개표소안에서 무기나 흉기 또는 폭발물을 지닐 수 없다.
④ 개표소안에 들어간 경찰공무원 또는 경찰관서장은 선거관리위원회위원장의 지시를 받아야 하며, 질서가 회복되거나 위원장의 요구가 있는 때에는 즉시 개표소에서 퇴거하여야 한다.

28

◯ △ ✕

재난 및 안전관리 기본법에 대한 다음 설명 중 가장 틀린 것은?

① "재난"이란 국민의 생명 · 신체 · 재산과 국가에 피해를 주거나 줄 수 있는 것으로서 자연재난과 사회재난으로 구분한다.
② "재난관리"란 재난의 예방 · 대비 · 대응 및 복구를 위하여 하는 모든 활동을 말한다.
③ "안전관리"란 재난이나 그 밖의 각종 사고로부터 사람의 생명 · 신체 및 재산의 안전을 확보하기 위하여 하는 모든 활동을 말한다.
④ 대통령령으로 정하는 대규모 재난의 대응 · 복구 등에 관한 사항을 총괄 · 조정하고 필요한 조치를 하기 위하여 국무총리 소속으로 중앙재난안전대책본부를 둔다.

29

◯ △ ✕

통합방위법상 국가중요시설의 경비 · 보안 및 방호에 대한 다음 설명 중 가장 옳은 것은?

① 국가중요시설의 관리자(소유자는 제외한다)는 경비 · 보안 및 방호책임을 지며, 통합방위사태에 대비하여 자체방호계획을 수립하여야 한다.
② 지방경찰청장 · 지역군사령관 또는 함대사령관은 통합방위사태에 대비하여 국가중요시설에 대한 방호지원계획을 수립 · 시행하여야 한다.
③ 국가중요시설의 평시 경비 · 보안활동에 대한 지도 · 감독은 관계 행정기관의 장과 국방부장관이 수행한다.
④ 국가중요시설은 국방부장관이 관계 행정기관의 장 및 국가정보원장과 협의하여 지정한다.

30

☐○☐△☒×

경호경비에 대한 다음 설명 중 틀린 것은?

① 제3선(경비구역)에서는 도보 등 원거리 기동순찰조를 운영한다.

② 대통령과 그 가족은 갑호 경호대상이다.

③ 목표물 보존의 원칙이란 피경호자를 암살기도자나 위해를 가할 가능성이 있는 자들로부터 분리시켜야 한다는 원칙으로 보안의 원칙이라고도 한다.

④ 제1선(안전구역)에서는 출입자의 통제관리, MD의 설치·운용 및 비표확인 및 출입자 감시등의 경호활동이 이루어지며 통상 대통령 경호처에서 실시한다.

31

☐○☐△☒×

도로교통법상 어린이통학버스에 대한 다음 설명 중 틀린 것은?

> ⊙ 어린이통학버스 운전자의 의무위반(좌석안전띠를 매도록 하지 않는 경우는 제외)에 해당하는 경우 승합자동차는 13만 원의 범칙금이 부과된다.
>
> ⊙ 어린이통학버스가 도로에 정차하여 어린이나 영유아가 타고 내리는 중임을 표시하는 점멸등 등의 장치를 작동 중일 때에는 어린이통학버스가 정차한 차로와 그 차로의 바로 옆 차로로 통행하는 차의 운전자는 어린이통학버스에 이르기 전에 일시정지하여 안전을 확인한 후 서행하여야 한다.
>
> ⊙ 위 ⊙의 경우 중앙선이 설치되지 아니한 도로와 편도 1차로인 도로에서는 반대방향에서 진행하는 차의 운전자도 어린이통학버스에 이르기 전에 일시정지하여 안전을 확인한 후 서행하여야 한다.
>
> ⊙ 모든 차의 운전자는 어린이나 영유아를 태우고 있다는 표시를 한 상태로 도로를 통행하는 어린이통학버스를 앞지르지 못한다.
>
> ⊙ 어린이는 6세 미만인 사람을 말한다.

① 없음   ② 1개

③ 2개   ④ 3개

32

☐○☐△☒×

운전면허에 대한 다음 설명 중 가장 틀린 것은?

① 음주운전으로 사람을 사망에 이르게 한 경우 5년간 운전면허를 받을 수 없다.

② 연습운전면허를 받은 사람은 「여객자동차 운수사업법」 또는 「화물자동차 운수사업법」에 따른 사업용 자동차를 운전하는 등 주행연습 외의 목적으로 운전하여서는 아니 된다.

③ 외국의 권한 있는 기관에서 국제운전면허증을 발급받은 사람은 국내에 입국한 날부터 1년 동안만 그 국제운전면허증으로 자동차등을 운전할 수 있다.

④ 제한속도를 60km/h를 초과하여 운전한 경우 벌점 30점이 부과된다.

33

교통사고에 대한 다음 설명 중 가장 틀린 것은?(다툼이 있는 경우 판례에 의함)

① 음주로 인한 특정범죄가중처벌 등에 관한 법률 위반(위험운전치사상)죄와 도로교통법 위반(음주운전)죄는 입법 취지와 보호법익 및 적용영역을 달리하는 별개의 범죄이므로, 양 죄가 모두 성립하는 경우 두 죄는 실체적 경합관계에 있다.

② 음주운전 시점과 혈중알코올농도의 측정 시점 사이에 시간 간격이 있고 그때가 혈중알코올농도의 상승기로 보이는 경우라 하더라도, 그러한 사정만으로 무조건 실제 운전 시점의 혈중알코올농도가 처벌기준치를 초과한다는 점에 대한 증명이 불가능하다고 볼 수는 없다.

③ 도로교통법 제148조의2 제1항 제1호에서 정하고 있는 '도로교통법 제44조 제1항을 2회 이상 위반한' 것에 개정된 도로교통법이 시행된 2011. 12. 9. 이전에 구 도로교통법(2011. 6. 8. 법률 제10790호로 개정되기 전의 것) 제44조 제1항을 위반한 음주운전 전과까지 포함되는 것으로 해석하는 것은 형벌불소급의 원칙이나 일사부재리의 원칙 또는 비례의 원칙에 위배된다.

④ 음주운전을 하다가 교통사고를 야기한 후 그 형사처벌을 면하기 위하여 타인의 혈액을 자신의 혈액인 것처럼 교통사고 조사 경찰관에게 제출하여 감정하도록 한 경우, 위계에 의한 공무집행방해죄가 성립한다.

34

집회 및 시위에 관한 법률에 대한 다음 설명 중 틀린 것은?

> ⊙ 관할 경찰관서장은 집회 및 시위의 보호와 공공의 질서 유지를 위하여 일반인의 통행 또는 교통 소통 등을 위하여 필요할 경우에는 질서유지선을 설정할 수 있다.
> ⓛ 종결 선언 요청에 따르지 아니하거나 종결 선언에도 불구하고 집회 또는 시위의 참가자들이 집회 또는 시위를 계속하는 경우에는 직접 주최자에 대하여 자진 해산할 것을 요청한다.
> ⓒ "옥외집회"란 천장이 없거나 사방이 폐쇄되지 아니한 장소에서 여는 집회를 말한다.
> ⓔ 주최자 · 주관자 · 연락책임자 및 질서유지인이 집회 또는 시위 장소에 없는 경우에는 자진 해산의 요청을 생략할 수 있다.
> ⓜ 집회 또는 시위가 집단적인 폭행, 협박, 손괴, 방화 등으로 공공의 안녕 질서에 직접적인 위험을 초래한 경우에는 남은 기간의 해당 집회 또는 시위에 대하여 신고서를 접수한 때부터 48시간이 지난 경우에도 금지 통고를 하여야 한다.

① 1개   ② 2개
③ 3개   ④ 없음

35

다음 중 소극적 방첩수단에 해당하는 것은 모두 몇 개인가?

> ⊙ 적에 대한 첩보수집   ⓛ 인원보안의 확립
> ⓒ 허위정보의 유포   ⓔ 입법사항 건의
> ⓜ 보안업무 규정화 확립   ⓑ 침투공작 전개

① 1개   ② 2개
③ 3개   ④ 4개

36

국가보안법에 대한 다음 설명 중 옳은 것은?

⊙⊿✕

> ⊙ 이 법의 죄를 범한 후 자수한 때에는 그 형을 감경 또는 면제한다.
> ⓒ 자진지원죄의 경우 행위자에게 '지원의 목적'이 있어야 한다.
> ⓒ 제6조 제2항의 죄(특수잠입·탈출)의 경우 '반국가단체의 구성원 또는 그 지령을 받은 자'라는 신분을 필요로 한다.
> ⓔ 불고지죄를 범한 자는 5년 이하의 징역 또는 200만 원 이하의 벌금에 처한다. 다만, 본범과 친족관계가 있는 때에는 그 형을 감경 또는 면제한다.

① ⊙, ⓒ, ⓒ
② ⊙, ⓒ, ⓔ
③ ⊙, ⓒ, ⓔ
④ ⓒ, ⓒ, ⓔ

37

보안관찰법에 대한 다음 설명 중 틀린 것은?

⊙⊿✕

> ⊙ '보안관찰처분대상자'라 함은 보안관찰해당범죄 또는 이와 경합된 범죄로 벌금 이상의 형의 선고를 받고, 형의 전부 또는 일부의 집행을 받은 사실이 있는 자를 말한다.
> ⓒ 검사 및 사법경찰관은 피보안관찰자의 재범방지를 위하여 특히 필요한 경우에는 보안관찰해당범죄를 범한 자와의 회합·통신을 금지할 수 있다.
> ⓒ 보안관찰처분 기간은 2년이며, 그 기간은 갱신할 수 없다.
> ⓔ 「형법」상 범죄 중 내란목적살인죄, 외환유치죄, 여적죄, 모병이적죄, 시설제공이적죄, 간첩죄는 보안관찰해당범죄이다.
> ⓜ 보안관찰처분의 집행중지결정은 관할경찰서장이 한다.

① 1개
② 2개
③ 3개
④ 4개

38

외사경찰에 대한 다음 설명 중 가장 틀린 것은?

⊙⊿✕

① 외교사절의 보조기관으로 파견되는 무관은 외국 군대의 구성원에 해당하지 않는다.
② 외교공관의 문서와 서류는 언제, 어디서나 불가침이며, 수색·검열·압수의 대상이 아니다.
③ 외교사절은 접수국의 경찰권 및 과세권으로부터 면제된다.
④ 외교공관이라고 하더라도 공안을 유지하기 위하여 긴급을 요하는 경우에는 사절의 동의 없이 공관에 들어갈 수 있으며, 이는 '외교관계에 관한 비엔나 협약'에 명시적으로 규정되어 있다.

39

「국적법」에 대한 설명으로 가장 적절하지 않은 것은?

⊙⊿✕

① 대한민국 국적을 취득한 사실이 없는 외국인은 외교부장관의 귀화허가(歸化許可)를 받아 대한민국 국적을 취득할 수 있다.
② 대한민국의 국민으로서 자진하여 외국 국적을 취득한 자는 그 외국 국적을 취득한 때에 대한민국 국적을 상실한다.
③ 대한민국 국적을 취득한 외국인으로서 외국 국적을 가지고 있는 자는 대한민국 국적을 취득한 날부터 1년 내에 그 외국 국적을 포기하여야 한다.
④ 일반귀화의 경우 '5년 이상 계속하여 대한민국에 주소가 있을 것'을 그 요건으로 한다.

40

〇△✕

인터폴에 대한 다음 설명 중 가장 틀린 것은?

① 인터폴 협력의 원칙 중 '모든 회원국은 재정분담
금의 규모와 관계없이 동일한 혜택과 권리를 향
유한다'는 것은 평등성의 원칙과 관련이 있다.

② 국제형사경찰위원회(ICPC)는 국제형사경찰기구
의 전신이라고 할 수 있다.

③ 국제수배서는 인터폴 사무총국에서 발행한다.

④ 적색수배서는 범죄인의 신원 및 소재확인을 위해
서 발행한다.

개정법령 관련

대처법을 소개합니다!

도서만이 전부가 아니다! 시험 관련 정보 확인법!
법령이 자주 바뀌는 과목의 경우, 도서 출간 이후에 아래와 같은 방법으로
변경 부분을 업데이트, 수정하고 있습니다.

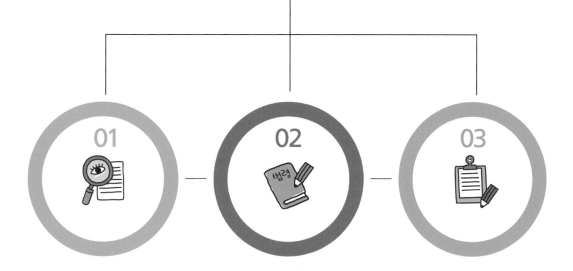

정오표

도서 출간 이후 오류 또는 법령개정으로 인한
수정사항 등을 체크하여 시대고시 홈페이지에
수시로 업로드합니다.

※ 시대고시기획 : 홈 – 학습자료실 – 정오표

최신 개정법령

도서 출간 이후 개정되는 법령은 매일 검색 후
신구조문대비표, 주요 개정내용을 정리하여
최신 개정법령 게시판에 업데이트합니다.

※ 시대고시기획 : 홈 – 학습자료실 – 최신 개정법령

기출문제

해당 시험 후 기출문제 및 정답을 제공합니다.

※ 시대고시기획 : 홈 – 학습자료실 – 기출문제
※ 시대고시기획 : 온라인강의 – 품목 클릭

공무원 합격의 공식 시대고시기획

BEST 도서

공무원 기출문제집 분야
[기출이 답이다] 9급공무원 공통과목 5개년 기출문제집

소방공무원 기출(복원)문제집 분야
[기출이 답이다] 소방공무원 국어 7개년 기출(복원)문제집

어학 분야
[지텔프 코리아 공식지정] 지텔프 특강

파셋(PSAT) 분야
민간경력자 9개년 기출문제집

경찰승진
최종모의고사 10회
400제

경찰실무종합

(주)시대고시기획에서 만든 도서는 책, 그 이상의 감동입니다.

경찰승진
최종모의고사 10회
400제

경찰실무종합

(주)시대고시기획은 항상 독자의 마음을 헤아려 여러분의 합격을 기원합니다.

경찰승진

최종모의고사 10회
400제

2021
최 / 신 / 판

경찰승진 시험 대비

SD 경찰승진시험연구소 편저

경찰실무종합
[해설편]

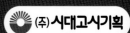 (주)시대고시기획

목차

2021 경찰승진 10회
최종모의고사 경찰실무종합(400제)

해설편

경찰승진 최종모의고사 경찰실무종합

제1회 ~ 제10회

제1회 경찰승진 최종모의고사

정답체크

01	02	03	04	05	06	07	08	09	10
③	①	④	②	②	③	①	③	④	④
11	12	13	14	15	16	17	18	19	20
③	④	②	②	③	③	②	①	①	③
21	22	23	24	25	26	27	28	29	30
④	①	④	②	④	③	③	②	③	③
31	32	33	34	35	36	37	38	39	40
④	③	①	③	③	②	④	②	③	①

문항별 체크리스트

문항	영역	○	×	문항	영역	○	×
01	총론>경찰과 경찰학			21	각론>생활안전론		
02	총론>경찰의 기본적 임무 및 수단			22	각론>범죄 수사		
03	총론>한국경찰의 근·현대사			23	각론>범죄수사		
04	총론>한국경찰의 근·현대사			24	각론>생활안전론		
05	총론>경찰과 그 법적 토대			25	각론>범죄 수사		
06	총론>경찰과 그 법적 토대			26	각론>교통경찰활동		
07	총론>경찰과 그 법적 토대			27	각론>교통경찰활동		
08	총론>경찰공무원과 법			28	각론>교통경찰활동		
09	총론>경찰공무원과 법			29	각론>경비경찰활동		
10	총론>경찰공무원과 법			30	각론>경비경찰활동		
11	총론>경찰공무원과 법			31	각론>경비경찰활동		
12	총론>경찰관 직무집행법			32	각론>정보경찰활동		
13	총론>경찰관 직무집행법			33	각론>정보경찰활동		
14	총론>경칠관 직무집행법			34	각론>정보경찰활동		
15	총론>경찰관 직무집행법			35	각론>보안경찰활동		
16	총론>경찰에 대한 통제			36	각론>보안경찰활동		
17	총론>경찰윤리			37	각론>보안경찰활동		
18	총론>경찰윤리			38	각론>외사경찰활동		
19	각론>생활안전론			39	각론>외사경찰활동		
20	각론>생활안전론			40	각론>외사경찰활동		
총론			/ 18	**각론**			/ 22

01

답 ③

영역 총론>경찰과 경찰학　　난도 상

정답해설

지문의 내용 중 옳은 것은 ㉡, ㉢, ㉤이다.

오답해설

지문의 내용 중 틀린 것은 ㉠, ㉣이다.

㉠ 고대에서의 경찰개념은 라틴어의 politia에서 유래한 것으로, 도시국가의 국가작용 가운데 '정치'를 포함한 일체의 영역을 의미하였다.

㉣ 경찰의 임무는 소극적인 위험방지에 한정된다고 하는 사상이 법해석상 확정되는 계기가 된 것은 크로이츠베르크 판결이다. 띠톱판결은 경찰권의 발동과 관련하여 재량권의 0(또는 1)으로의 수축이론과 관련된 판결이다.

02

답 ①

영역 총론>경찰의 기본적 임무 및 수단　　난도 하

정답해설

① 구체적 위험이 존재하는 경우는 물론이고, 추상적 위험만 존재하는 경우에도 경찰이 개입할 수 있다.

03

답 ④

영역 총론>한국경찰의 근·현대사　　난도 상

정답해설

지문의 내용 중 미군정기와 관련이 있는 것은 ㉠, ㉡, ㉤이다.

오답해설

㉢, ㉤은 내무부 치안국, ㉣은 내무부 치안본부 시절과 관련이 있다.

04

답 ②

영역 총론>한국경찰의 근·현대사　　난도 하

정답해설

지문의 내용은 안병하 치안감에 대한 설명이다.

The 알아보기

구분	내용
차일혁 경무관	• 호국경찰·인권경찰(인본)경찰·문화경찰의 표상 • 남부군 사령관 이현상 사살 • '충주직업소년학원'을 설립하여 불우아동들에게 배움의 기회를 제공 • 드라마 주인공의 실제 모델
최규식 경무관·정종수 경사	• 호국경찰의 표상 • 1968. 1. 21 무장공비 침투사건 당시 청와대 사수
안병하 치안감	민주경찰·인권경찰의 표상 육군사관학교 출신으로 1962년 입직 1980. 5. 18 광주 민주화운동 당시 '분산되는 자는 너무 추적하지 말 것, 부상자가 발생하지 않도록 할 것, 연행과정에서 학생의 피해가 없도록 유의할 것' 등을 지시하여 비례의 원칙에 입각한 경찰권 발동 및 시위대 인권보호 강조
이준규 총경	민주경찰·인권경찰의 표상 • 1948년 경찰 입직 • 1980. 5. 18 당시 목포경찰서장으로 재임 중 안병하 국장의 방침에 따라 경찰 총기 대부분을 군부대 등으로 사전에 이동시키고, 자체방호를 위해 가지고 있던 소량의 총기도 격발이 불가능하도록 방아쇠 뭉치를 모두 제거하여 경찰관들과 함께 고하도로 이동시켜 시민들과의 유혈충돌을 원천봉쇄하여 사건 당시 사상자가 거의 발생하지 않도록 함 • 신군부에 의해 구속되어 직위해제 이후 파면됨

05

답 ②

영역 총론>경찰과 그 법적 토대　　난도 하

정답해설

② 법규명령은 국민과 행정청을 동시에 구속하는 양면적 구속력을 가지므로, 재판규범이 된다.

06

답 ③

영역 총론>경찰과 그 법적 토대　　난도 중

정답해설

지문의 내용 중 틀린 것은 ㉠, ㉤이다.

㉠ 행정안전부장관은 위원 임명을 제청할 때 국가경찰의 정치적 중립이 보장되도록 하여야 한다(경찰법 제6조 제1항).

㉤ 위원장은 비상임위원중에서 호선한다(경찰위원회규정 제2조 제2항).

안심Touch

오답해설
지문의 내용 중 옳은 것은 ㉡, ㉢, ㉣이다.

07

영역 총론>경찰과 그 법적 토대　　　난도 중

정답해설

① 행정기관의 장은 행정권한을 위임 및 위탁할 때에는 위임 및 위탁하기 전에 수임기관의 수임능력 여부를 점검하고, 필요한 인력 및 예산을 이관하여야 한다(행정권한의 위임 및 위탁에 관한 규정 제3조 제2항).

오답해설

② 행정권한의 위임 및 위탁에 관한 규정 제8조 제1항

③ 행정권한의 위임 및 위탁에 관한 규정 제7조

④ 행정권한의 위임 및 위탁에 관한 규정 제8조 제2항

08

답 ③

영역 총론>경찰공무원과 법　　　난도 중

정답해설

지문의 내용 중 옳은 것은 ㉢이다.

오답해설

㉠ 총경 이상 경찰공무원은 경찰청장 또는 해양경찰청장의 추천을 받아 행정안전부장관 또는 해양수산부장관의 제청으로 국무총리를 거쳐 대통령이 임용한다.

㉡ 총경의 전보, 휴직, 직위해제, 강등, 정직 및 복직은 경찰청장 또는 해양경찰청장이 한다.

㉣ 경정으로의 신규채용, 승진임용 및 면직은 경찰청장 또는 해양경찰청장의 제청으로 국무총리를 거쳐 대통령이 한다.

09

답 ④

영역 총론>경찰공무원과 법　　　난도 하

정답해설

④ 사안의 경우 봉급의 80퍼센트를 지급한다(공무원보수규정 제29조 제1호).

오답해설

① 국가공무원법 제73조의3 제1항 제2호

② 국가공무원법 제73조의3 제2항

③ 국가공무원법 제73조의3 제3항, 제4항

10

답 ④

영역 총론>경찰공무원과 법　　　난도 중

정답해설

지문의 내용 중 틀린 것은 ㉢, ㉣, ㉤이다.

㉢ 공무원이 외국 정부로부터 영예나 증여를 받을 경우에는 대통령의 허가를 받아야 한다(국가공무원법 제62조).

㉣ 공무원은 공무 외에 영리를 목적으로 하는 업무에 종사하지 못하며 소속 기관장의 허가 없이 다른 직무를 겸할 수 없다(국가공무원법 제64조 제1항).

㉤ 공무원은 노동운동이나 그 밖에 공무 외의 일을 위한 집단 행위를 하여서는 아니 된다. 다만, 사실상 노무에 종사하는 공무원은 예외로 한다(국가공무원법 제66조 제1항).

오답해설

지문의 내용 중 옳은 것은 ㉠, ㉡이다.

㉠ 국가공무원법 제56조, 제57조

㉡ 국가공무원법 제61조 제1항

11

답 ③

영역 총론>경찰공무원과 법　　　난도 중

정답해설

지문의 내용 중 옳은 것은 ㉠, ㉤이다.

㉠ 경찰공무원징계령 제5조 제2항

㉤ 경찰공무원징계령 제16조

오답해설

지문의 내용 중 틀린 것은 ㉡, ㉢, ㉣이다.

㉡ 징계 등 의결을 요구한 자는 경징계의 징계 등 의결을 통지받았을 때에는 통지받은 날부터 15일 이내에 징계 등을 집행하여야 한다(경찰공무원징계령 제18조 제1항).

㉢ 정직처분의 집행이 끝난 날부터 18개월[「국가공무원법」 제78조의2 제1항 각 호의 어느 하나에 해당하는 사유로 인한 징계처분과 소극행정, 음주운전(음주측정에 응하지 않은 경우를 포함한다), 성폭력, 성희롱 및 성매매에 따른 징계처분의 경우에는 각각 6개월을 더한 기간]이 지나지 않은 사람은 승진임용될 수 없다(경찰공무원승진임용규정 제6조 제1항 제2호 가목).

㉣ 징계위원회가 징계 등 심의 대상자의 출석을 요구할 때에는 별지 제2호서식의 출석 통지서로 하되, 징계위원회 개최일 5일 전까지 그 징계 등 심의 대상자에게 도달되도록 해야 한다(경찰공무원징계령 제12조 제1항).

12

답 ④

영역 총론>경찰관 직무집행법	난도 하

정답해설

④ 분사기 등의 사용요건에 해당한다(경찰관직무집행법 제10조의3 제2호).

오답해설

①, ②, ③ 경찰장구의 사용요건에 해당한다(경찰관직무집행법 제10조의2 제1항).

13

답 ②

영역 총론>경찰관 직무집행법	난도 중

정답해설

지문의 내용 중 옳은 것은 ㉠, ㉢, ㉣이다.

㉠ 위해성 경찰장비의 사용기준 등에 관한 규정 제6조

㉢ 위해성 경찰장비의 사용기준 등에 관한 규정 제8조 제2항

㉣ 위해성 경찰장비의 사용기준 등에 관한 규정 제12조 제1항

오답해설

지문의 내용 중 틀린 것은 ㉡, ㉤이다.

㉡ 경찰관은 14세 미만의 자 또는 임산부에 대하여 전자충격기 또는 전자방패를 사용하여서는 아니된다(위해성 경찰장비의 사용기준 등에 관한 규정 제8조 제1항).

㉤ 경찰관은 최루탄발사기로 최루탄을 발사하는 경우 30도 이상의 발사각을 유지하여야 하고, 가스차·살수차 또는 특수진압차의 최루탄발사대로 최루탄을 발사하는 경우에는 15도 이상의 발사각을 유지하여야 한다(위해성 경찰장비의 사용기준 등에 관한 규정 제12조 제2항).

14

답 ②

영역 총론>경찰관 직무집행법	난도 중

정답해설

② 법 제11조의 3 제2항에 따라 경찰청에 두는 보상금심사위원회의 위원장은 경찰청 소속 과장급 이상의 경찰공무원 중에서 경찰청장이 임명하는 사람으로 한다(경찰관직무집행법 시행령 제19조 제1항).

오답해설

① 범인검거 등 공로자 보상에 관한 규정 제6조 제1항 제1호

③ 경찰관직무집행법시행령 제19조 제4항

④ 범인검거 등 공로자 보상에 관한 규정 제6조 제5항

15

답 ③

영역 총론>경찰관 직무집행법	난도 중

정답해설

③ 보안업무규정 제3조의3 제1항

오답해설

① Ⅰ급비밀은 그 생산자의 허가를 받은 경우, Ⅱ급비밀 및 Ⅲ급비밀 : 그 생산자가 특정한 제한을 하지 아니한 것으로서 해당 등급의 비밀취급 인가를 받은 사람이 공용(共用)으로 사용하는 경우 원형을 재현할 수 있다(보안업무규정 제23조 제1항).

② Ⅰ급비밀은 반드시 금고에 보관하여야 하며, 다른 비밀과 혼합하여 보관하여서는 아니 된다. Ⅱ급비밀 및 Ⅲ급비밀은 금고 또는 이중 철제캐비닛 등 잠금장치가 있는 안전한 용기에 보관하여야 하며, 보관책임자가 Ⅱ급비밀 취급 인가를 받은 때에는 Ⅱ급비밀과 Ⅲ급비밀을 같은 용기에 혼합하여 보관할 수 있다(보안업무규정 시행규칙 제33조).

④ 비밀을 생산하거나 관리하는 사람은 비밀의 작성을 완료하거나 비밀을 접수하는 즉시 그 비밀을 분류하거나 재분류할 책임이 있다(보안업무규정 제11조 제3항).

16

답 ③

영역 총론>경찰에 대한 통제	난도 상

정답해설

지문의 내용 중 틀린 것은 ㉡, ㉢이다.

㉡ 위원회는 위원장과 부위원장 각 1명을 포함한 9명의 위원으로 구성한다(공공기관의 정보공개에 관한 법률 제23조 제1항).

㉢ 위원회의 위원은 다음 각 호의 사람이 된다. 이 경우 위원장을 포함한 5명은 공무원이 아닌 사람으로 위촉하여야 한다(공공기관의 정보공개에 관한 법률 제23조 제2항).

오답해설

지문의 내용 중 옳은 것은 ㉠, ㉣, ㉤이다.

㉠ 공공기관의 정보공개에 관한 법률 제22조

㉣ 공공기관의 정보공개에 관한 법률 제23조 제3항

㉤ 공공기관의 정보공개에 관한 법률 제24조 제2항

17

답 ②

정답해설

지문의 내용 중 옳은 것은 ㉠, ㉡, ㉣이다.

오답해설

지문의 내용 중 틀린 것은 ㉢, ㉤이다.

㉢ 지문의 내용은 썩은 사과 가설에 대한 설명이다. 구조원인 가설은 신임 경찰공무원이 선배 경찰공무원으로부터 부패를 학습한다고 본다.

㉤ 지문은 침묵의 규범에 대한 설명이다. 모럴해저드(moral hazard)는 경찰공무원의 윤리적 가치관이 제대로 형성되지 않아 동료 경찰관의 부패를 잘못된 행위라고 인식조차 하지 못하는 것을 말한다.

18

답 ①

정답해설

① 공무원은 최근 2년 이내에 인·허가, 계약의 체결, 정책·사업의 결정 또는 집행 등 직무수행으로 직접적인 이익을 주었던 자 중 지속적인 친분 관계가 형성되어 공정한 직무수행이 어렵다고 판단되는 자가 직무관련자인 경우에는 소속 기관의 장에게 해당 사실을 별지 제3호 서식에 따라 서면(전자문서를 포함한다. 이하 같다)으로 신고하여야 한다. 다만, 공무원이 상담, 절차 및 규정 안내, 각종 증명서 발급, 기타 이에 준하는 단순 민원업무를 수행하는 경우에는 그러하지 아니하다(경찰청 공무원 행동강령 제5조 제1항 제10호).

오답해설

② 경찰청 공무원 행동강령 제6조

③ 경찰청 공무원 행동강령 제15조 제2항

④ 경찰청 공무원 행동강령 제14조 제1항

19

답 ①

정답해설

① 사안의 경우 지방경찰청장에게 신고하여야 할 사항이다(경비업법 제4조 제3항 제1호).

오답해설

② 경비업법 제2조 제1호 마목

③ 경비업법 제4조 제1항

④ 경비업법 제3조

The 알아보기

경비업법상 지방경찰청장에 대한 신고사항(경비업법 제4조 제3항)

1. 영업을 폐업하거나 휴업한 때
2. 법인의 명칭이나 대표자·임원을 변경한 때
3. 법인의 주사무소나 출장소를 신설·이전 또는 폐지한 때
4. 기계경비업무의 수행을 위한 관제시설을 신설·이전 또는 폐지한 때
5. 특수경비업무를 개시하거나 종료한 때
6. 그 밖에 대통령령이 정하는 중요사항을 변경한 때

20

답 ③

정답해설

③ 게임산업진흥에 관한 법률」에 따른 일반게임제공업 및 복합유통게임제공업 중 대통령령으로 정하는 것은 청소년 출입·고용금지업소, 인터넷컴퓨터게임시설제공업은 청소년 고용금지업소에 해당한다(청소년보호법 제2조 제5호).

오답해설

① 청소년보호법 제2조 제1호

② 청소년보호법 제2조 제5호

④ 청소년보호법 제30조 제2호

21

답 ④

정답해설

④ 지문은 "아동등"에 대한 설명이다. "실종아동등"이란 법 제2조 제2호에 따른 사유로 인하여 보호자로부터 이탈된 아동등을 말한다(실종아동등 및 가출인 업무처리 규칙 제2조 제1호, 제2호).

오답해설

① 실종아동등 및 가출인 업무처리 규칙 제2조 제6호

② 실종아동등 및 가출인 업무처리 규칙 제2조 제8호

③ 실종아동등 및 가출인 업무처리 규칙 제2조 제5호

22

답 ①

영역 각론>범죄 수사　　　　　　　　난도 **하**

정답해설

① 지문의 내용은 결합성에 대한 설명이다. 혼합성이란 범죄 첩보는 단순한 사실의 나열이 아니고 그 속에 범죄의 원인과 결과를 내포하고 있다는 것을 의미한다.

The 알아보기

범죄첩보의 특징

구분	내용
시한성	범죄첩보의 가치는 시간이 경과함에 따라 감소함
결과 지향성	범죄첩보에 기초한 수사 후 현출되는 결과가 있어야 함
가치 변화성	범죄첩보의 가치는 수사기관의 필요성에 따라 달라짐
결합성	범죄첩보는 여러 첩보가 서로 결합되어 이루어짐
혼합성	범죄첩보는 그 속에 원인과 결과를 내포하고 있음

23

답 ④

영역 총론>형법의 기초이론　　　　　　난도 **하**

정답해설

④ 문자를 삭제할 때에는 삭제할 문자에 두 줄의 선을 긋고 날인하며 그 왼쪽 여백에 "몇자 삭제"라고 기재하되 삭제한 부분을 해독할 수 있도록 자체를 존치하여야 한다(범죄수사규칙 제26조 제1항 제1호).

오답해설

① 범죄수사규칙 제23조 제1항
② 범죄수사규칙 제23조 제3항
③ 범죄수사규칙 제23조 제4항

24

답 ②

영역 각론>생활안전론　　　　　　　　난도 **중**

정답해설

지문의 내용 중 옳은 것은 ㉠, ㉡, ㉣이다.
㉠ 아동학대범죄의 처벌 등에 관한 특례법 제12조 제1항
㉡ 아동학대범죄의 처벌 등에 관한 특례법 제12조 제1항 제1호
㉣ 아동학대범죄의 처벌 등에 관한 특례법 제12조 제1항 제4호

오답해설

지문의 내용 중 틀린 것은 ㉢, ㉤이다.
㉢ 응급조치는 72시간을 넘을 수 없다(아동학대범죄의 처벌 등에 관한 특례법 제12조 제3항).
㉤ 사안의 경우 피해아동 등의 이익을 최우선으로 고려하여야 하며, 피해아동등을 보호하여야 할 필요가 있는 등 특별한 사정이 있는 경우를 제외하고는 피해아동등의 의사를 존중하여야 한다.

25

답 ④

영역 각론>범죄 수사　　　　　　　　난도 **중**

정답해설

④ 익명 또는 존재하지 않는 사람 명의의 신고·제보, 진정·탄원 및 투서로 그 내용상 수사단서로서의 가치가 없다고 인정될 때에는 내사하지 아니할 수 있다(경찰 내사 처리규칙 제5조).

오답해설

① 경찰 내사 처리규칙 제11조의2 제1항 제2호
② 경찰 내사 처리규칙 제11조의2 제2항 제1호
③ 경찰 내사 처리규칙 제11조의2 제1항 제1호

26

답 ③

영역 각론>교통경찰활동　　　　　　　난도 **중**

정답해설

③ 도로교통법 시행령 제59조 제3호

오답해설

① 운전면허증을 받은 사람이 운전면허증 반납사유에 해당하면 그 사유가 발생한 날부터 7일 이내(제4호 및 제5호의 경우 새로운 운전면허증을 받기 위하여 운전면허증을 제출한 때)에 주소지를 관할하는 지방경찰청장에게 운전면허증을 반납하여야 한다(도로교통법 제95조 제1항).
② 지문의 내용은 운전면허 결격기간이 3년이다(도로교통법 제82조 제2항 제5호).
④ 연습운전면허를 받은 사람이 도로에서 주행연습을 하는 때에는 운전면허(연습하고자 하는 자동차를 운전할 수 있는 운전면허에 한한다)를 받은 날부터 2년이 경과된 사람(소지하고 있는 운전면허의 효력이 정지기간 중인 사람을 제외한다)과 함께 승차하여 그 사람의 지도를 받아야 한다(도로교통법 시행규칙 제55조 제1호).

안심Touch

27

영역 각론>교통경찰활동　　　　난도 **중**

답 ③

정답해설
빈칸에 들어갈 숫자는 ⑦-2, ⓒ-5, ⓒ-1, ⓔ-2, ⑩-1, ⑪-2, ⑭-5, ⓞ-2이다.

The 알아보기
음주운전 및 측정불응의 형사처벌
도로교통법 제148조의2(벌칙) ① 제44조 제1항 또는 제2항을 2회 이상 위반한 사람(자동차등 또는 노면전차를 운전한 사람으로 한정한다. 다만, 개인형 이동장치를 운전하는 경우는 제외한다. 이하 이 조에서 같다)은 2년 이상 5년 이하의 징역이나 1천만 원 이상 2천만 원 이하의 벌금에 처한다.
② 술에 취한 상태에 있다고 인정할 만한 상당한 이유가 있는 사람으로서 제44조 제2항에 따른 경찰공무원의 측정에 응하지 아니하는 사람(자동차등 또는 노면전차를 운전하는 사람으로 한정한다)은 1년 이상 5년 이하의 징역이나 500만 원 이상 2천만 원 이하의 벌금에 처한다.
③ 제44조 제1항을 위반하여 술에 취한 상태에서 자동차등 또는 노면전차를 운전한 사람은 다음 각 호의 구분에 따라 처벌한다.
1. 혈중알코올농도가 0.2퍼센트 이상인 사람은 2년 이상 5년 이하의 징역이나 1천만 원 이상 2천만 원 이하의 벌금
2. 혈중알코올농도가 0.08퍼센트 이상 0.2퍼센트 미만인 사람은 1년 이상 2년 이하의 징역이나 500만 원 이상 1천만 원 이하의 벌금
3. 혈중알코올농도가 0.03퍼센트 이상 0.08퍼센트 미만인 사람은 1년 이하의 징역이나 500만 원 이하의 벌금
④ 제45조를 위반하여 약물로 인하여 정상적으로 운전하지 못할 우려가 있는 상태에서 자동차등 또는 노면전차를 운전한 사람은 3년 이하의 징역이나 1천만 원 이하의 벌금에 처한다.

28

영역 각론>교통경찰활동　　　　난도 **상**

답 ②

정답해설
무면허운전에 해당하는 것은 ⑦, ⓒ이다.
⑦ 덤프트럭은 제1종 대형면허로 운전할 수 있다.
ⓒ 제1종 보통면허로 적재중량 12톤 미만의 화물자동차를 운전할 수 있다.

오답해설
지문의 내용 중 무면허운전에 해당하지 않는 것은 ⓛ, ⓔ, ⑩이다.

29

영역 각론>경비경찰활동　　　　난도 **하**

답 ③

정답해설
③ 지문의 내용은 차단배제에 대한 설명이다. 봉쇄방어란 군중들이 중요시설이나 기관 등 보호대상물의 점거를 기도할 경우, 사전에 진압부대가 점령하거나 바리게이트 등으로 봉쇄하여 방어조치를 취하는 방법이다.

30

영역 각론>경비경찰활동　　　　난도 **중**

답 ③

정답해설
③ 국민보호와 공공안전을 위한 테러방지법 제17조 제4항

오답해설
① 지문은 "테러위험인물"에 대한 설명이다. "외국인테러전투원"이란 테러를 실행·계획·준비하거나 테러에 참가할 목적으로 국적국이 아닌 국가의 테러단체에 가입하거나 가입하기 위하여 이동 또는 이동을 시도하는 내국인·외국인을 말한다(국민보호와 공공안전을 위한 테러방지법 제2조 제3호 및 제4호).
② "테러단체"란 국제연합(UN)이 지정한 테러단체를 말한다(국민보호와 공공안전을 위한 테러방지법 제2조 제2호).
④ 일시 출국금지 기간은 90일로 한다. 다만, 출국금지를 계속할 필요가 있다고 판단할 상당한 이유가 있는 경우에 관계기관의 장은 그 사유를 명시하여 연장을 요청할 수 있다(국민보호와 공공안전을 위한 테러방지법 제13조 제2항).

31

영역 각론>경비경찰활동　　　　난도 **하**

답 ④

정답해설
④ 경비구역은 제2선이다. 경호행사시 MD(문형금속탐지기)는 안전구역(제1선)에 3시간 전에 배치를 완료한다.

32

영역 각론>정보경찰활동   답 ③   난도 하

정답해설

③ 적시성(timeliness)은 정보가 적절한 시기에 존재하느냐에 대한 문제이다. 이는 사용자가 정보를 사용하는 시점을 기준으로 평가한다.

33

영역 각론>정보경찰활동   답 ①   난도 중

정답해설

① 집회 및 시위에 관한 법률 제11조 제1호

오답해설

② 옥외집회나 시위를 주최하려는 자는 그에 관한 다음 각호의 사항 모두를 적은 신고서를 옥외집회나 시위를 시작하기 720시간 전부터 48시간 전에 관할 경찰서장에게 제출하여야 한다. 다만, 옥외집회 또는 시위 장소가 두 곳 이상의 경찰서의 관할에 속하는 경우에는 관할 지방경찰청장에게 제출하여야 하고, 두 곳 이상의 지방경찰청 관할에 속하는 경우에는 주최지를 관할하는 지방경찰청장에게 제출하여야 한다(집회 및 시위에 관한 법률 제6조 제1항).

③ 집회 또는 시위의 주최자는 제8조에 따른 금지 통고를 받은 날부터 10일 이내에 해당 경찰관서의 바로 위의 상급경찰관서의 장에게 이의를 신청할 수 있다(집회 및 시위에 관한 법률 제9조 제1항).

④ 이의 신청을 받은 경찰관서의 장은 접수 일시를 적은 접수증을 이의 신청인에게 즉시 내주고 접수한 때부터 24시간 이내에 재결(裁決)을 하여야 한다. 이 경우 접수한 때부터 24시간 이내에 재결서를 발송하지 아니하면 관할경찰관서장의 금지 통고는 소급하여 그 효력을 잃는다(집회 및 시위에 관한 법률 제9조 제2항).

34

영역 각론>정보경찰활동   답 ③   난도 하

정답해설

③ 관할 경찰서장 또는 지방경찰청장(이하 "관할경찰관서장"이라 한다)은 신고서를 접수하면 신고자에게 접수 일시를 적은 접수증을 즉시 내주어야 한다(집회 및 시위에 관한 법률 제9조 제2항).

오답해설

① 집회 및 시위에 관한 법률 제6조 제3항

② 집회 및 시위에 관한 법률 제2조 제5호

④ 집회 및 시위에 관한 법률 제26조

35

영역 각론>보안경찰활동   답 ③   난도 하

정답해설

③ 허위정보의 유포, 유언비어의 유포, 양동간계시위는 기만적 수단에 해당한다. 소극적 수단에는 인원보안의 확립, 보안업무의 규정, 정보 및 자재보안의 확립, 시설보안의 확립, 입법사항의 건의 등이 있다.

36

영역 각론>보안경찰활동   답 ②   난도 중

정답해설

② 국가보안법 제5조 제1항

오답해설

① 사안은 필요적 감면사유에 해당한다(국가보안법 제16조).

③ 공소보류를 받은 자가 공소의 제기 없이 2년을 경과한 때에는 소추할 수 없다(국가보안법 제20조 제2항).

④ 지방법원판사는 제3조 내지 제10조의 죄로서 사법경찰관이 검사에게 신청하여 검사의 청구가 있는 경우에 수사를 계속함에 상당한 이유가 있다고 인정한 때에는 형사소송법 제202조의 구속기간의 연장을 1차에 한하여 허가할 수 있다(국가보안법 제19조 제1항).

37

영역 각론>보안경찰활동   답 ④   난도 상

정답해설

지문의 내용 중 옳은 것은 ㉠, ㉢, ㉤이다.

㉠ 보안관찰법 제3조

㉢ 보안관찰법 제5조 제1항

㉤ 보안관찰법 제5조 제2항

38 답 ②

영역 각론>외사경찰활동　　　　난도 하

정답해설

② 인터폴 협력의 원칙은 특별법의 집행이 아닌 '일반법의
집행'이다. 인터폴 헌장의 활동범위는 일반 형사범과 관
련된 범죄의 예방과 법집행에 국한된다. 또한 모든 회원
국 간의 합의는 이 원칙의 토대 위에서 이루어질 수 있다
는 것이 '일반법의 집행'이다.

39 답 ③

영역 각론>외사경찰활동　　　　난도 하

정답해설

③ 추방은 주권의 행사로 인정되지만, 정당한 이유 없이 추
방하는 것은 권리남용이며 비우호적 행위로 간주된다.

40 답 ①

영역 각론>외사경찰활동　　　　난도 하

정답해설

① 범죄인인도법 제6조는 범죄인인도와 관련된 원칙 중 쌍
방가벌성의 원칙과 최소중요성의 원칙의 근거규정이다.

오답해설

② 범죄인인도법 제10조

③ 범죄인인도법 제9조 제1호

④ 범죄인인도법 제4조

제2회 경찰승진 최종모의고사

정답체크

01	02	03	04	05	06	07	08	09	10
④	①	②	①	①	④	②	③	②	①
11	12	13	14	15	16	17	18	19	20
④	②	②	②	②	②	②	③	②	④
21	22	23	24	25	26	27	28	29	30
②	①	④	④	③	④	①	①	②	①
31	32	33	34	35	36	37	38	39	40
④	①	②	②	③	④	④	④	④	②

문항별 체크리스트

문항	영역	○	×	문항	영역	○	×
01	총론>경찰과 경찰학			21	각론>생활안전론		
02	총론>한국경찰의 근·현대사			22	각론>생활안전론		
03	총론>정보경찰활동			23	각론>생활안전론		
04	총론>경찰과 그 법적 토대			24	각론>범죄 수사		
05	총론>경찰과 그 법적 토대			25	각론>범죄 수사		
06	총론>경찰공무원과 법			26	각론>범죄 수사		
07	총론>경찰공무원과 법			27	각론>경비경찰활동		
08	총론>경찰공무원과 법			28	각론>경비경찰활동		
09	총론>경찰공무원과 법			29	각론>경비경찰활동		
10	총론>경찰공무원과 법			30	각론>경비경찰활동		
11	총론>경찰작용법 일반론			31	각론>교통경찰활동		
12	총론>경찰작용법 일반론			32	각론>교통경찰활동		
13	총론>경찰관 직무집행법			33	각론>정보경찰활동		
14	총론>경찰관 직무집행법			34	각론>정보경찰활동		
15	총론>경찰관리			35	각론>경비경찰활동		
16	총론>경찰관리			36	각론>보안경찰활동		
17	총론>경찰관리			37	각론>보안경찰활동		
18	총론>경찰에 대한 통제			38	각론>외사경찰활동		
19	총론>경찰에 대한 통제			39	각론>외사경찰활동		
20	총론>경찰윤리			40	각론>외사경찰활동		
총론			/ 20	각론			/ 20

01

영역 총론>경찰과 경찰학 난도 **중**

정답해설

지문의 내용 중 옳은 것은 ⓒ, ㉣이다.

오답해설

㉠ 형식적 의미의 경찰은 경찰 작용의 성질에 관계없이 조직을 기준으로 파악한 개념으로 경찰조직에 의해 이루어지는 모든 작용(권력적·비권력적 작용)이 형식적 의미의 경찰에 해당한다. 그리고 실질적 의미의 경찰은 조직에 관계없이 작용의 성질을 기준으로 권력적 작용(명령·강제)이 실질적 의미의 경찰에 포함된다. 그러므로 경찰조직이 일반 국민에게 명령·강제와 같은 권력적 작용을 하는 경우 두 작용이 일치하지만 그렇지 않은 경우 두 작용이 일치하지 않는다.

ⓒ 실질적 의미의 경찰개념은 학문상으로 정립된 개념이며, 독일의 행정법학에서 유래하였다.

02

영역 총론>한국경찰의 근·현대사 난도 **상**

정답해설

모두 옳은 지문이다.

03

영역 총론>정보경찰활동 난도 **하**

정답해설

경찰법 등에 대한 헌법소원[91헌마162, 1994. 6. 30.] "경찰법(警察法)"은 경찰의 기본조직 및 직무범위 등을 규정한 조직법(組織法)으로서 원칙으로 그 조직의 구성원이나 구성원이 되려는 자 등 외에 일반국민을 수범자(受範者)로 하지 아니하므로, 일반국민은 위 경찰법(警察法)의 공포(公布)로써 헌법에 규정된 자기의 기본권이 현재 직접적으로 침해되었다고 할 수 없다.

오답해설

① 경찰법 제1조
③ 경찰법 제4조
④ 경찰법 제2조 제2항

04

영역 총론>경찰과 그 법적 토대 난도 **중**

정답해설

① 경찰법 제16조 제1항

오답해설

② 위원장은 서울특별시·직할시 또는 도(이하 "시·도"라 한다)의 부시장 또는 부지사이다(치안행정협의회규정 제3조 제2항).
③ 협의회의 회의는 매분기 1회 개최하되, 특정사안에 관하여 지방행정과 치안행정과의 업무협조 등을 위하여 필요한 경우에는 수시로 개최할 수 있다(치안행정협의회규정 제5조 제1항).
④ 협의회는 위원장을 포함한 위원 9인으로 구성한다(치안행정협의회규정 제3조 제1항).

05

영역 총론>경찰과 그 법적 토대 난도 **중**

정답해설

① 경찰청과 그 소속기관 직제 제2조 제1항

오답해설

② 지방경찰청장은 경찰서장의 소관사무를 분장하기 위하여 행정안전부령이 정하는 바에 따라 경찰청장의 승인을 얻어 지구대 또는 파출소를 둘 수 있다(경찰청과 그 소속기관 직제 제44조 제1항).
③ 지구대·파출소 및 출장소의 명칭·위치 및 관할구역과 기타 필요한 사항은 지방경찰청장이 정한다(경찰청과 그 소속기관 직제 제44조 제3항).
④ 지방경찰청장은 임시로 필요한 때에는 출장소를 둘 수 있다(경찰청과 그 소속기관 직제 제44조 제2항).

06

영역 총론>경찰공무원과 법 난도 **하**

정답해설

④ 경위 이하의 경찰공무원으로서 모든 경찰공무원의 귀감이 되는 공을 세우고 전사하거나 순직한 사람에 대하여는 2계급 특별승진시킬 수 있다(경찰공무원법 제14조 제1항).

오답해설

① 경찰공무원 승진임용 규정 제5조 제1항
② 경찰공무원법 제11조 제2항
③ 경찰공무원법 제11조 제2항

07

답 ②

영역 총론>경찰공무원과 법   난도 하

정답해설

② 임용권자는 공무원이 휴직 기간이 끝나거나 휴직 사유가 소멸된 후에도 직무에 복귀하지 아니하거나 직무를 감당할 수 없을 때 직권으로 <u>면직시킬 수 있다</u>(국가공무원법 제70조 제1항 제4호).

오답해설

① 국가공무원법 제73조 제2항

③ 국가공무원법 제71조 제2항 제2호, 국가공무원법 제72조 제5호

④ 국가공무원법 제73조 제1항

08

답 ③

영역 총론>경찰공무원과 법   난도 상

정답해설

지문의 내용 중 틀린 것은 ②, ⑩이다.

② 지문의 내용은 국가공무원법이 아닌 <u>공직자윤리법</u> 제15조 제1항에 규정되어 있다.

⑩ 노동조합에 가입된 자가 조합 업무에 전임하려면 <u>소속 장관의 허가를</u> 받아야 한다(국가공무원법 제66조 제3항).

오답해설

㉠ 국가공무원법 제55조

㉡ 경찰공무원법 제10조

㉢ 경찰공무원법 제31조 제4항

09

답 ②

영역 총론>경찰공무원과 법   난도 상

정답해설

지문의 내용 중 틀린 것은 ②이다.

② 징계 사유를 통지받은 경찰기관의 장은 타당한 이유가 없으면 통지를 받은 날부터 30일 이내에 제9조에 따라 관할 징계위원회에 징계등 의결을 요구하거나 그 상급 경찰기관의 장에게 징계등 의결의 요구를 <u>신청하여야 한다</u>(경찰공무원징계령 제10조 제2항).

오답해설

㉠ 국가공무원법 제80조 제7항

㉡ 경찰공무원징계령 제6조 제1항

㉢ 경찰공무원징계령 제7조 제1항

⑩ 경찰공무원징계령 제12조 제1항

10

답 ①

영역 총론>경찰공무원과 법   난도 중

정답해설

㉠ 국가공무원법 제10조 제4항

㉢ 국가공무원법 제14조 제7항

② 국가공무원법 제11조

오답해설

지문의 내용 중 틀린 것은 ㉡, ⑩이다.

㉡ 국회사무처, 법원행정처, 헌법재판소사무처 및 중앙선거관리위원회사무처에 설치된 소청심사위원회는 위원장 1명을 포함한 위원 5명 이상 7명 이하의 비상임위원으로 구성하고, 인사혁신처에 설치된 소청심사위원회는 위원장 1명을 포함한 5명 이상 7명 이하의 상임위원과 상임위원 수의 2분의 1 이상인 비상임위원으로 구성하되, 위원장은 정무직으로 보한다(국가공무원법 제9조 제3항).

⑩ 소청심사위원회의 상임위원의 임기는 3년으로 하며, <u>한 번만 연임할 수 있다</u>(국가공무원법 제10조 제2항).

11

답 ④

영역 총론>경찰작용법 일반론   난도 하

정답해설

④ 경찰책임의 원칙과 관련하여 경찰비책임자의 중대법익(생명·건강 등)을 침해할 수 없다.

12

답 ②

영역 총론>경찰작용법 일반론   난도 하

정답해설

② 집행벌은 금전의 급부의무의 불이행에 대하여 취해지는 경찰상 강제집행 수단에 해당한다.

13

답 ②

영역 총론>경찰관 직무집행법   난도 하

정답해설

② 미아, 병자, 부상자 등으로서 적당한 보호자가 없으며 응급구호가 필요하다고 인정되는 사람에 대해서 보호조치 등을 할 수 있다. 다만, 본인이 구호를 거절하는 경우는 제외한다(경찰관직무집행법 제4조 제1항 제3호).

오답해설
① 경찰관직무집행법 제4조 제1항 제1호
③ 경찰관직무집행법 제4조 제4항
④ 경찰관직무집행법 제4조 제5항

14

답 ②

정답해설

지문의 내용 중 옳은 것은 ㉠, ㉡, ㉢이다.
㉠ 경찰관직무집행법 제5조 제2항
㉡ 경찰관직무집행법 제8조 제1항
㉢ 경찰관직무집행법 제2조 제2의2호

오답해설

지문의 내용 중 틀린 것은 ㉢, ㉣이다.
㉢ 경찰관은 다음 각 호의 직무를 수행하기 위하여 필요하면 관계인에게 출석하여야 하는 사유·일시 및 장소를 명확히 적은 출석 요구서를 보내 경찰관서에 출석할 것을 요구할 수 있다(경찰관직무집행법 제8조 제2항).
㉣ 지방경찰청에는 유치장을 설치할 수 없다. 법률에서 정한 절차에 따라 체포·구속된 사람 또는 신체의 자유를 제한하는 판결이나 처분을 받은 사람을 수용하기 위하여 경찰서와 해양경찰서에 유치장을 둔다(경찰관직무집행법 제9조).

The 알아보기

경찰관직무집행법상 출석요구사유
1. 미아를 인수할 보호자 확인
2. 유실물을 인수할 권리자 확인
3. 사고로 인한 사상자(死傷者) 확인
4. 행정처분을 위한 교통사고 조사에 필요한 사실 확인

15

답 ②

정답해설

② 사회적 욕구의 충족을 위해서는 인간관계의 개선·고충처리상담 등이 필요하다. 권한의 위임은 존경의 욕구와 관련된 내용이다.

The 알아보기

구분	내용	사례
자아실현 욕구	자기발전·자기완성의 욕구 및 성취감 충족	공정하고 합리적인 승진, 공무원단체 인정, 직무충실·직무확대
주체욕구 (존경욕구)	타인의 인정·신망을 받으려는 욕구	제안제도, 포상제도, 권한의 위임, 참여확대, 교육훈련, 근무성적 평정
사회적 욕구 (애정욕구)	동료·상사·조직전체에 대한 친근감·귀속감을 충족	인간관계의 개선(비공식적 집단의 활용), 고충처리상담
안전욕구	위험·위협으로부터의 보호, 경제적 안정, 자기보호 욕구	신분보장, 연금제도
생리적 욕구	건강 등에 관한 욕구	보수제도, 휴양제도, 탄력근무시간제도

16

답 ②

정답해설

지문의 내용 중 옳은 것은 ㉠, ㉢, ㉣이다.
㉠ 준예산의 지출용도는 '헌법이나 법률에 의하여 설치된 기관 또는 시설의 유지·운영', '법률상 지출의무의 이행', '이미 예산으로 승인된 사업의 계속'으로 한정된다(대한민국헌법 제54조 제3항).
㉢ 국가재정법 제43조
㉣ 국가재정법 제35조

오답해설

지문의 내용 중 틀린 것은 ㉡, ㉤이다.
㉡ 특별회계는 국가에서 특정한 사업을 운영하고자 할 때, 특정한 자금을 보유하여 운용하고자 할 때, 특정한 세입으로 특정한 세출에 충당함으로써 일반회계와 구분하여 회계처리할 필요가 있을 때에 법률로써 설치하되, 별표 1에 규정된 법률에 의하지 아니하고는 이를 설치할 수 없다(국가재정법 제4조 제3항).
㉤ 예산배정요구서는 예산의 확정 이후에 제출한다. 각 중앙관서의 장은 제29조의 규정에 따른 예산안편성지침에 따라 그 소관에 속하는 다음 연도의 세입세출예산·계속비·명시이월비 및 국고채무부담행위 요구서(이하 "예산요구서"라 한다)를 작성하여 매년 5월 31일까지 기획재정부장관에게 제출하여야 한다(국가재정법 제31조 제1항).

17

답 ④

영역 총론>경찰관리   난도 **하**

정답해설

④ 대외비는 보안업무규정상 비밀에 해당하지 않는다.

오답해설

① 보안업무규정 제3조의3 제1항
② 보안업무규정 제23조 제1항 제1호
③ 보안업무규정 제12조 제2항

18

답 ③

영역 총론>경찰에 대한 통제   난도 **하**

정답해설

③ 청구인은 제18조에 따른 이의신청 절차를 거치지 아니하고 행정심판을 청구할 수 있다(공공기관의 정보공개에 관한 법률 제19조 제2항).

오답해설

① 공공기관의 정보공개에 관한 법률 제11조 제1항
② 공공기관의 정보공개에 관한 법률 제12조 제1항, 제2항
④ 공공기관의 정보공개에 관한 법률 제11조 제3항

19

답 ②

영역 총론>경찰에 대한 통제   난도 **중**

정답해설

지문의 내용 중 옳은 것은 ㉠, ㉡, ㉣이다.

㉠ 경찰감찰규칙 제40조 제2항
㉡ 경찰감찰규칙 제32조 제1항
㉣ 경찰감찰규칙 제14조

오답해설

지문의 내용 중 틀린 것은 ㉢, ㉤이다.

㉢ 감찰관은 감찰조사를 실시하기 전에 조사대상자에게 의무위반행위 사실의 요지를 알려야 한다(경찰감찰규칙 제29조 제1항).
㉤ 감찰관은 소속공무원의 의무위반사실에 대한 민원을 접수한 경우 접수일로부터 2개월 내에 신속히 처리하여야 한다. 다만, 부득이한 사유로 민원을 기한 내에 처리할 수 없을 때에는 소속 경찰기관의 감찰부서장에게 보고하여 그 처리 기간을 연장할 수 있다(경찰감찰규칙 제35조 제1항).

20

답 ④

영역 총론>경찰윤리   난도 **하**

정답해설

④ 미끄러지기 쉬운 경사로 이론은 셔먼이 주장한 이론이다. 이러한 셔먼의 견해를 비판한 학자가 펠드버그이다.

21

답 ②

영역 각론>생활안전론   난도 **중**

정답해설

② 지역경찰의 조직 및 운영에 관한 규칙 제2조 제1호, 제5조 제1항

오답해설

① 지문의 내용은 순찰팀장의 직무에 해당한다(지역경찰의 조직 및 운영에 관한 규칙 제8조 제2항 제1호).
③ 지문의 내용은 상황근무에 해당한다(지역경찰의 조직 및 운영에 관한 규칙 제24조 제1항 제1호).
④ 112 순찰근무 및 야간 순찰근무는 반드시 2인 이상 합동으로 지정하여야 한다(지역경찰의 조직 및 운영에 관한 규칙 제25조 제2항).

22

답 ①

정답해설

① 은 60만 원 이하의 벌금, 구류 또는 과료의 형에 처한다.

오답해설

②는 20만 원, ③ · ④는 10만 원 이하의 벌금, 구류 또는 과료의 형에 처한다.

The 알아보기

구분	내용
20만 원 이하의 벌금, 구류 또는 과료	1. (출판물의 부당게재 등) 올바르지 아니한 이익을 얻을 목적으로 다른 사람 또는 단체의 사업이나 사사로운 일에 관하여 신문, 잡지, 그 밖의 출판물에 어떤 사항을 싣거나 싣지 아니할 것을 약속하고 돈이나 물건을 받은 사람 2. (거짓 광고) 여러 사람에게 물품을 팔거나 나누어 주거나 일을 해주면서 다른 사람을 속이거나 잘못 알게 할 만한 사실을 들어 광고한 사람 3. (업무방해) 못된 장난 등으로 다른 사람, 단체 또는 공무수행 중인 자의 업무를 방해한 사람 4. (암표매매) 흥행장, 경기장, 역, 나루터, 정류장, 그 밖에 정하여진 요금을 받고 입장시키거나 승차 또는 승선시키는 곳에서 웃돈을 받고 입장권·승차권 또는 승선권을 다른 사람에게 되판 사람
60만 원 이하의 벌금, 구류 또는 과료	1. (관공서에서의 주취소란) 술에 취한 채로 관공서에서 몹시 거친 말과 행동으로 주정하거나 시끄럽게 한 사람 2. (거짓신고) 있지 아니한 범죄나 재해 사실을 공무원에게 거짓으로 신고한 사람

23

답 ④

정답해설

④ 사안은 '성매매알선 등 행위'에 해당한다(성매매알선 등 행위의 처벌에 관한 법률 제2조 제2호).

오답해설

"성매매"란 불특정인을 상대로 금품이나 그 밖의 재산상의 이익을 수수(收受)하거나 수수하기로 약속하고 성교행위 또는 구강, 항문 등 신체의 일부 또는 도구를 이용한 유사 성교행위를 하거나 그 상대방이 되는 것을 말한다(성매매알선 등 행위의 처벌에 관한 법률 제2조 제1호).

The 알아보기

성매매알선 등 행위의 유형(성매매알선 등 행위의 처벌에 관한 법률 제2조 제2호)

가. 성매매를 알선, 권유, 유인 또는 강요하는 행위

나. 성매매의 장소를 제공하는 행위

다. 성매매에 제공되는 사실을 알면서 자금, 토지 또는 건물을 제공하는 행위

24

답 ④

정답해설

※ 수사권 독립에 대한 찬반론

찬성론	반대론
1. 현재는 제도상 이중조사로 인한 국민의 편익을 저해할 우려가 있다. 2. 현실과 법규범의 괴리(법규범을 현실에 맞게 개정할 필요가 있음)를 해소할 필요가 있다. 3. 명령통일의 원리에 위배되고 이로 인한 수사행정의 효율성이 저해된다. 4. 권한과 책임의 불일치가 나타나고 있다. 5. 경찰업무가 가중되고 수사요원의 사기저하가 우려된다. 6. 검사에 대한 권력집중현상의 해소를 위해 수사권의 독립이 필요하다. 7. 공소권의 순수성을 보장하기 위해서는 수사권이 독립되어야 한다.	1. 공소권(소추권)을 가지고 있는 법률전문가인 검사가 수사의 주체가 되는 것이 수사원리에 부합한다. 2. 경찰수사의 합목적성만을 추구하는 나머지 적정절차와 인권존중이 침해될 수 있다. 3. 경찰의 법집행으로 인한 법집행의 왜곡을 막고, 국민의 인권보호에 충실할 수 있다. 4. 수사권을 가진 경찰에게 권력이 집중되면 폐해가 우려된다. 5. 행정경찰과 사법경찰과의 분리가 전제되었을 때 수사권의 독립이 가능하다.

25

답 ③

정답해설

③ 경찰관은 압수·수색·검증 현장에서 전자정보를 압수하는 경우에는 범죄 혐의사실과 관련된 전자정보에 한하여 문서로 출력하거나 휴대한 정보저장매체에 해당 전자정보만을 복제하는 방식(이하 "선별압수"라 한다)으로 하여야 한다. 이 경우 해시값 확인 등 디지털 증거의 동일성, 무결성을 담보할 수 있는 적절한 방법과 조치를 취하여야 한다(디지털 증거의 처리 등에 관한 규칙 제14조 제1항).

오답해설
① 디지털 증거의 처리 등에 관한 규칙 제2조 제1호
② 디지털 증거의 처리 등에 관한 규칙 제2조 제6호
④ 디지털 증거의 처리 등에 관한 규칙 제13조 제1항

The 알아보기

전자정보 압수·수색·검증 관련 절차
디지털 증거의 처리 등에 관한 규칙 제15조(복제본의 획득·반출) ① 경찰관은 다음 각 호의 사유로 인해 압수·수색·검증 현장에서 제14조 제1항 전단에 따라 선별압수하는 방법이 불가능하거나 압수의 목적을 달성하기에 현저히 곤란한 경우에는 복제본을 획득하여 외부로 반출한 후 전자정보의 압수·수색·검증을 진행할 수 있다.
1. 피압수자 등이 협조하지 않거나, 협조를 기대할 수 없는 경우
2. 혐의사실과 관련될 개연성이 있는 전자정보가 삭제·폐기된 정황이 발견되는 경우
3. 출력·복제에 의한 집행이 피압수자 등의 영업활동이나 사생활의 평온을 침해한다는 이유로 피압수자 등이 요청하는 경우
4. 그 밖에 위 각 호에 준하는 경우
디지털 증거의 처리 등에 관한 규칙 제16조(정보저장매체등 원본 반출) ① 경찰관은 압수·수색·검증현장에서 다음 각 호의 사유로 인해 제15조 제1항에 따라 복제본을 획득·반출하는 방법이 불가능하거나 압수의 목적을 달성하기에 현저히 곤란한 경우에는 정보저장매체등 원본을 외부로 반출한 후 전자정보의 압수·수색·검증을 진행할 수 있다.
1. 영장 집행현장에서 하드카피·이미징 등 복제본 획득이 물리적·기술적으로 불가능하거나 극히 곤란한 경우
2. 하드카피·이미징에 의한 집행이 피압수자 등의 영업활동이나 사생활의 평온을 침해한다는 이유로 피압수자 등이 요청하는 경우
3. 그 밖에 위 각 호에 준하는 경우

26
답 ④

영역 각론>범죄 수사	난도 중

정답해설
④ 경찰관은 검거한 지명수배자에 대하여 지명수배가 여러 건인 경우 1. 공소시효 만료 3개월 이내이거나 공범에 대한 수사 또는 재판이 진행 중인 수배관서, 2. 법정형이 중한 죄명으로 지명수배한 수배관서, 3. 검거관서와 동일한 지방검찰청 또는 지청의 관할구역에 있는 수배관서, 4. 검거관서와 거리 또는 교통상 가장 인접한 수배관서의 순위에 따라 검거된 지명수배자를 인계받아 조사하여야 한다(범죄수사규칙 제175조 제3항).

오답해설
① 범죄수사규칙 제175조 제1항
② 범죄수사규칙 제175조 제2항
③ 범죄수사규칙 제175조 제4항

27
답 ①

영역 각론>경비경찰활동	난도 상

정답해설
지문의 내용 중 틀린 것은 ⓒ이다.
ⓒ 경비경찰의 활동은 부대활동으로서 하향적인 명령에 의하여 움직이는 활동으로 책임의 소재가 분명하다는 특징이 있다.

오답해설
지문의 내용 중 옳은 것은 ㉠, ㉡, ㉣, ㉤이다.
㉠ 즉응적(즉시적) 활동에 대한 설명이다.
㉡ 사회전반적 안녕목적의 활동에 대한 설명이다.
㉣ 경찰관직무집행법 제1조 제2항
㉤ 복합기능적 활동에 대한 설명이다.

28
답 ①

영역 각론>경비경찰활동	난도 하

정답해설
① 지문의 내용은 행사안전경비 시 군중정리와 관련된 '이동의 일정화'의 내용이다. 이동의 일정화란 군중은 현재의 자기 위치와 갈 곳을 잘 몰라 불안감과 초조감을 갖게 되므로 일정방향으로 일정한 속도로 이동을 시켜 주위의 상황을 파악할 수 있는 여건을 조성시킴으로써 안정감을 갖도록 하는 것이다.

29
답 ②

영역 각론>경비경찰활동	난도 하

정답해설
② 지문의 내용은 제2선(울타리 내곽)에 대한 설명이다.

30

답 ①

| 영역 | 각론>경비경찰활동 | 난도 중 |

정답해설

① 경찰비상업무규칙 제2조 제5호

오답해설

② 지문의 내용은 정위치 근무에 대한 설명이다. "지휘선상 위치 근무"라 함은 비상연락체계를 유지하며 유사시 1시간 이내에 현장지휘 및 현장근무가 가능한 장소에 위치하는 것을 말한다(경찰 비상업무 규칙 제2조 제2호).

③ 을호 비상시에는 지휘관과 참모는 정위치 근무를 원칙으로 한다. 병호 비상 시에는 지휘관과 참모는 정위치 근무 또는 지휘선상 위치 근무를 원칙으로 한다(경찰 비상업무 규칙 제7조 제1항).

④ 지문의 내용은 '지휘선상 위치근무'에 대한 설명이다. "정착근무"라 함은 사무실 또는 상황과 관련된 현장에 위치하는 것을 말한다(경찰 비상업무 규칙 제2조 제2호, 제4호).

31

답 ④

| 영역 | 각론>교통경찰활동 | 난도 하 |

정답해설

④ 어린이는 13세 미만(도로교통법 제2조 제23호), 영유아는 6세 미만의 사람(도로교통법 제11조 제1항)을 말한다.

오답해설

① 도로교통법 제51조 제1항

② 도로교통법 제51조 제2항

③ 도로교통법 제51조 제3항

32

답 ①

| 영역 | 각론>교통경찰활동 | 난도 중 |

정답해설

① 도로교통법 제96조 제1항

오답해설

② 국제운전면허증을 외국에서 발급받은 사람은 「여객자동차 운수사업법」 또는 「화물자동차 운수사업법」에 따른 사업용 자동차를 운전할 수 없다(도로교통법 제96조 제2항).

③ 국제운전면허증은 국제협약에 가입된 국가 상호간에만 그 효력이 인정된다(도로교통법 제96조 제1항).

④ 국내운전면허를 받은 사람(원동기장치자전거면허 및 연습운전면허를 받은 사람은 제외한다)에 대해서만 국제운전면허를 발급할 수 있다(도로교통법 시행규칙 제98조 제1항).

33

답 ②

| 영역 | 각론>정보경찰활동 | 난도 하 |

정답해설

② 지문의 내용은 E.E.I.에 대한 내용이다. S.R.I.는 어떤 돌발사항에 대하여 필요한 한도 내에서 단편적, 지역적인 특수사건을 단기에 해결하기 위해 필요한 경우에 정보를 요구하는 방법이다.

34

답 ②

| 영역 | 각론>정보경찰활동 | 난도 중 |

정답해설

지문의 내용 중 옳은 것은 ㉠, ㉡, ㉣, ㉤이다.

㉠ 집회 및 시위에 관한 법률 제9조 제2항

㉡ 집회 및 시위에 관한 법률 제6조 제3항

㉣ 집회 및 시위에 관한 법률 제11조 제2호

㉤ 집회 및 시위에 관한 법률 제2조 제5호, 제13조

오답해설

㉢ 제8조 제4항에 해당하는 먼저 신고된 옥외집회 또는 시위의 주최자가 정당한 사유 없이 제6조 제3항을 위반한 경우에는 100만 원 이하의 과태료를 부과한다(집회 및 시위에 관한 법률 제26조 제1항).

35

답 ③

| 영역 | 각론>경비경찰활동 | 난도 하 |

정답해설

③ 집회 및 시위에 관한 법률(이하 '집시법'이라 한다) 제20조 제1항과 집회 및 시위에 관한 법률 시행령(이하 '집시법 시행령'이라 한다)이 해산명령을 할 때 그 사유를 구체적으로 고지하도록 명시적으로 규정하고 있지는 아니하나, 위와 같은 해산명령 제도는 적법한 집회 및 시위를 최대한 보장하고 위법한 시위로부터 국민을 보호함으로써 집회 및 시위의 권리 보장과 공공의 안녕질서가 적절히 조화를 이루도록 하기 위한 것이므로 국가기관이 이

미 진행 중인 집회나 시위를 해산하도록 명하기 위해서는 해산을 명하는 법률적 근거를 구체적으로 제시할 것이 요구된다고 보아야 하는 점, 집시법 제20조 제3항의 위임에 의하여 해산 요청과 해산명령 고지 등에 필요한 사항을 규정한 집시법 시행령 제17조는 해산명령을 하기 전에 먼저 주최자 등에게 종결 선언을 요청한 후 주최자 등이 그 요청에 따르지 아니하거나 종결 선언에도 불구하고 집회 또는 시위의 참가자들이 집회 또는 시위를 계속하는 경우에 직접 참가자들에 대하여 자진 해산할 것을 요청하도록 하고, 그 자진 해산 요청에 따르지 아니할 경우에 한하여 세 번 이상 자진 해산을 명령한 후 직접 해산에 나설 수 있도록 규정함으로써 해산명령 전에 집회 또는 시위의 주최자 등의 자발적 종결 선언과 참가자들의 자진 해산을 통하여 위법한 집회 또는 시위를 막고자 하고 있는데, 그와 같은 자발적인 종결 선언이나 자진 해산이 이루어지기 위해서는 집회 또는 시위를 해산하여야만 하는 사유가 집회 또는 시위의 주최자나 참가자 등에게 구체적으로 고지될 필요가 있다는 면에서 위 시행령의 규정은 해산 사유가 구체적으로 고지되는 것을 전제로 한 것이라고 볼 수 있는 점, 위와 같은 해산명령 사유가 구체적으로 고지되어야만 집회나 시위의 주최자 또는 참가자 등이 해산명령의 적법 여부에 관하여 제대로 다툴 수 있는 점 등에 비추어 보면, 해산명령을 할 때에는 해산 사유가 집시법 제20조 제1항 각 호 중 어느 사유에 해당하는지에 관하여 구체적으로 고지하여야만 한다고 보아야 한다.

오답해설
① 집회 및 시위에 관한 법률 시행령 제17조
② 집회 및 시위에 관한 법률 시행령 제17조

36

답 ④

| 영역 | 각론>보안경찰활동 | 난도 하 |

정답해설
④ 지문의 내용은 무고 · 날조의 구성요건에 대한 설명이다. 무고 · 날조의 경우 미수범에 대한 처벌규정이 없다(국가보안법 제12조).

오답해설
① 국가보안법 제16조 제1호
② 국가보안법 제6조 제4항
③ 국가보안법 제10조

37

답 ④

| 영역 | 각론>보안경찰활동 | 난도 중 |

정답해설
④ 보안관찰법 제18조 제4항

오답해설
① 보안관찰처분의 기간은 2년으로 한다(보안관찰법 제5조 제1항).
② 검사는 피보안관찰자가 도주하거나 1월 이상 그 소재가 불명한 때에는 보안관찰처분의 집행중지결정을 할 수 있다. 그 사유가 소멸된 때에는 지체 없이 그 결정을 취소하여야 한다(보안관찰법 제17조 제3항).
③ 위원장은 법무부차관이 되고, 위원은 학식과 덕망이 있는 자로 하되, 그 과반수는 변호사의 자격이 있는 자이어야 한다(보안관찰법 제12조 제3항).

38

답 ④

| 영역 | 각론>외사경찰활동 | 난도 하 |

정답해설
④ 사안은 국제형사사법공조법 제7조에 규정된 공조의 연기사유에 해당한다(국제형사사법공조법 제7조)

오답해설
① 국제형사사법공조법 제6조 제1호
② 국제형사사법공조법 제6조 제3호
③ 국제형사사법공조법 제6조 제4호

39

답 ④

| 영역 | 각론>외사경찰활동 | 난도 하 |

정답해설
④ 사안은 임의적 인도거절사유에 해당하므로 인도하지 아니할 수 있다(범죄인인도법 제9조 제1호).

오답해설
① 범죄인인도법 제4조
② 범죄인인도법 제6조
③ 범죄인인도법 제6조

40

| 영역 각론>외사경찰활동 | 난도 하 |

정답해설

② 국제형사경찰기구는 자체 내에 국제수사관이 없으므로, 각국의 법과 국경에 구애됨이 없이 자유로이 왕래하면서 범인을 추적·수사하는 권한이 없으므로 국제수사기관 이 아니다.

The 알아보기

적색수배서를 긴급인도구속 청구서로 인정하는 국가의 경우 에는 국제수배자 발견 즉시 체포하고 범죄인인도절차에 따라 범인의 신병을 인도할 수 있다. 그러나 적색수배서를 긴급인 도구속 청구서로 인정하지 않는 국가의 경우 즉시 체포할 수 없고 소재확인 및 계속 동향을 감시하고 수배국에 입국사실 을 통보해야 하며, 수배국에서 범죄인인도를 청구할 수 있도 록 적절한 조치를 취하여야 한다.

제3회　경찰승진 최종모의고사

정답체크

01	02	03	04	05	06	07	08	09	10
①	①	④	④	③	①	③	①	③	④
11	12	13	14	15	16	17	18	19	20
③	②	①	①	④	①	②	②	②	②
21	22	23	24	25	26	27	28	29	30
①	④	②	④	②	①	①	②	④	①
31	32	33	34	35	36	37	38	39	40
②	①	④	②	④	①	③	④	④	③

문항별 체크리스트

문항	영역	○	×	문항	영역	○	×
01	총론>경찰과 경찰학			21	각론>생활안전론		
02	총론>경찰과 경찰학			22	각론>생활안전론		
03	총론>경찰과 경찰학			23	각론>생활안전론		
04	총론>한국경찰의 근·현대사			24	각론>생활안전론		
05	총론>한국경찰의 근·현대사			25	각론>범죄 수사		
06	총론>경찰과 그 법적 토대			26	각론>범죄 수사		
07	총론>경찰과 그 법적 토대			27	각론>범죄 수사		
08	총론>경찰과 그 법적 토대			28	각론>범죄 수사		
09	총론>경찰과 그 법적 토대			29	각론>경비경찰활동		
10	총론>경찰공무원과 법			30	각론>경비경찰활동		
11	총론>경찰공무원과 법			31	각론>교통경찰활동		
12	총론>경찰공무원과 법			32	각론>교통경찰활동		
13	총론>경찰공무원과 법			33	각론>교통경찰활동		
14	총론>경찰작용법 일반론			34	각론>정보경찰활동		
15	총론>경찰작용법 일반론			35	각론>정보경찰활동		
16	총론>경찰관 직무집행법			36	각론>보안경찰활동		
17	총론>경찰관리			37	각론>보안경찰활동		
18	총론>경찰관리			38	각론>외사경찰활동		
19	총론>경찰관리			39	각론>외사경찰활동		
20	총론>경찰에 대한 통제			40	각론>외사경찰활동		
총론			/ 20	**각론**			/ 20

01

영역 총론>경찰과 경찰학   난도 하

답 ①

정답해설

① 경찰권 발동시점에 따라 예방경찰과 진압경찰로 구분할 수 있으며, 위해를 미칠 우려가 있는 정신착란자의 보호는 예방경찰에, 다른 사람에게 위해를 주는 정신착란자의 보호나 사람을 공격하는 멧돼지를 사살하는 것은 진압경찰에 해당한다.

02

영역 총론>경찰과 경찰학   난도 하

답 ①

정답해설

① 경찰강제에는 경찰상 강제집행(대집행·강제징수·집행벌·직접강제 등)과 경찰상 즉시강제가 있는데, 경찰상 강제집행은 의무의 존재 및 그 불이행을 전제로 한다는 점에서 이를 전제로 하지 아니하고 급박한 경우에 행하여지는 경찰상 즉시강제와 구별된다.

03

영역 총론>경찰과 경찰학   난도 하

답 ④

정답해설

④ 국회 안에서 현행범의 체포와 관련하여 '국회의장에 대한 보고'는 명시적인 규정이 없다. 국회 안에 현행범인이 있을 때에는 경위 또는 국가경찰공무원은 이를 체포한 후 의장의 지시를 받아야 한다. 다만, 의원은 회의장안에 있어서는 의장의 명령 없이 이를 체포할 수 없다(국회법 제150조).

오답해설

① 국회법 제144조 제3항
② 국회법 제150조
③ 국회법 제144조 제2항

04

영역 총론>한국경찰의 근·현대사   난도 중

답 ④

오답해설

① 총독은 법률을 요하는 사항은 제령에 의하여 규정할 수 있었으며 제령권은 일본헌법질서의 예외적 특권으로 제령은 의회를 거치지 않고 내각총리대신을 거쳐 직접 일본 왕의 칙재(勅裁)를 얻도록 되어 있었고 긴급할 때에는 이러한 절차 없이 직접 발할 수도 있었다. 또한 경무총감(중앙)과 경무부장(지방)에게도 명령권(입법권)이 주어져 세계에서 유례가 없는 강력한 경찰체제를 형성하였다.
② 경무청의 장은 경무사이다. 경찰지서의 장으로 경무관을 두었다.
③ 1919년 3·1운동 이후 우리나라에서 '정치범처벌법'을 제정하였으며, 1925년에 일본에서 제정된 '치안유지법'을 우리나라에서 시행하였다.

05

영역 총론>한국경찰의 근·현대사   난도 하

답 ③

정답해설

지문의 내용은 김용원 열사에 대한 설명이다.

The 알아보기

임시정부 경찰관련 주요 인물

구분	내용
나석주	1. 임시정부 경무국 경호원 및 의경대원으로 활동 2. 1926년 12월 식산은행과 동양척식회사에 폭탄 투척
김석	의경대원으로 활동하면서 윤봉길 의사를 배후지원
김용원	1. 1921년 김구 선생의 뒤를 이어 임시정부 제2대 경무국장 역임 2. 1924년 귀국 이후 군자금 모금 활동 등을 하였으며, 옥고의 후유증으로 1934년에 순국
김철	1. 의경대 심판 역임 2. 1932년 11월 30일 상하이 프랑스 조계에 잠입했다가 일제경찰에 체포되어 감금 3. 1934년 고문후유증으로 순국

06

영역 총론>경찰과 그 법적 토대　　　　난도 하

정답해설

① 경찰관은 근거규범이 없는 경우 독자적인 판단을 근거로 경찰권을 발동할 수 없다.

07

답 ③

영역 총론>경찰과 그 법적 토대　　　　난도 중

정답해설

지문의 내용 중 옳은 것은 ㉠, ㉢, ㉣이다.

오답해설

지문의 내용 중 틀린 것은 ㉡, ㉤이다.
㉡ 훈령의 내용은 하급관청의 직무상 독립된 범위에 속하는 사항이 아닌 것이야 한다.
㉤ 훈령은 기관 구성원이 변경되더라도 그 효력에 영향이 없다.

08

답 ①

영역 총론>경찰과 그 법적 토대　　　　난도 하

정답해설

① 경찰위원회는 경찰법에 근거하여 설치된 경찰의결기관이다.

오답해설

② 경찰발전협의회 운영규칙에 근거하여 설치된 경찰자문기관이다.
③ 경찰공무원법에 근거하여 설치된 경찰자문기관이다.
④ 경찰법에 근거하여 설치된 경찰자문기관이다.

09

답 ③

영역 총론>경찰과 그 법적 토대　　　　난도 하

정답해설

③ 권한의 대리에 있어 피대리관청이 행정소송의 피고가 되는 것이 원칙이다.

10

답 ④

영역 총론>경찰공무원과 법　　　　난도 중

정답해설

④ 수사경찰 인사운영규칙 제15조 제1항 제1호

오답해설

① 수사경과 유효기간은 수사경과 발령일 또는 갱신일로부터 5년으로 한다(수사경찰 인사운영규칙 제14조 제1항).
② 5년간 연속으로 비수사부서에 근무하는 경우 수사경과를 해제하여야 한다(수사경찰 인사운영규칙 제15조 제1항 제2호).
③ 2년간 연속으로 수사부서 전입을 기피하는 경우 수사경과를 해제할 수 있다(수사경찰 인사운영규칙 제15조 제2항 제5호).

11

답 ③

영역 총론>경찰공무원과 법　　　　난도 중

정답해설

③ 경찰공무원법 제10조 제4항 제3호

오답해설

① 경정 이하의 경찰공무원을 신규채용 할 때에는 1년간 시보(試補)로 임용하고, 그 기간이 만료된 다음 날에 정규 경찰공무원으로 임용한다(경찰공무원법 제10조 제1항).
② 휴직기간, 직위해제기간 및 징계에 의한 정직처분 또는 감봉처분을 받은 기간은 제1항에 따른 시보임용기간에 산입하지 아니한다(경찰공무원법 제10조 제2항).
④ 임용권자 또는 임용제청권자는 시보임용경찰공무원이 징계사유에 해당하여 정규 경찰공무원으로 임용하는 것이 부적당하다고 인정되는 경우에는 정규임용심사위원회의 심사를 거쳐 해당 시보임용경찰공무원을 면직시키거나 면직을 제청할 수 있다(경찰공무원 임용령 제20조 제2항 제1호).

시보면제사유와 시보면직사유

시보면제사유(경찰공무원법 제10조 제4항)	시보면직사유(경찰공무원 임용령 제20조 제2항)
1. 경찰대학을 졸업한 사람 또는 경찰간부후보생으로서 정하여진 교육을 마친 사람을 경위로 임용하는 경우 2. 경찰공무원으로서 대통령령으로 정하는 상위계급으로의 승진에 필요한 자격 요건을 갖추고 임용 예정 계급에 상응하는 공개경쟁 채용시험에 합격한 사람을 해당 계급의 경찰공무원으로 임용하는 경우 3. 퇴직한 경찰공무원으로서 퇴직 시에 재직하였던 계급의 채용시험에 합격한 사람을 재임용하는 경우 4. 자치경찰공무원을 그 계급에 상응하는 경찰공무원으로 임용하는 경우	1. 징계사유에 해당하는 경우 2. 제21조 제1항에 따른 교육훈련성적이 만점의 60퍼센트 미만이거나 생활기록이 극히 불량한 경우 3. 「경찰공무원 승진임용 규정」 제7조 제2항에 따른 제2 평정 요소의 평정점이 만점의 50퍼센트 미만인 경우

12

영역 총론>경찰공무원과 법 　난도 중

답 ②

정답해설
② 국가공무원법 제55조

오답해설
① 공무원이 외국 정부로부터 영예나 증여를 받을 경우에는 대통령의 허가를 받아야 한다(국가공무원법 제62조).
③ 공무원은 소속 상관의 허가 또는 정당한 사유가 없으면 직장을 이탈하지 못한다(국가공무원법 제58조 제1항).
④ 공무원은 직무와 관련하여 직접적이든 간접적이든 사례ㆍ증여 또는 향응을 주거나 받을 수 없다(국가공무원법 제61조 제1항).

13

영역 총론>경찰공무원과 법 　난도 하

답 ①

정답해설
① 경찰공무원 고충심사위원회의 심사를 거친 재심청구와 경정 이상의 경찰공무원의 인사상담 및 고충심사는 「국가공무원법」에 따라 설치된 중앙고충심사위원회에서 한다(경찰공무원법 제25조 제2항).

오답해설
② 공무원고충처리규정 제3조의2 제2항
③ 공무원고충처리규정 제3조의2 제2항
④ 공무원고충처리규정 제7조 제1항

14

영역 총론>경찰작용법 일반론 　난도 중

답 ①

오답해설
② 법률행위적 행정행위 중에서 명령적 행정행위에 해당하는 허가의 경우 적법요건에 해당하며, 유효요건은 아니다.
③ 상대방의 신청(출원)이 없는 경우에도 허가가 가능하다.
④ 지문은 경찰면제에 대한 설명이다. 부작위의무의 해제가 경찰허가에 해당한다.

15

영역 총론>경찰작용법 일반론 　난도 하

답 ④

정답해설
④는 개괄적 수권조항을 부정하는 견해이다.

오답해설
①, ②, ③은 개괄적(일반적) 수권조항 긍정하는 견해이다.

16

답 ①

영역 총론>경찰관 직무집행법　　　　난도 중

정답해설
① 경찰관직무집행법 제4조 제2항

오답해설
② 경찰관은 제1항의 조치를 하였을 때에는 지체 없이 구호대상자의 가족, 친지 또는 그 밖의 연고자에게 그 사실을 알려야 하며, 연고자가 발견되지 아니할 때에는 구호대상자를 적당한 공공보건의료기관이나 공공구호기관에 즉시 인계하여야 한다(경찰관직무집행법 제4조 제4항).
③ 구호대상자를 경찰관서에서 보호하는 기간은 24시간을 초과할 수 없다(경찰관직무집행법 제4조 제7항).
④ 임시영치는 대물적 즉시강제에 해당한다.

17

답 ②

영역 총론> 경찰관리　　　　난도 중

정답해설
지문의 내용 중 옳은 것은 ㉠, ㉢이다.

오답해설
지문의 내용 중 틀린 것은 ㉡, ㉣이다.
㉡ 통솔범위의 원리와 관련하여 신설조직보다 기성조직에서 상관이 많은 부하직원을 통솔할 수 있다. 그러나 단순반복 업무보다 전문적 사무를 담당하는 조직에서는 상관이 통솔할 수 있는 부하직원의 수가 줄어든다.
㉣ 지문의 내용은 갈등에 대한 장기적 대응방안에 해당한다.

18

답 ②

영역 총론>경찰관리　　　　난도 상

정답해설
지문의 내용 중 옳은 것은 ㉠, ㉡, ㉣이다.

오답해설
지문의 내용 중 틀린 것은 ㉢, ㉤이다.
㉢ 직위분류제는 1909년 미국의 시카고에서 처음 시작된 제도이다.
㉤ 계급제는 직위분류제에 비해 인사배치가 신축적이라는 장점이 있다.

19

답 ②

영역 총론>경찰관리　　　　난도 하

정답해설
② 위원장·부위원장·감사 및 중재위원의 임기는 각각 3년으로 하며, 한 차례만 연임할 수 있다(언론중재 및 피해구제 등에 관한 법률 제7조 제5항).

오답해설
① 언론중재 및 피해구제 등에 관한 법률 제7조 제3항
③ 언론중재 및 피해구제 등에 관한 법률 제14조 제1항
④ 언론중재 및 피해구제 등에 관한 법률 제14조 제2항

20

답 ②

영역 총론>경찰에 대한 통제　　　　난도 상

정답해설
지문의 내용 중 틀린 것은 ㉤이다.
㉤ 대륙법계 국가에서는 행정소송과 관련하여 열기주의(열거주의)에서 개괄주의(포괄주의)로 전환하여 경찰에 대한 법원의 통제를 강화하고 있다.

21

답 ①

영역 각론>생활안전론　　　　난도 하

정답해설
① 영역성의 강화를 통해 사적 공간과 공적 공간을 구분하고 사적 공간에 대한 경계를 강화함으로써 주민들의 책임의식과 소유의식을 강화할 수 있다. 이를 통해 사적 공간에 대한 관리권을 강화할 수 있다.

22

답 ④

영역 각론>생활안전론　　　　난도 하

정답해설
④ 전통적 경찰활동에서 지역사회경찰활동(문제지향적 경찰활동)으로의 패러다임 전환과 관련된 문제이다. 경찰활동의 초점이 범죄해결에서 지역사회의 문제해결로 전환되었다.

23

답 ②

| 영역 각론>생활안전론 | 난도 중 |

정답해설

㉠은 7, ㉡은 30이다.

24

답 ④

| 영역 각론>생활안전론 | 난도 하 |

정답해설

④ 화약류를 발파하거나 연소시키려는 자는 행정안전부령으로 정하는 바에 따라 화약류의 사용장소를 관할하는 경찰서장의 화약류 사용허가를 받아야 한다(총포·도검·화약류 등의 안전관리에 관한 법률 제18조 제1항).

오답해설

① 총포·도검·화약류 등의 안전관리에 관한 법률 제2조 제1항
② 총포·도검·화약류 등의 안전관리에 관한 법률 제5조 제1호
③ 총포·도검·화약류 등의 안전관리에 관한 법률 제26조 제1항

25

답 ②

| 영역 각론>범죄 수사 | 난도 하 |

정답해설

② 신고내사는 접수 즉시 신속히 현장확인 등 조치를 하여야 하고, 신고에 의해 작성된 서류에 대하여 소속 경찰관서 수사부서의 장의 지휘를 받아 내사에 착수한다(경찰 내사 처리규칙 제4조 제2항).

오답해설

① 경찰 내사 처리 규칙 제4조 제1항
③ 경찰 내사 처리 규칙 제5조
④ 경찰 내사 처리 규칙 제11조의2 제1항 제1호

26

답 ①

| 영역 각론>범죄 수사 | 난도 하 |

정답해설

① 먼지지문의 경우 사진촬영, 전사법, 실리콘러버법을 활용할 수 있지만, 혈액지문의 경우 사진촬영, 전사법 등을 사용한다.

27

답 ①

| 영역 각론>범죄 수사 | 난도 하 |

정답해설

① 판사는 가정보호사건의 원활한 조사·심리 또는 피해자 보호를 위하여 필요하다고 인정하는 경우에는 결정으로 가정폭력행위자에게 다음 각 호의 어느 하나에 해당하는 임시조치를 할 수 있다(가정폭력범죄의 처벌 등에 관한 특례법 제29조 제1항).

오답해설

② 가정폭력범죄의 처벌 등에 관한 특례법 제8조의2 제1항
③ 가정폭력범죄의 처벌 등에 관한 특례법 제8조의3 제1항
④ 가정폭력범죄의 처벌 등에 관한 특례법 제2조 제3호

The 알아보기

응급조치와 임시조치의 종류

응급조치	임시조치
1. 폭력행위의 제지, 가정폭력행위자·피해자의 분리 및 범죄수사 2. 피해자를 가정폭력 관련 상담소 또는 보호시설로 인도(피해자가 동의한 경우만 해당한다) 3. 긴급치료가 필요한 피해자를 의료기관으로 인도 4. 폭력행위 재발 시 제8조에 따라 임시조치를 신청할 수 있음을 통보	1. 피해자 또는 가정구성원의 주거 또는 점유하는 방실(房室)로부터의 퇴거 등 격리 2. 피해자 또는 가정구성원의 주거, 직장 등에서 100미터 이내의 접근 금지 3. 피해자 또는 가정구성원에 대한 「전기통신기본법」 제2조 제1호의 전기통신을 이용한 접근 금지 4. 의료기관이나 그 밖의 요양소에의 위탁 5. 국가경찰관서의 유치장 또는 구치소에의 유치

28

답 ②

| 영역 각론>범죄 수사 | 난도 중 |

오답해설

① GHB(일명 물뽕)는 무색, 무취, 짠 맛이 나는 액체로 유럽 등지에서 데이트 강간약물로도 불린다.
③ 양귀비는 「마약류 관리에 관한 법률」에서 규제하는 마약에 해당한다(마약류 관리에 관한 법률 제2조 제2호 가목)
④ 한외마약은 마약에 해당하지 않는다(마약류 관리에 관한 법률 제2조 제2호 바목).

29

답 ④

영역 각론>경비경찰활동	난도 중

정답해설

④ 재난 및 안전관리 기본법 제58조

오답해설

① 재난 및 안전관리 기본법은 예방−대비−대응−복구의 단계로 구성되어 있다. 특별재난지역의 선포는 재난의 복구단계에서의 활동에 해당한다(재난 및 안전관리 기본법 제60조).

② 재난분야 위기관리 매뉴얼 작성은 재난의 대비 단계에서의 활동이다(재난 및 안전관리 기본법 제34조의5).

③ 국가기반시설의 지정 등은 재난의 예방 단계에서의 활동이다(재난 및 안전관리 기본법 제26조).

30

답 ①

영역 각론>경비경찰활동	난도 하

정답해설

① "테러단체"란 국제연합(UN)이 지정한 테러단체를 말한다(국민보호와 공공안전을 위한 테러방지법 제2조 제2호).

오답해설

② 국민보호와 공공안전을 위한 테러방지법 제2조 제3호

③ 국민보호와 공공안전을 위한 테러방지법 제9조 제4항

④ 국민보호와 공공안전을 위한 테러방지법 제19조

31

답 ②

영역 각론> 교통경찰활동	난도 하

정답해설

② 「자동차관리법」제3조에 따른 이륜자동차 가운데 배기량 125시시 이하의 이륜자동차는 원동기장치자전거에 해당하므로 제2종 보통면허로 운전할 수 있다.

The 알아보기

운전면허별 운전할 수 있는 차량의 종류

제1종	대형면허		1. 승용자동차 2. 승합자동차 3. 화물자동차 4. 삭제 5. 건설기계 − 덤프트럭, 아스팔트살포기, 노상안정기 − 콘크리트믹서트럭, 콘크리트펌프, 천공기(트럭 적재식) − 콘크리트믹서트레일러, 아스팔트콘크리트재생기 − 도로보수트럭, 3톤 미만의 지게차 6. 특수자동차[대형견인차, 소형견인차 및 구난차(이하 "구난차등"이라 한다)는 제외한다] 7. 원동기장치자전거
	보통면허		1. 승용자동차 2. 승차정원 15명 이하의 승합자동차 3. 삭제 4. 적재중량 12톤 미만의 화물자동차 5. 건설기계(도로를 운행하는 3톤 미만의 지게차에 한정한다) 6. 총중량 10톤 미만의 특수자동차(구난차등은 제외한다) 7. 원동기장치자전거
	소형면허		1. 3륜화물자동차 2. 3륜승용자동차 3. 원동기장치자전거
	특수면허	대형견인차	1. 견인형 특수자동차 2. 제2종 보통면허로 운전할 수 있는 차량
		소형견인차	1. 총중량 3.5톤 이하의 견인형 특수자동차 2. 제2종 보통면허로 운전할 수 있는 차량
		구난차	1. 구난형 특수자동차 2. 제2종보통면허로 운전할 수 있는 차량
제2종	보통면허		1. 승용자동차 2. 승차정원 10명 이하의 승합자동차 3. 적재중량 4톤 이하의 화물자동차 4. 총중량 3.5톤 이하의 특수자동차(구난차등은 제외한다) 5. 원동기장치자전거
	소형면허		1. 이륜자동차 (측차부를 포함한다) 2. 원동기장치자전거
	원동기장치자전거면허		원동기장치자전거

안심Touch

연습면허	제1종 보통	1. 승용자동차 2. 승차정원 15명 이하의 승합자동차 3. 적재중량 12톤 미만의 화물자동차
	제2종 보통	1. 승용자동차 2. 승차정원 10명 이하의 승합자동차 3. 적재중량 4톤 이하의 화물자동차

32

답 ①

영역 각론>교통경찰활동   난도 중

정답해설

① 은 응시제한 기간이 3년이다.

오답해설

②, ③, ④는 응시제한 기간이 2년이다.

33

답 ④

영역 각론>교통경찰활동   난도 하

정답해설

④ 호흡측정기에 의한 음주측정을 요구하기 전에 사용되는 음주감지기 시험에서 음주반응이 나왔다고 할지라도 현재 사용되는 음주감지기가 혈중알코올농도 0.02%인 상태에서부터 반응하게 되어 있는 점을 감안하면 그것만으로 바로 운전자가 혈중알코올농도 0.05% 이상의 술에 취한 상태에 있다고 인정할 만한 상당한 이유가 있다고 볼 수는 없고, 거기에다가 운전자의 외관·태도·운전행태 등의 객관적 사정을 종합하여 술에 취한 상태에 있다고 인정할 만한 상당한 이유가 있는지 여부를 판단하여야 한다(대판 2003. 1. 24. 2002도6632)

오답해설

① 교통단속처리지침 제31조 제2항

② 도로교통법위반(음주운전)(대판 2004. 2. 13. 2003도6905)

③ 도로교통법위반(음주측정거부)(대판 2006. 1. 13. 2005도7125)

34

답 ②

영역 각론>정보경찰활동   난도 하

오답해설

①은 사용수준에 따른 분류, ③은 분석 형태에 따른 분류, ④는 수집활동에 따른 분류에 해당한다.

35

답 ④

영역 총론>정보경찰활동   난도 중

정답해설

④ 집회 및 시위에 관한 법률 제7조 제1항

오답해설

① "주최자(主催者)"란 자기 이름으로 자기 책임 아래 집회나 시위를 여는 사람이나 단체를 말한다. 주최자는 주관자(主管者)를 따로 두어 집회 또는 시위의 실행을 맡아 관리하도록 위임할 수 있다. 이 경우 주관자는 그 위임의 범위 안에서 주최자로 본다(집회 및 시위에 관한 법률 제2조 제3호).

② 집회 또는 시위의 주최자는 집회 또는 시위의 질서 유지에 관하여 자신을 보좌하도록 18세 이상의 사람을 질서유지인으로 임명할 수 있다(집회 및 시위에 관한 법률 제16조 제2항).

③ 옥외집회나 시위를 주최하려는 자는 그에 관한 다음 각 호의 사항 모두를 적은 신고서를 옥외집회나 시위를 시작하기 720시간 전부터 48시간 전에 관할 경찰서장에게 제출하여야 한다. 다만, 옥외집회 또는 시위 장소가 두 곳 이상의 경찰서의 관할에 속하는 경우에는 관할 지방경찰청장에게 제출하여야 하고, 두 곳 이상의 지방경찰청 관할에 속하는 경우에는 주최지를 관할하는 지방경찰청장에게 제출하여야 한다(집회 및 시위에 관한 법률 제6조 제1항).

36

답 ①

영역 각론>보안경찰활동   난도 하

정답해설

① 지문의 내용은 삼각형에 대한 설명이다. 피라미드형은 간첩 밑에 주공작원 2~3명을 두고 다시 주공작원이 각각 2~3명의 공작원을 두는 조직형태로 일시에 많은 공작을 입체적으로 수행할 수 있고 활동범위 넓다는 장점이 있지만 노출 가능성이 높고, 일망타진의 가능성이 있으며 조직 구성에 많은 시간이 소요된다는 문제점이 있다.

37

영역 각론>보안경찰활동   난도중

정답해설

③ 본죄의 경우 '국가의 존립·안전이나 자유민주적 기본질서를 위태롭게 한다는 정'을 알아야 하는 것이 아니라 '이 법 제3조 내지 제8조의 죄를 범하거나 범하려는 자라는 정'을 알아야 한다.

오답해설

①, ②, ④ 국가보안법 제9조

38

답 ④

영역 각론>외사경찰활동   난도하

정답해설

④ '법령을 준수하는 등 <u>법무부령</u>으로 정하는 품행 단정의 요건을 갖출 것'이 일반귀화의 요건이다(국적법 제5조 제3호).

오답해설

① 국적법 제5조 제1호
② 국적법 제5조 제1의2호
③ 국적법 제5조 제6호

39

답 ④

영역 각론>외사경찰활동   난도하

정답해설

④ 출입국관리공무원은 관광을 목적으로 대한민국과 외국 해상을 국제적으로 순회(巡廻)하여 운항하는 여객운송선박 중 법무부령으로 정하는 선박에 승선한 외국인승객에 대하여 그 선박의 장 또는 운수업자가 상륙허가를 신청하면 3일의 범위에서 승객의 관광상륙을 허가할 수 있다. 다만, 제11조 제1항 각 호의 어느 하나에 해당하는 외국인승객에 대하여는 그러하지 아니하다(출입국관리법 제14조의2 제1항).

오답해설

① 출입국관리법 제15조
② 출입국관리법 제16조
③ 출입국관리법 제16조의2

40

답 ③

영역 각론>외사경찰활동   난도하

정답해설

③ 사안은 임의적 인도거절 사유에 해당한다(범죄인 인도법 제9조 제3호).

오답해설

①, ②, ④는 절대적 인도거절 사유에 해당한다(범죄인 인도법 제7조).

The 알아보기

범죄인 인도법상 인도거절 사유

절대적 인도거절 사유 (제7조)	임의적 인도거절 사유 (제9조)
1. 대한민국 또는 청구국의 법률에 따라 인도범죄에 관한 공소시효 또는 형의 시효가 완성된 경우 2. 인도범죄에 관하여 대한민국 법원에서 재판이 계속(係屬) 중이거나 재판이 확정된 경우 3. 범죄인이 인도범죄를 범하였다고 의심할 만한 상당한 이유가 없는 경우. 다만, 인도범죄에 관하여 청구국에서 유죄의 재판이 있는 경우는 제외한다. 4. 범죄인이 인종, 종교, 국적, 성별, 정치적 신념 또는 특정 사회단체에 속한 것 등을 이유로 처벌되거나 그 밖의 불리한 처분을 받을 염려가 있다고 인정되는 경우	1. 범죄인이 대한민국 국민인 경우 2. 인도범죄의 전부 또는 일부가 대한민국 영역에서 범한 것인 경우 3. 범죄인의 인도범죄 외의 범죄에 관하여 대한민국 법원에 재판이 계속 중인 경우 또는 범죄인이 형을 선고받고 그 집행이 끝나지 아니하거나 면제되지 아니한 경우 4. 범죄인이 인도범죄에 관하여 제3국(청구국이 아닌 외국을 말한다. 이하 같다)에서 재판을 받고 처벌되었거나 처벌받지 아니하기로 확정된 경우 5. 인도범죄의 성격과 범죄인이 처한 환경 등에 비추어 범죄인을 인도하는 것이 비인도적(非人道的)이라고 인정되는 경우

제4회 경찰승진 최종모의고사

정답체크

01	02	03	04	05	06	07	08	09	10
③	①	④	③	④	③	④	②	③	①
11	12	13	14	15	16	17	18	19	20
②	④	④	④	③	①	①	③	④	④
21	22	23	24	25	26	27	28	29	30
③	③	②	②	②	③	①	③	③	②
31	32	33	34	35	36	37	38	39	40
①	④	③	③	④	④	③	①	①	②

문항별 체크리스트

문항	영역	○	×	문항	영역	○	×
01	총론>경찰과 경찰학			21	각론>생활안전론		
02	총론>경찰과 경찰학			22	각론>생활안전론		
03	총론>한국경찰의 근·현대사			23	각론>생활안전론		
04	총론>경찰과 그 법적 토대			24	각론>범죄 수사		
05	총론>경찰과 그 법적 토대			25	각론>범죄 수사		
06	총론>경찰과 그 법적 토대			26	각론>범죄 수사		
07	총론>경찰공무원과 법			27	각론>경비경찰활동		
08	총론>경찰공무원과 법			28	각론>경비경찰활동		
09	총론>경찰작용법 일반론			29	각론>경비경찰활동		
10	총론>경찰작용법 일반론			30	각론>교통경찰활동		
11	총론>경찰관 직무집행법			31	각론>교통경찰활동		
12	총론>경찰관 직무집행법			32	각론>교통경찰활동		
13	총론>경찰관리			33	각론>교통경찰활동		
14	총론>경찰관리			34	각론>정보경찰활동		
15	총론>경찰에 대한 통제			35	각론>정보경찰활동		
16	총론>경찰에 대한 통제			36	각론>보안경찰활동		
17	총론>경찰에 대한 통제			37	각론>보안경찰활동		
18	총론>경찰윤리			38	각론>보안경찰활동		
19	총론>경찰윤리			39	각론>외사경찰활동		
20	총론>경찰윤리			40	각론>외사경찰활동		
총론			/ 20	각론			/ 20

01

답 ③

영역 총론>경찰과 경찰학　　난도 중

오답해설

① 16세기 독일에서 제국경찰법의 제정으로 교회행정이 경찰개념에서 제외되었으며, 외교·사법·군산·제정은 17세기 경찰국가시대에 이르러 경찰개념에서 제외되었다.

② 제2차 세계대전 이후 독일에서는 보안경찰을 제외한 협의의 행정경찰이 다른 행정관청의 사무로 이관되는 비경찰화 과정이 이루어졌다.

④ 1884년 프랑스의 지방자치법전은 법치국가시대의 경찰개념과 관련된 내용이다. 위생사무 등 협의의 행정경찰적 사무가 제외된 것은 제2차 세계대전 이후의 경찰개념과 관련이 있다.

02

답 ①

영역 총론>경찰과 경찰학　　난도 상

정답해설

지문의 내용 중 옳은 것은 ㉠, ㉡, ㉣, ㉤이다.

오답해설

지문의 내용 중 틀린 것은 ㉢이다.

㉢ 지문의 내용은 외관적 위험에 대한 설명이다. 오상위험이란 이성적이고 객관적으로 판단할 때 위험의 외관이나 위험혐의가 정당화되지 아니함에도 불구하고 경찰이 위험의 존재를 잘못 추정한 경우를 말한다.

03

답 ④

영역 총론>한국경찰의 근·현대사　　난도 상

정답해설

지문의 내용 중 미군정기와 관련이 있는 것은 ㉠, ㉡, ㉣, ㉤이다.

오답해설

지문의 내용 중 미군정기와 관련이 없는 것은 ㉢이다.

㉢ 지문의 내용 중 중앙경찰위원회는 1947년(미군정기)에 설치되었으나, 국립과학수사연구소는 내무부 치안국 시절(1955년)에 설치되었다. 미군정기에는 과학수사가 도입되어 법의실험소가 설치되었다.

04

답 ③

영역 총론>경찰과 그 법적 토대　　난도 하

정답해설

③ 명령은 법규성의 유무에 따라 법규명령과 행정규칙으로 구분할 수 있으며, 법규명령은 다시 개별적·구체적 위임 여부에 따라 위임명령과 집행명령을 구분할 수 있다. 그러므로 위임명령과 집행명령 모두 법규명령에 해당한다.

05

답 ④

영역 총론>경찰과 그 법적 토대　　난도 중

정답해설

지문의 내용 중 틀린 것은 ㉡, ㉣, ㉤이다.

㉡ 행정안전부장관은 제1항에 따라 심의·의결된 내용이 적정하지 아니하다고 판단할 때에는 재의(再議)를 요구할 수 있다(경찰법 제9조 제2항).

㉣ 위원의 임기는 3년으로 하며, 연임(連任)할 수 없다. 이 경우 보궐위원의 임기는 전임자 임기의 남은 기간으로 한다(경찰법 제7조 제1항).

㉤ 위원회는 위원장 1명을 포함한 7명의 위원으로 구성하되, 위원장 및 5명의 위원은 비상임(非常任)으로 하고, 1명의 위원은 상임(常任)으로 한다(경찰법 제5조 제2항).

오답해설

지문의 내용 중 옳은 것은 ㉠, ㉢이다.

㉠ 경찰법 제5조 제1항

㉢ 경찰법 제10조 제2항

06

답 ③

영역 총론>경찰과 그 법적 토대　　난도 하

정답해설

③ 권한의 위임은 반드시 법적 근거를 필요로 하며, 권한의 일부에 대해서만 위임이 가능하다.

07

| 영역 | 총론>경찰공무원과 법 | 난도 하 |

정답해설

④ 승진소요 최저근무연수는 총경까지만 적용되고, 경무관 이상의 경찰공무원의 경우 승진소요 최저근무연수가 적용되지 않는다(경찰공무원 승진임용규정 제5조 제1항).

오답해설

① 경찰공무원승진임용규정 제6조 제1항 제2호 가목
② 경찰공무원법 제11조 제4항
③ 경찰공무원승진임용규정 제4조 제4항 제1호, 제25조

The 알아보기

승진소요 최저근무연수
1. 총경 : 4년 이상
2. 경정 및 경감 : 3년 이상
3. 경위 및 경사 : 2년 이상
4. 경장 및 순경 : 1년 이상

08

| 영역 | 총론>경찰공무원과 법 | 난도 중 |

정답해설

지문의 내용 중 틀린 것은 ㉠, ㉡, ㉣이다.

㉠ 경고는 경징계에 해당하지 않는다. "경징계"란 감봉 및 견책을 말한다(경찰공무원 징계령 제2조 제2호).

㉡ 보통징계위원회는 해당 징계위원회가 설치된 경찰기관 소속 경감 이하 경찰공무원에 대한 징계등 사건을 심의·의결한다(경찰공무원 징계령 제4조 제2항).

㉣ 징계위원회의 의결은 위원장을 포함한 위원 과반수의 출석과 출석위원 과반수의 찬성으로 의결하되, 의견이 나뉘어 출석위원 과반수의 찬성을 얻지 못한 경우에는 출석위원 과반수가 될 때까지 징계등 심의 대상자에게 가장 불리한 의견을 제시한 위원의 수를 그 다음으로 불리한 의견을 제시한 위원의 수에 차례로 더하여 그 의견을 합의된 의견으로 본다(경찰공무원 징계령 제14조 제1항).

오답해설

지문의 내용 중 옳은 것은 ㉢, ㉤이다.
㉢ 국가공무원법 제78조의4 제1항
㉤ 국가공무원법 제80조 제3항

09

| 영역 | 총론>경찰작용법 일반론 | 난도 중 |

정답해설

③ 경찰하명의 상대방이 의무를 위반하는 경우 경찰벌이 부과될 수 있고, 경찰하명을 이행하지 않은 경우 경찰상 강제집행이 행해질 수 있다.

10

| 영역 | 총론>경찰작용법 일반론 | 난도 중 |

정답해설

① 질서위반행위규제법 제12조 제1항

오답해설

② 고의 또는 과실이 없는 질서위반행위는 과태료를 부과하지 아니한다(질서위반행위규제법 제7조).

③ 과태료는 행정청의 과태료 부과처분이나 법원의 과태료 재판이 확정된 후 5년간 징수하지 아니하거나 집행하지 아니하면 시효로 인하여 소멸한다(질서위반행위규제법 제15조 제1항).

④ 14세가 되지 아니한 자의 질서위반행위는 과태료를 부과하지 아니한다. 다만, 다른 법률에 특별한 규정이 있는 경우에는 그러하지 아니하다(질서위반행위규제법 제9조).

11

| 영역 | 총론>경찰관 직무집행법 | 난도 중 |

정답해설

지문의 내용 중 옳은 것은 ㉠, ㉢, ㉣이다.
㉠ 경찰관직무집행법 제8조의2
㉢ 경찰관직무집행법 제10조의4 제1항
㉣ 경찰관직무집행법 제11조의2 제6항

오답해설

지문의 내용 중 틀린 것은 ⓒ, ⑩이다.

ⓒ 경찰청장은 위해성 경찰장비를 새로 도입하려는 경우에는 대통령령으로 정하는 바에 따라 안전성 검사를 실시하여 그 안전성 검사의 결과보고서를 국회 소관 상임위원회에 제출하여야 한다. 이 경우 안전성 검사에는 외부 전문가를 참여시켜야 한다(경찰관직무집행법 제10조 제5항).

⑩ 경찰서에는 손실보상심의위원회를 설치할 수 없다. 법 제11조의2 제3항에 따라 소속 경찰공무원의 직무집행으로 인하여 발생한 손실보상청구 사건을 심의하기 위하여 경찰청, 해양경찰청, 지방경찰청 및 지방해양경찰청에 손실보상심의위원회(이하 "위원회"라 한다)를 설치한다(경찰관직무집행법시행령 제11조 제1항).

12
답 ④

영역 총론>경찰관 직무집행법　　　난도 상

정답해설

지문의 내용 모두 경찰관 직무집행법에 그 근거가 있다.

ⓐ 불심검문(경찰관직무집행법 제3조)
ⓑ 범죄의 예방 및 제지(경찰관직무집행법 제6조)
ⓒ 위험발생의 방지 등(경찰관직무집행법 제5조)
ⓓ 사실의 확인 등(경찰관직무집행법 제8조)
ⓔ 위험 방지를 위한 출입(경찰관직무집행법 제7조)
ⓕ 국제협력(경찰관직무집행법 제8조의2)

13
답 ④

영역 총론>경찰관리　　　난도 상

정답해설

지문의 내용 중 직위분류제의 장점에 해당하는 것은 ㉠, ㉡, ㉤이다.

오답해설

지문의 내용 중 틀린 것은 ㉢, ㉣이다.
㉢ 직위분류제의 경우 신축적인 인사배치가 불가능하다.
㉣ 지문은 계급제의 장점에 대한 설명이다.

14
답 ④

영역 총론>경찰관리　　　난도 중

정답해설

지문의 내용 중 틀린 것은 ㉠, ㉡, ㉢, ㉣이다.

㉠ 차량은 용도별로 다음 각호와 같이 전용·지휘용·업무용·순찰용·특수용 차량으로 구분한다(경찰장비관리규칙 제88조 제2항).

㉡ 부속기관 및 지방경찰청의 장은 다음 년도에 소속기관의 차량정수를 증감시킬 필요가 있을 때에는 매년 3월말까지 다음 년도 차량정수 소요계획을 경찰청장에게 제출하여야 한다(경찰장비관리규칙 제90조 제1항).

㉢ 차량교체를 위한 불용 대상차량은 부속기관 및 지방경찰청에 배정되는 수량의 범위 내에서 내용연수 경과 여부 등 차량사용기간을 최우선적으로 고려하여 선정한다(경찰장비관리규칙 제94조 제1항).

㉣ 차량운행시 책임자는 1차 운전자, 2차 선임탑승자(사용자), 3차 경찰기관의 장으로 한다(경찰장비관리규칙 제98조 제3항).

15
답 ③

영역 총론>경찰에 대한 통제　　　난도 하

정답해설

③ 이 법은 외국인이 피해자인 경우에는 해당 국가와 상호보증이 있을 때에만 적용한다(국가배상법 제7조)

오답해설

① 국가배상법 제5조 제1항
② 국가배상법 제5조 제2항
④ 손해배상(자)(대판 1999. 6. 25. 99다11120)

16

답 ①

영역 총론>경찰에 대한 통제   난도 **중**

정답해설

① 경찰감찰규칙 제5조 제1호

오답해설

② 경찰기관의 장은 감찰관이 제5조에 따른 결격사유에 해당되는 것으로 밝혀졌을 경우와 다음 각 호의 어느 하나에 해당하는 경우를 제외하고는 2년 이내에 본인의 의사에 반하여 전보하여서는 아니 된다(경찰감찰규칙 제7조 제1항).

③ 경찰기관의 장은 1년 이상 성실히 근무한 감찰관에 대해서는 희망부서를 고려하여 전보한다(경찰감찰규칙 제7조 제2항).

④ 감찰관은 소속 경찰기관의 관할구역 안에서 활동하여야 한다. 다만, 상급 경찰기관의 장의 지시가 있는 경우에는 관할구역 밖에서도 활동할 수 있다(경찰감찰규칙 제12조).

The 알아보기

감찰관 본인의 의사에 반하여 2년 이내에 전보할 수 있는 경우

1. 징계사유가 있는 경우
2. 형사사건에 계류된 경우
3. 질병 등으로 감찰업무를 수행할 수 없거나 직무수행 능력이 현저히 부족하다고 판단되는 경우
4. 고압·권위적인 감찰활동을 반복하여 물의를 야기한 경우

17

답 ①

영역 총론>경찰에 대한 통제   난도 **하**

정답해설

① 경찰 활동 전반에 걸친 민주적 통제를 구현하여 경찰력 오·남용을 예방하고, 경찰 행정의 인권지향성을 높여 인권을 존중하는 경찰 활동을 정립하기 위해 경찰청장 및 지방경찰청장의 자문기구로서 각각 경찰청 인권위원회, 지방경찰청 인권위원회(이하 "위원회"라 한다)를 설치하여 운영한다(경찰 인권보호 규칙 제3조).

오답해설

② 경찰 인권보호 규칙 제5조 제1항

③ 경찰 인권보호 규칙 제18조 제1항

④ 경찰 인권보호 규칙 제24조

18

정답 ③

영역 총론>경찰윤리 　　　　　　　　 난도 **중**

정답해설

③ 부정청탁 및 금품등 수수의 금지에 관한 법률 제8조 제3항 제4호

오답해설

① 공공기관이 소속 공직자등이나 파견 공직자등에게 지급하거나 <u>상급 공직자등이 위로·격려·포상 등의 목적으로 하급 공직자등에게 제공하는 금품등</u>(동 규정 제1호)

② 사적 거래(증여는 제외한다)로 인한 채무의 이행 등 정당한 권원(權原)에 의하여 제공되는 금품등(동 규정 제3호)

④ 3만 원의 음식물(제공자와 공직자등이 함께 하는 식사, 다과, 주류, 음료, 그 밖에 이에 준하는 것을 말한다)(동 규정 제2호)

19

정답 ④

영역 총론>경찰윤리 　　　　　　　　 난도 **하**

정답해설

④ 지문의 내용은 경찰서비스헌장이 아니라 경찰헌장에 규정되어 있는 내용이다.

20

정답 ④

영역 총론>경찰윤리 　　　　　　　　 난도 **하**

정답해설

④는 공공의 신뢰확보와 관련된 사례에 해당한다.

오답해설

①·②·③은 공정한 접근과 관련된 사례에 해당한다.

21

정답 ③

영역 각론>생활안전론 　　　　　　　　 난도 **하**

정답해설

③ 고전학파의 견해에 의하면 인간은 자유의지를 가지고 있으므로, 의도적인 범죄의 경우 그 적용에 있어 아무런 문제가 없다. 그러나 충동적인 범죄의 경우 인간의 자유의지와는 관련성이 떨어지므로 고전학파의 견해는 충동적인 범죄에 적용하기에는 한계가 있다.

22

정답 ③

영역 각론>생활안전론 　　　　　　　　 난도 **하**

정답해설

③ 성폭력범죄의 피해자가 <u>19세 미만</u>이거나 신체적인 또는 정신적인 장애로 사물을 변별하거나 의사를 결정할 능력이 미약한 경우에는 피해자의 진술 내용과 조사 과정을 비디오녹화기 등 영상물 녹화장치로 촬영·보존하여야 한다(성폭력범죄의 처벌 등에 관한 특례법 제30조 제1항).

오답해설

① 성폭력범죄의 처벌 등에 관한 특례법 제21조 제1항

② 성폭력범죄의 처벌 등에 관한 특례법 제21조 제3항

④ 성폭력범죄의 처벌 등에 관한 특례법 제26조 제2항

23

정답 ②

영역 각론>생활안전론 　　　　　　　　 난도 **상**

정답해설

지문의 내용 중 응급조치에 해당하는 것은 ㉠, ㉡, ㉤이다.

㉠ 아동학대범죄의 처벌 등에 관한 특례법 제12조 제1항 제1호

㉡ 아동학대범죄의 처벌 등에 관한 특례법 제12조 제1항 제2호

㉤ 아동학대범죄의 처벌 등에 관한 특례법 제12조 제1항 제4호

오답해설

지문의 내용 중 ㉢, ㉣은 임시조치에 해당한다.

㉢ 아동학대범죄의 처벌 등에 관한 특례법 제19조 제1항 제1호

㉣ 아동학대범죄의 처벌 등에 관한 특례법 제19조 제1항 제6호

응급조치와 임시조치의 비교

응급조치(제12조)	임시조치(제19조)
1. 아동학대범죄 행위의 제지 2. 아동학대행위자를 피해아동으로부터 격리 3. 피해아동을 아동학대 관련 보호시설로 인도 4. 긴급치료가 필요한 피해아동을 의료기관으로 인도	1. 피해아동 또는 가정구성원(「가정폭력범죄의 처벌 등에 관한 특례법」 제2조 제2호에 따른 가정구성원을 말한다. 이하 같다)의 주거로부터 퇴거 등 격리 2. 피해아동 또는 가정구성원의 주거, 학교 또는 보호시설 등에서 100미터 이내의 접근 금지 3. 피해아동 또는 가정구성원에 대한 「전기통신기본법」 제2조 제1호의 전기통신을 이용한 접근 금지 4. 친권 또는 후견인 권한 행사의 제한 또는 정지 5. 아동보호전문기관 등에의 상담 및 교육 위탁 6. 의료기관이나 그 밖의 요양시설에의 위탁 7. 경찰관서의 유치장 또는 구치소에의 유치

24

답 ②

영역 각론>범죄 수사 　　　난도 중

정답해설

지문의 내용 중 옳은 것은 ㉠, ㉣, ㉤이다.
㉠ 가정폭력범죄의 처벌 등에 관한 특례법 제2조 제3호 바목
㉣ 가정폭력범죄의 처벌 등에 관한 특례법 제6조 제3항
㉤ 가정폭력범죄의 처벌 등에 관한 특례법 제9조 제1항

오답해설

지문의 내용 중 틀린 것은 ㉡, ㉢이다.
㉡ 진행 중인 가정폭력범죄에 대하여 신고를 받은 사법경찰관리는 즉시 현장에 나가서 피해자를 가정폭력 관련 상담소 또는 보호시설로 인도(피해자가 동의한 경우만 해당한다)하여야 한다(가정폭력범죄의 처벌 등에 관한 특례법 제5조 제2호).
㉢ 진행 중인 가정폭력범죄에 대하여 신고를 받은 사법경찰관리는 즉시 현장에 나가서 폭력행위 재발 시 제8조에 따라 임시조치를 신청할 수 있음을 통보하여야 한다. 사법경찰관은 검사에게 임시조치를 신청할 수 있다(가정폭력범죄의 처벌 등에 관한 특례법 제5조 제4호, 제8조 제1항).

25

답 ②

영역 각론>범죄 수사 　　　난도 하

정답해설

② 피의자를 유치장에 입감시키거나 출감시킬 때에는 유치인보호 주무자가 발부하는 피의자입(출)감지휘서(별지 제2호 서식)에 의하여야 하며 동시에 3명 이상의 피의자를 입감시킬 때에는 경위 이상 경찰관이 입회하여 순차적으로 입감시켜야 한다(피의자 유치 및 호송 규칙 제7조 제1항).

오답해설

① 피의자 유치 및 호송규칙 제8조 제4항 제2호
③ 피의자 유치 및 호송규칙 제50조 제2항
④ 피의자 유치 및 호송규칙 제48조 제3항 제1호

26

답 ③

영역 각론>범죄 수사 　　　난도 하

정답해설

③ 경찰관은 검시에 특별한 지장이 없다고 인정하면 변사자의 가족·친족·이웃사람·친구, 시·군·구·읍·면·동의 공무원 그 밖에 필요하다고 인정하는 자를 참여시켜야 한다(범죄수사규칙 제33조).

오답해설

① 범죄수사규칙 제32조 제3항
② 범죄수사규칙 제36조 제1항
④ 범죄수사규칙 제37조 제3항

27

답 ①

영역 각론>경비경찰활동 　　　난도 하

정답해설

① 테러취약시설의 지정은 경찰청장이 행한다(테러취약시설 안전활동에 관한 규칙 제5조).

오답해설

② 경찰청 훈령인 '테러취약시설 안전활동에 관한 규칙 제9조 제1항
③ 경찰청 훈령인 '테러취약시설 안전활동에 관한 규칙 제9조 제1항 제3호
④ 경찰청 훈령인 '테러취약시설 안전활동에 관한 규칙 제22조 제1항

28

답 ③

난도 **하**

정답해설

③ 경쟁행위법은 불만집단의 의견에 반대하는 대중의견을 크게 부각시켜 불만집단이 위압되어 자진해산 및 분산하게 하는 방법이다.

29

답 ③

영역 각론>경비경찰활동 난도 **중**

정답해설

지문의 내용 중 옳은 것은 ㉡, ㉢, ㉤이다.

㉡ 청원경찰법 제8조 제1항

㉢ 청원경찰법 제8조 제2항

㉤ 청원경찰법 제9조의3 제2항

오답해설

지문의 내용 중 틀린 것은 ㉠, ㉣이다.

㉠ 청원경찰을 배치 받으려는 자는 대통령령으로 정하는 바에 따라 관할 지방경찰청장에게 청원경찰 배치를 신청하여야 한다(청원경찰법 제4조 제1항).

㉣ 청원경찰에 대한 징계의 종류는 파면, 해임, 정직, 감봉 및 견책으로 구분한다(청원경찰법 제5조의2 제2항).

30

답 ②

영역 각론>교통경찰활동 난도 **하**

정답해설

㉠은 주의표지, ㉡은 규제표지에 대한 설명이다(도로교통법 시행규칙 제8조 제1항).

The 알아보기

안전표지의 종류(도로교통법 시행규칙 제8조)

구분	내용
주의표지	도로상태가 위험하거나 도로 또는 그 부근에 위험물이 있는 경우에 필요한 안전조치를 할 수 있도록 이를 도로사용자에게 알리는 표지
규제표지	도로교통의 안전을 위하여 각종 제한·금지 등의 규제를 하는 경우에 이를 도로사용자에게 알리는 표지
지시표지	도로의 통행방법·통행구분 등 도로교통의 안전을 위하여 필요한 지시를 하는 경우에 도로사용자가 이에 따르도록 알리는 표지
보조표지	주의표지·규제표지 또는 지시표지의 주기능을 보충하여 도로사용자에게 알리는 표지
노면표시	도로교통의 안전을 위하여 각종 주의·규제·지시 등의 내용을 노면에 기호·문자 또는 선으로 도로사용자에게 알리는 표지

31

답 ①

영역 각론>교통경찰활동 난도 **상**

정답해설

모두 옳은 지문이다.

㉠ 도로교통법 제82조 제2항 제3호 나목

㉡ 도로교통법 제82조 제3항

㉢ 도로교통법 제98조 제2항

㉣ 도로교통법 시행규칙 제55조 제1호

㉤ 도로교통법 시행규칙 [별표 18]

32

답 ④

영역 각론>교통경찰활동 난도 **하**

정답해설

④ 인피 뺑소니 사고는 「특정범죄가중처벌 등에 관한 법률」(이하 "특가법"이라 한다) 제5조의3을 적용하여 기소의견으로 송치한다(교통사고조사규칙 제20조 제3항 제1호).

오답해설

① 교통사고조사규칙 제20조 제1항 제1호

② 교통사고조사규칙 제20조 제1항 제2호

③ 교통사고조사규칙 제20조 제3항 제2호 가목

33

영역 각론>교통경찰활동　　　　　　난도 **하**

정답해설

③ 교통사고처리특례법위반, 도로교통법위반(대판 1987. 2. 24. 86도2731)

　형법 제40조에서 말하는 1개의 행위란 법적 평가를 떠나 사회 관념상 행위가 사물자연의 상태로서 1개로 평가되는 것을 말하는 바, 무면허인데다가 술이 취한 상태에서 오토바이를 운전하였다는 것은 위의 관점에서 분명히 1개의 운전행위라 할 것이고 이 행위에 의하여 도로교통법 제111조 제2호, 제40조와 제109조 제2호, 제41조 제1항의 각 죄에 동시에 해당하는 것이니 두 죄는 형법 제40조의 상상적 경합관계에 있다고 할 것이다.

오답해설

① 도로교통법위반(대판 2000. 4. 21. 99도5210)

② 도로교통법위반(음주운전)(대판 2004. 4. 23. 2004도1109)

④ 도로교통법위반(음주운전)(대판 2006. 11. 23. 2005도7034)

34

영역 각론>정보경찰활동　　　　　　난도 **중**

정답해설

지문의 내용 중 옳은 것은 ⓛ, ⓒ, ⓔ이다.

오답해설

지문의 내용 중 틀린 것은 ⑦, ⓜ이다.

⑦ 정보의 생산은 선택－기록－평가－분석－종합－해석의 소순환 과정으로 진행된다.

ⓜ 정보는 소요시기와 사용목적에 따라 시급하고 중요한 정보를 우선적으로 배포하여야 하며, 먼저 생산되었다고 우선적으로 배포하는 것은 적절하지 않다.

35

영역 각론>정보경찰활동　　　　　　난도 **하**

정답해설

④ 관할경찰관서장은 제6조 제1항에 따른 신고서의 기재 사항에 미비한 점을 발견하면 접수증을 교부한 때부터 12시간 이내에 주최자에게 24시간을 기한으로 그 기재 사항을 보완할 것을 통고할 수 있다(집회 및 시위에 관한 법률 제7조 제1항).

오답해설

① 집회 및 시위에 관한 법률 제2조 제5호

② 집회 및 시위에 관한 법률 제5조 제1항 제1호

③ 집회 및 시위에 관한 법률 제6조 제3항

36

영역 각론>보안경찰활동　　　　　　난도 **하**

정답해설

④ 지문은 간첩망 중 써클형에 대한 설명이다. 레포형은 피라미드형 조직에 있어서 간첩과 주공작원간, 행동공작원 상호간에 연락원을 두고 종횡으로 연결하는 방식을 말한다.

37

영역 각론>보안경찰활동　　　　　　난도 **중**

정답해설

③ 찬양·고무죄의 경우 구속기간의 연장에 대한 근거규정은 있지만 위헌결정으로 인해 구속기간을 연장할 수 없다.

오답해설

① 국가보안법 제7조

② 국가보안법 제20조 제1항

④ 국가보안법 제16조

38

영역 각론>보안경찰활동　　　　　　난도 **중**

정답해설

⑦은 금고, ⓛ은 3년, ⓒ은 2년이다.

The 알아보기

보안관찰법 제3조 (보안관찰처분대상자) 이 법에서 "보안관찰처분대상자"라 함은 보안관찰해당범죄 또는 이와 경합된 범죄로 금고 이상의 형의 선고를 받고 그 형기합계가 3년 이상인 자로서 형의 전부 또는 일부의 집행을 받은 사실이 있는 자를 말한다.

보안관찰법 제5조 (보안관찰처분의 기간) ① 보안관찰처분의 기간은 2년으로 한다.

39

영역 각론>외사경찰활동   난도 중

정답해설

① 출입국관리법 제17조 제1항

오답해설

② 법무부장관은 공공의 안녕질서나 대한민국의 중요한 이익을 위하여 필요하다고 인정하면 대한민국에 체류하는 외국인에 대하여 거소(居所) 또는 활동의 범위를 제한하거나 그 밖에 필요한 준수사항을 정할 수 있다(출입국관리법 제22조).

③ 대한민국에서 출생한 외국인은 출생한 날부터 90일 이내에 체류자격을 받아야 한다(출입국관리법 제23조 제1항 제1호).

④ 외국인이 입국한 날부터 90일을 초과하여 대한민국에 체류하려면 대통령령으로 정하는 바에 따라 입국한 날부터 90일 이내에 그의 체류지를 관할하는 지방출입국 · 외국인관서의 장에게 외국인등록을 하여야 한다(출입국관리법 제31조 제1항).

40

답②

영역 각론>외사경찰활동   난도 하

정답해설

② 인터폴은 범죄에 관한 자료수집, 범인의 소재수사 등의 임무를 수행할 뿐 체포나 구속 등에 관한 권한은 없다.

제5회 경찰승진 최종모의고사

정답체크

01	02	03	04	05	06	07	08	09	10
②	①	③	③	②	③	③	④	④	③
11	12	13	14	15	16	17	18	19	20
④	①	①	②	②	①	③	④	①	③
21	22	23	24	25	26	27	28	29	30
③	②	④	③	④	①	①	④	③	④
31	32	33	34	35	36	37	38	39	40
②	③	④	①	③	④	④	④	①	④

문항별 체크리스트

문항	영역	O	X	문항	영역	O	X
01	총론>경찰과 경찰학			21	각론>생활안전론		
02	총론>한국경찰의 근·현대사			22	각론>생활안전론		
03	총론>경찰과 그 법적 토대			23	각론>생활안전론		
04	총론>경찰과 그 법적 토대			24	각론>생활안전론		
05	총론>경찰과 그 법적 토대			25	각론>범죄 수사		
06	총론>경찰공무원과 법			26	각론>범죄 수사		
07	총론>경찰공무원과 법			27	각론>범죄 수사		
08	총론>경찰공무원과 법			28	각론>경비경찰활동		
09	총론>경찰공무원과 법			29	각론>경비경찰활동		
10	총론>경찰공무원과 법			30	각론>경비경찰활동		
11	총론>경찰작용법 일반론			31	각론>교통경찰활동		
12	총론>경찰관 직무집행법			32	각론>교통경찰활동		
13	총론>경찰관 직무집행법			33	각론>교통경찰활동		
14	총론>경찰관 직무집행법			34	각론>정보경찰활동		
15	총론>경찰관리			35	각론>정보경찰활동		
16	각론>정보경찰활동			36	각론>보안경찰활동		
17	총론>경찰에 대한 통제			37	각론>보안경찰활동		
18	총론>경찰에 대한 통제			38	각론>외사경찰활동		
19	총론>경찰에 대한 통제			39	각론>외사경찰활동		
20	총론>경찰윤리			40	각론>외사경찰활동		
총론		/ 19		각론		/ 21	

01

영역 총론>경찰과 경찰학　　　　　난도 하

정답해설

② 중세의 독일에서 제국경찰법(1530년)이 제정되어 교회행정에 관한 권한이 경찰의 개념에서 제외되었고, 경찰개념은 국가행정에 국한되었다.

02

답 ①

영역 총론>한국경찰의 근·현대사　　　　　난도 하

정답해설

① '경무청관제직장'에 의해 당시의 좌·우포도청을 합하여 경무청을 신설하고, 경무청의 장으로 경무사를 두었다.

03

답 ③

영역 총론>경찰과 그 법적 토대　　　　　난도 하

정답해설

③ 지구대장, 파출소장은 경찰행정관청이 아니고 경찰서장의 보조기관에 해당한다.

04

답 ③

영역 총론>경찰과 그 법적 토대　　　　　난도 하

정답해설

③ 경찰청장은 경찰위원회의 동의를 받아 행정안전부장관의 제청으로 국무총리를 거쳐 대통령이 임명한다. 이 경우 국회의 인사청문을 거쳐야 한다(경찰법 제11조 제2항).

오답해설

① 경찰법 제2조 제1항

② 경찰법 제16조 제2항

④ 경찰법 제11조 제5항

05

답 ②

영역 총론>경찰과 그 법적 토대　　　　　난도 중

정답해설

② 경찰법 제5조 제3항

오답해설

① 위원회는 위원장 1명을 포함한 7명의 위원으로 구성하되, 위원장 및 5명의 위원은 비상임(非常任)으로 하고, 1명의 위원은 상임(常任)으로 한다(경찰법 제5조 제2항).

③ 위원은 행정안전부장관의 제청으로 국무총리를 거쳐 대통령이 임명한다(경찰법 제6조 제1항).

④ 보궐위원의 임기는 전임자 임기의 남은 기간으로 한다(경찰법 제7조 제1항).

06

답 ③

영역 총론>경찰공무원과 법　　　　　난도 중

정답해설

지문의 내용 중 옳은 것은 ㉡, ㉢, ㉣이다.

㉡ 경찰공무원법 제6조 제1항

㉢ 경찰공무원법 제7조 제2항 제6호

㉣ 경찰공무원법 제11조 제2항

오답해설

지문의 내용 중 틀린 것은 ㉠, ㉣이다.

㉠ 휴직기간, 직위해제기간 및 징계에 의한 정직처분 또는 감봉처분을 받은 기간은 제1항에 따른 시보임용기간에 산입하지 아니한다(경찰공무원법 제10조 제2항).

㉣ 사망으로 인한 면직은 사망한 다음 날에 면직된 것으로 본다(경찰공무원임용령 제5조 제2항).

07

답 ③

영역 총론>경찰공무원과 법　　　　　난도 하

정답해설

③ 공무원(지방의회의원 및 교육위원을 포함한다. 이하 제22조에서 같다) 또는 공직유관단체의 임직원은 외국으로부터 선물을 받거나 그 직무와 관련하여 외국인(외국단체를 포함한다. 이하 같다)에게 선물을 받으면 <u>지체 없이 소속 기관·단체의 장에게 신고하고 그 선물을 인도하여야 한다.</u> 이들의 가족이 외국으로부터 선물을 받거나 그 공무원이나 공직유관단체 임직원의 직무와 관련하여 외국인에게 선물을 받은 경우에도 또한 같다(공직자윤리법 제15조 제1항).

① 공직자윤리법 제3조 제1항 제9호
② 공직자윤리법 제10조 제1항 제8호
④ 공직자윤리법 제17조 제1항

08

답 ④

영역 총론>경찰공무원과 법　　　　　　난도 하

정답해설
④ 경찰공무원은 휴무일 또는 근무시간외에 2시간 이내에 직무에 복귀하기 어려운 지역으로 여행을 하고자 할 때에는 소속 경찰기관의 장에게 신고를 하여야 한다. 다만, 치안상 특별한 사정이 있어 경찰청장, 해양경찰청장 또는 경찰기관의 장이 지정하는 기간 중에는 소속경찰기관의 장의 허가를 받아야 한다(경찰공무원 복무규정 제13조).

오답해설
① 경찰공무원 복무규정 제8조
② 경찰공무원 복무규정 제9조
③ 경찰공무원 복무규정 제10조

The 알아보기

기본강령(경찰공무원복무규정 제3조)
1. 경찰사명
  경찰공무원은 국가와 민족을 위하여 충성과 봉사를 다하며, 국민의 생명·신체 및 재산을 보호하고, 공공의 안녕과 질서를 유지함을 그 사명으로 한다.
2. 경찰정신
  경찰공무원은 국민의 수임자로서 일상의 직무수행에 있어서 국민의 자유와 권리를 존중하는 호국·봉사·정의의 정신을 그 바탕으로 삼는다.
3. 규율
  경찰공무원은 법령을 준수하고 직무상의 명령에 복종하며, 상사에 대한 존경과 부하에 대한 신애로써 규율을 지켜야 한다.
4. 단결
  경찰공무원은 주어진 사명을 다하기 위하여 긍지를 가지고 한마음 한뜻으로 굳게 뭉쳐 임무수행에 모든 역량을 기울여야 한다.
5. 책임
  경찰공무원은 창의와 노력으로써 소임을 완수하여야 하며, 직무수행의 결과에 대하여 책임을 진다.
6. 성실·청렴
  경찰공무원은 성실하고 청렴한 생활태도로써 국민의 모범이 되어야 한다.

09

답 ④

영역 총론>경찰공무원과 법　　　　　　난도 하

정답해설
④ 징계등 심의 대상자의 소재가 분명하지 아니할 때에는 출석 통지를 관보에 게재하고, 그 게재일부터 10일이 지나면 출석 통지가 송달된 것으로 본다(경찰공무원 징계령 제12조 제3항).

오답해설
① 국가공무원법 제83조의2 제1항
② 경찰공무원징계령 제16조
③ 경찰공무원법 제27조

10

답 ③

영역 총론>경찰공무원과 법　　　　　　난도 중

정답해설
③ 국가공무원법 제13조

오답해설
① 처분사유 설명서를 받은 공무원이 그 처분에 불복할 때에는 그 설명서를 받은 날부터 30일 이내에 소청심사위원회에 이에 대한 심사를 청구할 수 있다(국가공무원법 제76조 제1항).
② 소청심사위원회의 상임위원의 임기는 3년으로 하며, 한 번만 연임할 수 있다(국가공무원법 제10조 제2항).
④ 소청심사위원회의 위원은 금고 이상의 형벌이나 장기의 심신 쇠약으로 직무를 수행할 수 없게 된 경우 외에는 본인의 의사에 반하여 면직되지 아니한다(국가공무원법 제11조).

11

답 ④

영역 총론>경찰작용법 일반론　　　　　　난도 중

정답해설
④ 질서위반행위규제법 제7조

오답해설
① 14세가 되지 아니한 자의 질서위반행위는 과태료를 부과하지 아니한다. 다만, 다른 법률에 특별한 규정이 있는 경우에는 그러하지 아니하다(질서위반행위규제법 제9조).
② 행정청이 질서위반행위에 대하여 과태료를 부과하고자 하는 때에는 미리 당사자(제11조 제2항에 따른 고용주등을 포함한다. 이하 같다)에게 대통령령으로 정하는 사항을 통지하고, 10일 이상의 기간을 정하여 의견을 제출할

기회를 주어야 한다. 이 경우 지정된 기일까지 의견 제출이 없는 경우에는 의견이 없는 것으로 본다(질서위반행위규제법 제16조 제1항).
③ 과태료는 행정청의 과태료 부과처분이나 법원의 과태료 재판이 확정된 후 5년간 징수하지 아니하거나 집행하지 아니하면 시효로 인하여 소멸한다(질서위반행위규제법 제15조 제1항).

ⓒ 보상을 청구할 수 있는 권리는 손실이 있음을 안 날부터 3년, 손실이 발생한 날부터 5년간 행사하지 아니하면 시효의 완성으로 소멸한다(경찰관직무집행법 제11조의2 제2항).
ⓔ 이 법에 규정된 경찰관의 의무를 위반하거나 직권을 남용하여 다른 사람에게 해를 끼친 사람은 1년 이하의 징역이나 금고에 처한다(경찰관직무집행법 제12조).

12
답 ①

영역 총론>경찰관 직무집행법　　난도 중

정답해설
① 경찰관직무집행법 제2조 2의2호

오답해설
② 경찰관은 제2항에 따라 동행한 사람의 가족이나 친지 등에게 동행한 경찰관의 신분, 동행 장소, 동행 목적과 이유를 알리거나 본인으로 하여금 즉시 연락할 수 있는 기회를 주어야 하며, 변호인의 도움을 받을 권리가 있음을 알려야 한다(경찰관직무집행법 제3조 제5항).
③ 국가경찰의 기본보직 및 직무 범위를 규정하는 것은 경찰법의 제정목적이다. 경찰관직무집행법은 국민의 자유와 권리를 보호하고 사회공공의 질서를 유지하기 위한 경찰관(국가경찰공무원만 해당한다. 이하 같다)의 직무 수행에 필요한 사항을 규정함을 목적으로 한다(경찰관직무집행법 제1조 제1항).
④ 경찰청장은 위해성 경찰장비를 새로 도입하려는 경우에는 대통령령으로 정하는 바에 따라 안전성 검사를 실시하여 그 안전성 검사의 결과보고서를 국회 소관 상임위원회에 제출하여야 한다. 이 경우 안전성 검사에는 외부 전문가를 참여시켜야 한다(경찰관직무집행법 제10조 제5항).

13
답 ①

영역 총론>경찰관 직무집행법　　난도 중

정답해설
ㄱ은 6, ㄴ은 10, ㄷ은 3, ㄹ은 1이다.
ㄱ 경찰관은 제2항에 따라 동행한 사람을 6시간을 초과하여 경찰관서에 머물게 할 수 없다(경찰관직무집행법 제3조 제6항).
ㄴ 구호대상자를 경찰관서에서 보호하는 기간은 24시간을 초과할 수 없고, 제3항에 따라 물건을 경찰관서에 임시로 영치하는 기간은 10일을 초과할 수 없다(경찰관직무집행법 제4조 제7항).

14
답 ②

영역 총론>경찰관 직무집행법　　난도 중

정답해설
지문의 내용 중 틀린 것은 ㉠, ㉢, ㉣이다.
㉠ 대통령령으로 정하는 바에 따라 각각 보상금심사위원회를 설치·운영하여야 한다(경찰관직무집행법 제11조의3 제2항).
㉢ 경찰청장, 지방경찰청장 또는 경찰서장은 제2항에 따른 보상금심사위원회의 심사·의결에 따라 보상금을 지급하고, 거짓 또는 부정한 방법으로 보상금을 받은 사람에 대하여는 해당 보상금을 환수한다(경찰관직무집행법 제11조의3 제5항).
㉣ 보상금심사위원회의 회의는 재적위원 과반수의 찬성으로 의결한다(경찰관직무집행법 시행령 제19조 제4항).

오답해설
지문의 내용 중 옳은 것은 ㉡, ㉤이다.
㉡ 경찰관직무집행법 제11조의3 제4항
㉤ 경찰관직무집행법 시행령 제19조 제1항

15
답 ②

영역 총론>경찰관리　　난도 중

오답해설
① 적정보수제도, 휴양제도는 생리적 욕구와 관련이 있다.
③ 인간관계의 개선, 고충처리 상담은 안전의 욕구와 관련이 있다.
④ 참여확대, 권한의 위임, 제안제도, 포상제도는 존경의 욕구와 관련이 있다.

구분	내용	사례
생리적 욕구	의·식·주 및 건강 등에 관한 욕구	적정보수제도, 휴양제도, 탄력시간제 등
안전욕구	공무원의 현재 및 장래의 신분이나 생활에 대한 불안감 해소	신분보장, 연금제도
사회적 욕구 (소속 및 애정의 욕구)	동료, 상사, 조직전체에 대한 친근감이나 귀속감을 충족	인간관계의 개선(비공식 집단의 활용), 고충처리 상담
존경욕구	타인의 인정, 존중, 신망을 받으려는 욕구	참여확대, 권한의 위임, 제안제도, 포상제도(이 달의 경찰관 시상), 교육훈련, 근무성적평정
자기실현 욕구	앞으로의 자기발전, 자기완성의 욕구 및 성취감 충족	공정하고 합리적인 승진, 공무원 단체의 활용(인정), 주5일 근무제, 직무충실·확대

16

답 ①

영역 각론>정보경찰활동   **난도** 하

정답해설

① 신원조사는 국가정보원장이 직권으로 하거나 관계 기관의 장의 요청에 따라 한다(보안업무규정 제36조 제2항).

오답해설

② 보안업무규정 제36조 제3항 제1호
③ 보안업무규정 제36조 제1항
④ 보안업무규정 제37조 제2항

17

답 ③

영역 총론>경찰에 대한 통제   **난도** 하

정답해설

③ 경찰위원회 제도는 외부적 통제수단이면서 동시에 민주적 통제장치에 해당한다.

18

답 ④

영역 총론>경찰에 대한 통제   **난도** 하

정답해설

④ 신고를 이첩받은 조사기관(조사기관이 이첩받은 신고사항에 대하여 다른 조사기관에 이첩·재이첩, 감사요구, 송치, 수사의뢰 또는 고발을 한 경우에는 이를 받은 조사기관을 포함한다. 이하 이 조에서 같다)은 감사·수사 또는 조사결과를 감사·수사 또는 조사 종료 후 10일 이내에 위원회에 통보하여야 한다(부패방지 및 국민권익위원회의 설치와 운영에 관한 법률 제60조 제2항).

오답해설

① 부패방지 및 국민권익위원회의 설치와 운영에 관한 법률 제55조
② 부패방지 및 국민권익위원회의 설치와 운영에 관한 법률 제58조
③ 부패방지 및 국민권익위원회의 설치와 운영에 관한 법률 제60조

19

답 ①

영역 총론>경찰에 대한 통제   **난도** 중

정답해설

㉠은 20, ㉡은 20, ㉢은 30, ㉣은 7, ㉤은 7이다.

The 알아보기

공공기관의 정보공개에 관한 법률 제18조(이의신청)

① 청구인이 정보공개와 관련한 공공기관의 비공개 결정 또는 부분 공개 결정에 대하여 불복이 있거나 정보공개 청구 후 20일이 경과하도록 정보공개 결정이 없는 때에는 공공기관으로부터 정보공개 여부의 결정 통지를 받은 날 또는 정보공개 청구 후 20일이 경과한 날부터 30일 이내에 해당 공공기관에 문서로 이의신청을 할 수 있다.

③ 공공기관은 이의신청을 받은 날부터 7일 이내에 그 이의신청에 대하여 결정하고 그 결과를 청구인에게 지체 없이 문서로 통지하여야 한다. 다만, 부득이한 사유로 정하여진 기간 이내에 결정할 수 없을 때에는 그 기간이 끝나는 날의 다음 날부터 기산하여 7일의 범위에서 연장할 수 있으며, 연장 사유를 청구인에게 통지하여야 한다.

20
답 ③

영역 총론>경찰윤리 난도 하

정답해설

③ 썩은 사과 가설은 부패의 원인이 경찰관 개인에게 있다고 본다.

21
답 ③

영역 각론>생활안전론 난도 하

정답해설

③ 성폭력 신고의 경우 현장 도착전 신고자가 신고를 취소하였더라도 반드시 현장임장하여 신고내용의 진위여부를 확인하고 보고하도록 조치한다.

22
답 ②

영역 각론>생활안전론 난도 상

정답해설

지문의 내용 중 상황근무에 해당하는 것은 ㉠, ㉡, ㉥이다(지역경찰의 조직 및 운영에 관한 규칙 제24조).

오답해설

㉢ 행정근무에 해당한다(지역경찰의 조직 및 운영에 관한 규칙 제23조 제2호).

㉣ 행정근무에 해당한다(지역경찰의 조직 및 운영에 관한 규칙 제23조 제1호)

㉤ 순찰근무에 해당한다(지역경찰의 조직 및 운영에 관한 규칙 제25조 제3항 제1호)

23
답 ④

영역 각론>생활안전론 난도 하

정답해설

④ 사안의 경우 경범죄처벌법상 60만 원 이하의 벌금, 구류 또는 과료에 처하도록 규정되어 있고, 주거의 불분명 여부를 불문하고 현행범으로 체포할 수 있다.

24
답 ③

영역 각론>생활안전론 난도 상

정답해설

지문의 내용 중 청소년 출입 · 고용금지업소에 해당하는 것은 ㉡, ㉢, ㉥이다(청소년보호법 제2조 제5호 가목).

오답해설

㉠, ㉣, ㉤은 청소년 고용금지업소에 해당한다(청소년보호법 제2조 제5호 나목).

25
답 ④

영역 각론>범죄 수사 난도 하

정답해설

④ 디엔에이신원확인정보담당자가 디엔에이신원확인정보를 데이터베이스에 수록한 때에는 제5조 및 제6조에 따라 채취된 디엔에이감식시료와 그로부터 추출한 디엔에이를 지체 없이 폐기하여야 한다(디엔에이신원확인정보의 이용 및 보호에 관한 법률 제12조 제1항).

오답해설

① 디엔에이신원확인정보의 이용 및 보호에 관한 법률 제5조 제1항 제2호

② 디엔에이신원확인정보의 이용 및 보호에 관한 법률 제8조 제3항

③ 디엔에이신원확인정보의 이용 및 보호에 관한 법률 제13조 제2항 제1호

26

정답 ①

정답해설

① 아동학대범죄의 처벌 등에 관한 특례법 제2조 제1호

오답해설

② 사안의 경우 피해아동등의 이익을 최우선으로 고려하여야 하며, 피해아동등을 보호하여야 할 필요가 있는 등 특별한 사정이 있는 경우를 제외하고는 피해아동등의 의사를 존중하여야 한다(아동학대범죄의 처벌 등에 관한 특례법 제12조 제1항 제3호).

③ 응급조치는 72시간을 넘을 수 없다(아동학대범죄의 처벌 등에 관한 특례법 제12조 제3항).

④ 현장에 출동하거나 아동학대범죄 현장을 발견한 경우 또는 학대현장 이외의 장소에서 학대피해가 확인되고 재학대의 위험이 급박·현저한 경우, 사법경찰관리 또는 아동학대전담공무원은 피해아동, 피해아동의 형제자매인 아동 및 피해아동과 동거하는 아동(이하 "피해아동등"이라 한다)의 보호를 위하여 즉시 응급조치를 하여야 한다(아동학대범죄의 처벌 등에 관한 특례법 제12조 제1항).

27

정답 ①

정답해설

① L.S.D는 무색, 무취, 무미하다. 무색, 무취, 짠 맛이 나는 것은 GHB(물뽕)이다.

28

정답 ④

정답해설

④ 시·도지사 또는 시장·군수·구청장은 통합방위사태가 선포된 때에는 인명·신체에 대한 위해를 방지하기 위하여 즉시 작전지역에 있는 주민이나 체류 중인 사람에게 대피할 것을 명할 수 있다(통합방위법 제17조 제1항).

오답해설

① 통합방위법 제2조 제6호

② 통합방위법 제4조 제2항

③ 통합방위법 제12조 제1항 제2호

29

정답 ③

정답해설

③ 경찰 비상업무 규칙 제2조 제4호

오답해설

① "가용경력"이라 함은 총원에서 휴가·출장·교육·파견 등을 제외하고 실제 동원될 수 있는 모든 인원을 말한다(경찰비상업무규칙 제2조 제7호).

② 지문의 내용은 정위치근무에 대한 설명이다. "지휘선상 위치 근무"라 함은 비상연락체계를 유지하며 유사시 1시간 이내에 현장지휘 및 현장근무가 가능한 장소에 위치하는 것을 말한다(경찰비상업무규칙 제2조 제2호).

④ "작전준비태세"라 함은 '경계강화'단계를 발령하기 이전에 별도의 경력동원 없이 경찰작전부대의 출동태세 점검, 지휘관 및 참모의 비상연락망 구축 및 신속한 응소체제를 유지하며, 작전상황반을 운영하는 등 필요한 작전사항을 미리 조치하는 것을 말한다(경찰비상업무규칙 제2조 제9호).

30

정답 ④

정답해설

모두 옳은 지문이다.

31

정답 ②

정답해설

㉠은 12, ㉡은 10, ㉢은 10, ㉣ 4, ㉤은 3.50이다.

운전면허별 운전할 수 있는 차량의 종류

제1종	대형면허	1. 승용자동차
		2. 승합자동차
		3. 화물자동차
		4. 삭제
		5. 건설기계
		  − 덤프트럭, 아스팔트살포기, 노상안정기
		  − 콘크리트믹서트럭, 콘크리트펌프, 천공기(트럭 적재식)
		  − 콘크리트믹서트레일러, 아스팔트콘크리트재생기
		  − 도로보수트럭, 3톤 미만의 지게차
		6. 특수자동차[대형견인차, 소형견인차 및 구난차(이하 "구난차등"이라 한다)는 제외한다]
		7. 원동기장치자전거

	보통면허	1. 승용자동차 2. 승차정원 15명 이하의 승합자동차 3. 삭제 4. 적재중량 12톤 미만의 화물자동차 5. 건설기계(도로를 운행하는 3톤 미만의 지게차에 한정한다) 6. 총중량 10톤 미만의 특수자동차(구난차등은 제외한다) 7. 원동기장치자전거
	소형면허	1. 3륜화물자동차 2. 3륜승용자동차 3. 원동기장치자전거
	특수면허 — 대형견인차	1. 견인형 특수자동차 2. 제2종 보통면허로 운전할 수 있는 차량
	특수면허 — 소형견인차	1. 총중량 3.5톤 이하의 견인형 특수자동차 2. 제2종 보통면허로 운전할 수 있는 차량
	특수면허 — 구난차	1. 구난형 특수자동차 2. 제2종보통면허로 운전할 수 있는 차량
제2종	보통면허	1. 승용자동차 2. 승차정원 10명 이하의 승합자동차 3. 적재중량 4톤 이하의 화물자동차 4. 총중량 3.5톤 이하의 특수자동차(구난차등은 제외한다) 5. 원동기장치자전거
	소형면허	1. 이륜자동차 (측차부를 포함한다) 2. 원동기장치자전거
	원동기장치자전거면허	원동기장치자전거

연습면허	제1종보통	1. 승용자동차 2. 승차정원 15명 이하의 승합자동차 3. 적재중량 12톤 미만의 화물자동차
	제2종보통	1. 승용자동차 2. 승차정원 10명 이하의 승합자동차 3. 적재중량 4톤 이하의 화물자동차

32
답 ③

영역 각론＞교통경찰활동 **난도** 하

정답해설

③ 제한속도를 시속 20킬로미터 초과하여 운전한 경우가 12개 예외 항목에 해당한다(교통사고처리특례법 제3조 제2항 제3호).

오답해설

① 교통사고처리특례법 제3조 제2항 제8호
② 교통사고처리특례법 제3조 제2항 제12호
④ 교통사고처리특례법 제3조 제2항 제11호

33
답 ④

영역 각론＞교통경찰활동 **난도** 중

정답해설

도로교통법위반(대판 2002.10.25. 2002도4220)
특별한 이유 없이 호흡측정기에 의한 측정에 불응하는 운전자에게 경찰공무원이 혈액채취에 의한 측정방법이 있음을 고지하고 그 선택 여부를 물어야 할 의무가 있다고는 할 수 없다.

오답해설

① 교통사고처리특례법위반(대판 2000.9.5. 2000도2671)
고속도로를 운행하는 자동차의 운전자로서는 일반적인 경우에 고속도로를 횡단하는 보행자가 있을 것까지 예견하여 보행자와의 충돌사고를 예방하기 위하여 급정차 등의 조치를 취할 수 있도록 대비하면서 운전할 주의의무가 없고, 다만 고속도로를 무단횡단하는 보행자를 충격하여 사고를 발생시킨 경우라도 운전자가 상당한 거리에서 보행자의 무단횡단을 미리 예상할 수 있는 사정이 있었고, 그에 따라 즉시 감속하거나 급제동하는 등의 조치를 취하였다면 보행자와의 충돌을 피할 수 있었다는 등의 특별한 사정이 인정되는 경우에만 자동차 운전자의 과실이 인정될 수 있다.

② 도로교통법위반(음주운전)(대판 2004.4.23. 2004도 1109)

어떤 사람이 자동차를 움직이게 할 의도 없이 다른 목적을 위하여 자동차의 원동기(모터)의 시동을 걸었는데, 실수로 기어 등 자동차의 발진에 필요한 장치를 건드려 원동기의 추진력에 의하여 자동차가 움직이거나 또는 불안전한 주차상태나 도로여건 등으로 인하여 자동차가 움직이게 된 경우는 자동차의 운전에 해당하지 아니한다.

③ 도로교통법위반(무면허운전)(대판 2002.7. 23. 2001도 6281)

무면허운전으로 인한 도로교통법위반죄에 있어서는 어느 날에 운전을 시작하여 다음날까지 동일한 기회에 일련의 과정에서 계속 운전을 한 경우 등 특별한 경우를 제외하고는 사회통념상 운전한 날을 기준으로 운전한 날마다 1개의 운전행위가 있다고 보는 것이 상당하므로 운전한 날마다 무면허운전으로 인한 도로교통법위반의 1죄가 성립한다고 보아야 할 것이고, 비록 계속적으로 무면허운전을 할 의사를 가지고 여러 날에 걸쳐 무면허운전 행위를 반복하였다 하더라도 이를 포괄하여 일죄로 볼 수는 없다.

34

답 ①

영역 각론>정보경찰활동 　　　　　 난도 하

정답해설
① 정보상황보고는 <u>현용정보</u>의 일종으로 속보라고도 한다.

35

답 ③

영역 각론>정보경찰활동 　　　　　 난도 상

정답해설
지문의 내용 중 옳은 것은 ㉠, ㉢, ㉤이다.
㉠ 집회 및 시위에 관한 법률 제4조
㉢ 집회 및 시위에 관한 법률 제16조 제2항
㉤ 집회 및 시위에 관한 법률 제6조 제1항

오답해설
㉡ "주최자(主催者)"란 자기 이름으로 자기 책임 아래 집회나 시위를 여는 사람이나 단체를 말한다. 주최자는 주관자(主管者)를 따로 두어 집회 또는 시위의 실행을 맡아 관리하도록 위임할 수 있다. 이 경우 주관자는 그 위임의 범위 안에서 주최자로 본다(집회 및 시위에 관한 법률 제2조 제3호).

㉣ 학문, 예술, 체육, 종교, 의식, 친목, 오락, 관혼상제(冠婚喪祭) 및 국경행사(國慶行事)에 관한 집회에는 제6조부터 제12조까지의 규정을 적용하지 아니한다(집회 및 시위에 관한 법률 제15조). 그러므로 확성기등 사용의 제한(제14조)는 적용된다.

The 알아보기

학문, 예술, 체육, 종교, 의식, 친목, 오락, 관혼상제(冠婚喪祭) 및 국경행사(國慶行事)에 관한 집회에 적용되지 않는 규정
제6조(옥외집회 및 시위의 신고 등), 제7조(신고서의 보완 등), 제8조(집회 및 시위의 금지 또는 제한 통고), 제9조(집회 및 시위의 금지 통고에 대한 이의 신청 등), 제10조(옥외집회와 시위의 금지 시간), 제11조(옥외집회와 시위의 금지 장소), 제12조(교통 소통을 위한 제한)

36

답 ④

영역 각론>보안경찰활동 　　　　　 난도 상

정답해설
지문의 내용 중 보안관찰해당범죄는 ㉠, ㉡, ㉣, ㉤, ㉥이다(보안관찰법 제2조)

오답해설
㉢ 형법상 일반이적죄는 보안관찰해당범죄가 아니다. 그러나 군형법상의 일반이적죄는 보안관찰해당범죄이다(보안관찰법 제2조 제1호).

37

답 ④

영역 각론>보안경찰활동 　　　　　 난도 중

정답해설
지문의 내용 중 옳은 것은 ㉡, ㉣, ㉤이다.
㉡ 북한이탈주민의 보호 및 정착지원에 관한 법률 제2조 제4호
㉣ 북한이탈주민의 보호 및 정착지원에 관한 법률 제5조 제1항
㉤ 북한이탈주민의 보호 및 정착지원에 관한 법률 제8조 제1항

오답해설
㉠ "보호대상자"란 이 법에 따라 보호 및 지원을 받는 북한이탈주민을 말한다(북한이탈주민의 보호 및 정착지원에 관한 법률 제2조 제2호).

ⓒ 국내 입국 후 3년이 지나서 보호신청한 사람은 보호대상
　자로 결정하지 아니할 수 있다(북한이탈주민의 보호 및
　정착지원에 관한 법률 제9조 제1항 제5호).

38

답 ④

영역 각론> 외사경찰활동 　　　　　　　　　난도 중

정답해설

㉠ 법무부장관은 형사재판에 계속(係屬) 중인 국민에 대하
　여는 6개월 이내의 기간을 정하여 출국을 금지할 수 있
　다(출입국관리법 제4조 제1항 제1호).
㉡ 관광통과(B-2)의 체류자격을 가진 자는 30일의 범위 내
　에서 채류기간을 부여받아 사증없이 입국할 수 있다(출
　입국관리법 시행령 별표1).
㉢ 출입국관리공무원은 선박등에 타고 있는 외국인(승무원
　을 포함한다)이 질병이나 그 밖의 사고로 긴급히 상륙할
　필요가 있다고 인정되면 그 선박등의 장이나 운수업자의
　신청을 받아 30일의 범위에서 긴급상륙을 허가할 수 있
　다(출입국관리법 제15조 제1항).
㉣ 입국하려는 외국인은 입국심사를 받을 때 법무부령으로
　정하는 방법으로 지문 및 얼굴에 관한 정보를 제공하고
　본인임을 확인하는 절차에 응하여야 한다. 다만, 17세 미
　만인 사람은 그러하지 아니하다(출입국관리법 제12조의
　2 제1항 제1호).

39

답 ①

영역 각론> 외사경찰활동 　　　　　　　　　난도 중

정답해설

빈칸에 들어갈 말은 순서대로 법무부-외교부-서울고등검
찰청-서울고등법원이다(범죄인인도법 제12조 제1항).

The 알아보기

범죄인 인도법 제12조(법무부장관의 인도심사청구명령)
① 법무부장관은 외교부장관으로부터 제11조에 따른 인도청
구서 등을 받았을 때에는 이를 서울고등검찰청 검사장(檢事
長)에게 송부하고 그 소속 검사로 하여금 서울고등법원(이하
"법원"이라 한다)에 범죄인의 인도허가 여부에 관한 심사(이
하 "인도심사"라 한다)를 청구하도록 명하여야 한다. 다만, 인
도조약 또는 이 법에 따라 범죄인을 인도할 수 없거나 인도
하지 아니하는 것이 타당하다고 인정되는 경우에는 그러하지
아니하다.
② 법무부장관은 제1항 단서에 따라 인도심사청구명령을 하
지 아니하는 경우에는 그 사실을 외교부장관에게 통지하여야
한다.

40

답 ④

영역 각론> 외사경찰활동 　　　　　　　　　난도 중

오답해설

① 지문은 '평등성'에 대한 설명이다. 보편성이란 모든 회원
　국은 타 회원국과 협력할 수 있으며, 그러한 협력은 지리
　적 또는 언어적 요소에 의해 방해받아서는 안 된다는 것
　을 의미한다.
② 지문의 내용은 인터폴 총회에 대한 설명이다.
③ 인터폴 수배서는 사무총국에서 발행한다.

제6회 경찰승진 최종모의고사

정답체크

01	02	03	04	05	06	07	08	09	10
①	④	①	②	④	②	②	④	②	④
11	12	13	14	15	16	17	18	19	20
④	③	③	②	④	③	④	②	③	②
21	22	23	24	25	26	27	28	29	30
④	④	③	③	③	②	④	④	④	②
31	32	33	34	35	36	37	38	39	40
①	④	③	④	①	④	①	④	②	②

문항별 체크리스트

문항	영역	○	×	문항	영역	○	×
01	총론>경찰과 경찰학			21	각론>생활안전론		
02	총론>한국경찰의 근·현대사			22	각론>생활안전론		
03	총론>경찰과 그 법적 토대			23	각론>생활안전론		
04	총론>경찰과 그 법적 토대			24	각론>범죄 수사		
05	총론>경찰과 그 법적 토대			25	각론>범죄 수사		
06	총론>경찰공무원과 법			26	각론>경비경찰활동		
07	총론>경찰공무원과 법			27	각론>경비경찰활동		
08	총론>경찰공무원과 법			28	각론>경비경찰활동		
09	총론>경찰공무원과 법			29	각론>경비경찰활동		
10	총론>경찰작용법 일반론			30	각론>교통경찰활동		
11	총론>경찰관 직무집행법			31	각론>교통경찰활동		
12	총론>경찰관 직무집행법			32	각론>교통경찰활동		
13	총론>경찰관리			33	각론>정보경찰활동		
14	총론>경찰관리			34	각론>정보경찰활동		
15	총론>경찰관리			35	각론>보안경찰활동		
16	총론>경찰에 대한 통제			36	각론>보안경찰활동		
17	총론>경찰에 대한 통제			37	각론>보안경찰활동		
18	총론>경찰윤리			38	각론>외사경찰활동		
19	총론>경찰윤리			39	각론>외사경찰활동		
20	각론>생활안전론			40	각론>외사경찰활동		
총론		/ 19		각론		/ 21	

01

영역 총론>경찰과 경찰학 　　　　난도 하

답 ①

오답해설

②는 경찰권의 발동시점, ③은 업무의 독자성(다른 행정작용에 부수 여부), ④는 경찰활동의 질과 내용을 기준으로 하는 구분이다.

02

답 ④

영역 총론>제2장 한국경찰의 근·현대사 　　　　난도 하

정답해설

④ 미군정 실시 이전에는 검찰은 단순한 형사소추기관으로서의 지위만 가지고 있었던 것이 아니고, 범죄수사기관으로서 사법경찰권에 대한 지휘, 감독권을 가지고 있었다. 그러나 미군정 실시 이후 범죄수사기관은 경찰이고 검찰은 단순한 형사소추기관에 불과하다는 영미법적 사고가 이식되면서 범죄에 대한 수사권이 경찰로 이관되었다

03

답 ①

영역 총론>경찰과 그 법적 토대 　　　　난도 하

정답해설

① 경찰의결기관은 경찰행정관청의 의사를 구속하는 의결을 행하는 경찰행정기관을 말하고, 경찰행정주체의 의사를 외부에 표시할 수 있는 권한은 경찰행정관청에게 있다. 그러므로 경찰의결기관은 경찰행정주체의 의사를 외부에 표시할 수 있는 권한이 없다.

04

답 ②

영역 총론>경찰과 그 법적 토대 　　　　난도 중

지문의 내용 중 옳은 것은 ㉠, ㉡, ㉣, ㉤이다.

㉠ 경찰법 제1조
㉡ 경찰법 제16조 제1항
㉣ 경찰법 제16조 제2항
㉤ 경찰법 제17조 제1항

오답해설

지문의 내용 중 틀린 것은 ㉢이다.
㉢ 치안행정협의회의 조직·운영과 그 밖에 필요한 사항은 대통령령으로 정한다(경찰법 제16조 제2항).

05

답 ④

영역 총론>경찰과 그 법적 토대 　　　　난도 중

정답해설

④ 경찰위원회규정 제7조 제3항

오답해설

① 경찰행정에 관하여 제9조 제1항 각 호의 사항을 심의·의결하기 위하여 행정안전부에 경찰위원회(이하 "위원회"라 한다)를 둔다(경찰법 제5조 제1항).
② 위원 중 2명은 법관의 자격이 있는 사람이어야 한다(경찰법 제6조 제3항).
③ 위원의 임기는 3년으로 하며, 연임(連任)할 수 없다. 이 경우 보궐위원의 임기는 전임자 임기의 남은 기간으로 한다(경찰법 제7조 제1항).

The 알아보기

위원회의 사무는 경찰청에서 수행한다(경찰법 제10조 제1항).

06

답 ②

영역 총론>경찰공무원과 법 　　　　난도 하

정답해설

② 소속 장관은 제2항에 따라 지정된 전문직위(이하 "전문직위"라 한다) 중 인사혁신처장이 정하는 전문직위에 대해서는 직무수행요건을 설정하고, 직무수행요건을 갖춘 사람을 전문직위 전문관으로 선발하여 임용하여야 한다(공무원임용령 제43조의3 제3항).

오답해설

① 공무원임용령 제43조의3 제2항
③ 경찰공무원임용령 제25조 제1항
④ 경찰공무원임용령 제25조 제2항

07

답 ②

영역 총론>경찰공무원과 법 　　　　난도 상

정답해설

지문의 내용 중 틀린 것은 ㉠이다.
㉠ 지문의 내용은 직권면직 사유 중 객관적 사유에 해당하므로 징계위원회의 동의를 필요로 하지 않는다(경찰공무원법 제22조 제2항).

지문의 내용 중 옳은 것은 ⓒ, ⓒ, ⓐ, ⓜ이다.

ⓒ 경찰공무원법 제24조 제1항

ⓒ 경찰공무원법 제24조 제3항

ⓐ 경찰공무원법 제22조 제1항 제2호, 경찰공무원임용령 제47조 제1항

ⓜ 경찰공무원법 제24조 제5항

08

답 ④

영역 총론>경찰공무원과 법　　난도 상

정답해설

지문의 내용 모두 당연퇴직사유에 해당한다(경찰공무원법 제21조).

09

답 ②

영역 총론>경찰공무원과 법　　난도 중

정답해설

지문의 내용 중 옳은 것은 ⓐ, ⓒ, ⓐ이다.

ⓐ 경찰공무원징계령 제17조

ⓒ 경찰공무원징계령 제16조

ⓐ 국가공무원법 제80조 제5항

오답해설

ⓒ 중징계 처분의 제청을 받은 임용권자는 15일 이내에 의결서 사본에 별지 제4호서식의 징계등 처분 사유 설명서를 첨부하여 징계등 처분 대상자에게 보내야 한다(경찰공무원징계령 제19조 제2항).

ⓜ 징계등 의결 요구를 받은 징계위원회는 그 요구서를 받은 날부터 30일 이내에 징계등에 관한 의결을 하여야 한다. 다만, 부득이한 사유가 있을 때에는 해당 징계등 의결을 요구한 경찰기관의 장의 승인을 받아 30일 이내의 범위에서 그 기간을 연장할 수 있다(경찰공무원징계령 제11조 제1항).

10

답 ④

영역 총론>경찰작용법 일반론　　난도 하

정답해설

④는 일반적 수권조항에 근거한 경찰권 발동에 대한 부정설의 견해에 해당한다.

오답해설

①·②·③은 일반적 수권조항에 근거한 경찰권 발동에 대한 긍정설의 입장이다.

11

답 ④

영역 총론>경찰관 직무집행법　　난도 하

정답해설

④ 경찰관은 대간첩 작전 수행에 필요할 때에는 작전지역에서 제2항에 따른 장소(흥행장(興行場), 여관, 음식점, 역, 그 밖에 많은 사람이 출입하는 장소)를 검색할 수 있다(경찰관직무집행법 제7조 제3항).

오답해설

① 경찰관직무집행법 제3조 제1항

② 경찰관직무집행법 제4조 제5항

③ 경찰관직무집행법 제5조 제2항

12

답 ③

영역 총론>경찰관 직무집행법　　난도 중

정답해설

지문의 내용 중 옳은 것은 ⓐ, ⓒ, ⓐ이다.

ⓐ 위해성 경찰장비의 사용기준 등에 관한 규정 제2조 제1호

ⓒ 위해성 경찰장비의 사용기준 등에 관한 규정 제12조 제1항

ⓐ 위해성 경찰장비의 사용기준 등에 관한 규정 제20조 제1항

오답해설

지문의 내용 중 틀린 것은 ⓒ, ⓜ이다.

ⓒ 경찰관은 총기 또는 폭발물을 가지고 대항하는 경우를 제외하고는 14세 미만의 자 또는 임산부에 대하여 권총 또는 소총을 발사하여서는 아니 된다(위해성 경찰장비의 사용기준 등에 관한 규정 제10조 제2항).

ⓜ 경찰관은 최루탄발사기로 최루탄을 발사하는 경우 30도 이상의 발사각을 유지하여야 하고, 가스차·살수차 또는 특수진압차의 최루탄발사대로 최루탄을 발사하는 경우에는 15도 이상의 발사각을 유지하여야 한다(위해성 경찰장비의 사용기준 등에 관한 규정 제12조 제2항).

13

영역 총론>경찰관리   난도 중

정답해설

지문의 내용 중 틀린 것은 ⓒ, ⓔ이다.

ⓒ 정부는 제32조의 규정에 따라 대통령의 승인을 얻은 예산안을 회계연도 개시 120일 전까지 국회에 제출하여야 한다(국가재정법 제33조).

ⓔ 각 중앙관서의 장은 제29조의 규정에 따른 예산안편성지침에 따라 그 소관에 속하는 다음 연도의 세입세출예산 · 계속비 · 명시이월비 및 국고채무부담행위 요구서(이하 "예산요구서"라 한다)를 작성하여 매년 5월 31일까지 기획재정부장관에게 제출하여야 한다(국가재정법 제31조 제1항).

오답해설

지문의 내용 중 옳은 것은 ⊙, ⓒ, ⓜ이다.

⊙ 경찰예산의 대부분은 일반회계에 해당한다. 최근에는 특별회계의 적용이 점차 증가하고 있다.

ⓒ 국가재정법 제28조

ⓜ 국가재정법 제43조 제2항

> **The 알아보기**
>
> 각 중앙관서의 장은 예산이 확정된 후 사업운영계획 및 이에 따른 세입세출예산 · 계속비와 국고채무부담행위를 포함한 예산배정요구서를 기획재정부장관에게 제출하여야 한다(국가재정법 제42조).

14

답 ②

영역 총론>경찰관리   난도 하

정답해설

② 탄약고는 무기고와 분리되어야 하며 가능한 본 청사와 격리된 독립 건물로 하여야 한다(경찰장비관리규칙 제115조 제3항).

오답해설

① 경찰장비관리규칙 제94조 제4항

③ 경찰장비관리규칙 제120조 제1항 제3호

④ 경찰장비관리규칙 제98조 제3항

15

답 ④

영역 총론>경찰관리   난도 하

정답해설

④ 지문의 내용은 언론관계(Press Relations)에 대한 설명이다. 대중매체 관계란 언론관계의 대상과 범위가 확대 · 발전한 보다 종합적인 홍보활동으로 각종 대중매체 제작자와 긴밀한 협조관계를 구축하고 유지하여 대중매체의 필요를 충족시키는 한편, 경찰의 긍정적인 특면을 널리 알리는 홍보활동이다.

16

답 ③

영역 총론>경찰에 대한 통제   난도 중

정답해설

지문의 내용 중 틀린 것은 ⓒ, ⓜ이다.

ⓒ 행정절차법은 행정에 대한 사전통제를 규정하고 있는 기본법이다.

ⓜ 인사혁신처에 설치된 소청심사위원회에 의한 통제는 외부적 통제에 해당한다.

오답해설

지문의 내용 중 옳은 것은 ⊙, ⓒ, ⓔ이다.

17

답 ④

영역 총론>경찰에 대한 통제   난도 하

정답해설

④ 경찰관서의 장은 제1항의 내용을 반영하여 매년 인권교육 계획을 수립하여 시행하여야 한다(경찰 인권보호 규칙 제18조 제2항).

오답해설

① 경찰 인권보호 규칙 제2조 제2호

② 경찰 인권보호 규칙 제5조 제1항

③ 경찰 인권보호 규칙 제21조 제1항 제1호

> **The 알아보기**
>
> 경찰청장은 경찰관등이 근무하는 동안 지속적 · 체계적으로 교육을 받을 수 있도록 3년 단위로 인권교육종합계획을 수립하여 시행하여야 한다(경찰 인권보호 규칙 제18조 제1항).

18

| 영역 총론>경찰윤리 | 난도 하 |

정답해설

② 지문의 내용은 니더호퍼, 로벅, 바커 등이 주장한 구조원인 가설에 대한 설명이다. 구조원인 가설은 조직 구조 내에서 경찰공무원의 부패원인을 찾고자 한다.

오답해설

① 전체사회 가설은 미국 시카고경찰의 부패원인을 분석하던 윌슨이 내린 결론으로 시민이 경찰을 부패시켰다고 본다.

③ 썩은 사과 가설은 부패의 원인은 자질이 없는 경찰관들이 모집단계에서 배제되지 못하고 조직 내에 유입됨으로써 경찰의 부패가 나타난다는 이론이다.

④ 미끄러지기 쉬운 경사로 이론은 부패에 해당되지 않는 작은 호의가 습관화 될 경우 미끄러운 경사로를 타고 내려오듯이 점점 더 큰 부패와 범죄로 빠진다는 가설이다.

19

| 영역 총론>경찰윤리 | 난도 중 |

정답해설

③ 경찰청 공무원 행동강령 제14조 제3항 제4호

오답해설

① 공무원은 경찰청 및 소속기관의 퇴직공무원(임직원)으로서 퇴직 전 5년간 같은 부서에서 근무하였던 자가 직무관련자인 경우에는 소속 기관의 장에게 해당 사실을 별지 제3호서식에 따라 서면(전자문서를 포함한다. 이하 같다)으로 신고하여야 한다. 다만, 공무원이 상담, 절차 및 규정 안내, 각종 증명서 발급, 기타 이에 준하는 단순 민원업무를 수행하는 경우에는 그러하지 아니하다(경찰청 공무원 행동강령 제5조 제1항 제8호).

② 공무원은 직무수행 중 알게 된 정보를 이용하여 유가증권, 부동산 등과 관련된 재산상 거래 또는 투자를 하거나 타인에게 그러한 정보를 제공하여 재산상 거래 또는 투자를 돕는 행위를 해서는 아니 된다(경찰청 공무원 행동강령 제12조).

④ 공무원은 정치인이나 정당 등으로부터 부당한 직무수행을 강요받거나 청탁을 받은 경우에는 별지 제9호 서식 또는 전자우편 등의 방법으로 소속 기관의 장에게 보고하거나 행동강령책임관과 상담하여야 한다(경찰청 공무원 행동강령 제8조 제1항).

20

| 영역 각론>생활안전론 | 난도 하 |

정답해설

② 기계경비업무란 경비대상시설에 설치한 기기에 의하여 감지 · 송신된 정보를 그 경비대상시설 외의 장소에 설치한 관제시설의 기기로 수신하여 도난 · 화재 등 위험발생을 방지하는 업무를 말한다(경비업법 제2조).

21

| 영역 각론>생활안전론 | 난도 하 |

정답해설

④ 식품위생법위반(대판 2001.12.24. 2001도5837)
식품위생법 제22조 제1항, 동시행령 제7조 제8호 (라)목, 제8조 제1항, 제2항, 제9조 제3호, 제10조 제3호의 각 규정을 종합하면 주로 주류를 조리, 판매하는 영업으로서, 유흥종사자 즉 손님과 함께 술을 마시거나 노래 또는 춤으로 손님의 유흥을 돋구는 부녀자(이를 위 시행령에서는 '유흥접객원'이라 한다)를 두는 것이 허용되는 유흥주점 영업을 하기 위하여는 관할 관청의 영업허가를 받도록 되어 있는바, 여기의 유흥종사자란 반드시 고용기간과 임금, 근로시간 등을 명시한 고용계약에 의하여 취업한 여자종업원에 한정된다고는 할 수 없지만, 적어도 하나의 직업으로 특정업소에서 손님과 함께 술을 마시거나 노래 또는 춤으로 손님의 유흥을 돋구어 주고 주인으로부터 보수를 받거나 손님으로부터 팁을 받는 부녀자를 가리키는 것으로 해석되고, 따라서 단순히 놀러오거나 손님으로 왔다가 다른 남자손님과 합석하여 술을 마신 부녀자는 이에 포함되지 아니한다.

오답해설

① 식품위생법위반(대판 2012.6.28. 2011도15097)

② 식품위생법위반(대판 2009.5.28. 2008도10118)

③ 식품위생법위반(대판 2001.12.24. 2001도5837)

22

| 영역 각론>생활안전론 | 난도 중 |

정답해설

지문의 내용 중 틀린 것은 ©, ®이다.

© 제3조에 따라 사람을 벌할 때에는 그 사정과 형편을 헤아려서 그 형을 면제하거나 구류와 과료를 함께 과(科)할 수 있다(경범죄 처벌법 제5조)

ⓜ 경찰서장, 해양경찰서장, 제주특별자치도지사 또는 철도특별사법경찰대장은 범칙자로 인정되는 사람에 대하여 그 이유를 명백히 나타낸 서면으로 범칙금을 부과하고 이를 납부할 것을 통고할 수 있다(경범죄 처벌법 제7조 제1항).

오답해설

지문의 내용 중 옳은 것은 ㉠, ㉡, ㉣이다.
㉠ 경범죄처벌법 제3조 제1항 제2호
㉡ 경범죄처벌법 제4조
㉣ 경범죄처벌법 제3조 제2항 제3호

23

답 ③

영역 각론>생활안전론　　　　　　　　**난도** 상

정답해설

지문의 내용 중 틀린 것은 ㉢, ㉤이다.
㉢ <u>판사</u>는 아동학대범죄의 원활한 조사·심리 또는 피해아동 보호를 위하여 필요하다고 인정하는 경우에는 결정으로 아동학대행위자에게 다음 각 호의 어느 하나에 해당하는 조치(이하 "임시조치"라 한다)를 할 수 있다(아동학대범죄의 처벌 등에 관한 특례법 제19조 제1항).
㉤ 피해아동을 아동학대 관련 보호시설로 인도하는 때에는 피해아동등의 이익을 최우선으로 고려하여야 하며, 피해아동등을 보호하여야 할 필요가 있는 등 특별한 사정이 있는 경우를 제외하고는 피해아동등의 의사를 존중하여야 한다(아동학대범죄의 처벌 등에 관한 특례법 제12조 제1항 제3호).

오답해설

지문의 내용 중 옳은 것은 ㉠, ㉡, ㉣이다.
㉠ 아동학대범죄의 처벌 등에 관한 특례법 제12조 제1항 제1호
㉡ 아동학대범죄의 처벌 등에 관한 특례법 제3조
㉣ 아동학대범죄의 처벌 등에 관한 특례법 제15조 제2항

24

답 ③

영역 각론>범죄 수사　　　　　　　　**난도** 하

정답해설

③ 경찰관은 검시에 특별한 지장이 없다고 인정하면 변사자의 가족·친족·이웃사람·친구, 시·군·구·읍·면·동의 공무원 그 밖에 필요하다고 인정하는 자를 참여시켜야 한다(범죄수사규칙 제33조).

오답해설

① 범죄수사규칙 제32조 제1항
② 범죄수사규칙 제32조 제2항
④ 범죄수사규칙 제36조 제1항

25

답 ③

영역 각론>범죄 수사　　　　　　　　**난도** 하

정답해설

③ 검사 또는 사법경찰관이 제7항 단서에 따라 통신제한조치의 연장을 청구하는 경우에 통신제한조치의 총 연장기간은 1년을 초과할 수 없다(통신비밀보호법 제6조 제8항).

오답해설

① 통신비밀보호법 제6조 제1항
② 통신비밀보호법 제6조 제7항
④ 통신비밀보호법 제7조 제2항

26

답 ②

영역 각론>경비경찰활동　　　　　　　**난도** 중

정답해설

지문의 내용 중 틀린 것은 ㉠, ㉣이다.
㉠ 지문의 내용은 A등급에 대한 설명이다. B등급은 테러에 의하여 파괴되거나 기능 마비시 일부 지역의 대테러진압작전이 요구되고, 국민생활에 중대한 영향을 미칠 수 있는 건축물 또는 시설을 말한다(테러취약시설 안전활동에 관한 규칙 제9조 제1항).
㉣ 경찰서장은 관할 내에 있는 다중이용건축물등 전체에 대해 A급은 분기 1회 이상 지도·점검을 실시하여야 한다(테러취약시설 안전활동에 관한 규칙 제22조 제1항 제1호).

오답해설

지문의 내용 중 옳은 것은 ㉡, ㉢, ㉤이다.
㉡ 테러취약시설 안전활동에 관한 규칙 제14조 제1항 제1호
㉢ 테러취약시설 안전활동에 관한 규칙 제27조 제1항
㉤ 테러취약시설 안전활동에 관한 규칙 [별표 2]

각종 시설의 지도·점검

구분	내용
국가중요시설 지도·점검 (제21조)	① 경찰서장은 관할 내에 있는 국가중요시설 전체에 대하여 연 1회 이상 지도·점검을 실시하여야 한다. ② 지방경찰청장은 관할 내 국가중요시설 중 선별하여 연 1회 이상 지도·점검을 실시한다
다중이용 건축물등 지도·점검 (제22조)	① 경찰서장은 관할 내에 있는 다중이용건축물등 전체에 대해 다음 각 호와 같이 지도·점검을 실시하여야 한다. 1. A급 : 분기 1회 이상 2. B급, C급 : 반기 1회 이상 ② 지방경찰청장은 관할 내 다중이용건축물등 중 선별하여 반기 1회 이상 지도·점검을 실시한다.

27

답 ④

영역 각론>경비경찰활동　　난도 중

정답해설

지문의 내용 중 옳은 것은 ⓒ, ⓒ, ⓜ이다.

오답해설

지문의 내용 중 틀린 것은 ㉠, ㉣이다.
㉠ 갑호는 대통령 경호처에서 담당하고 을, 병호는 경찰이 담당한다.
㉣ 퇴임 후 10년이 경과한 전직 대통령은 을호 경호대상이다.

28

답 ④

영역 각론>경비경찰활동　　난도 하

정답해설

사안은 행정안전부장관이나 국방부장관이 통합방위사태의 선포를 건의한다. 지방경찰청장, 지역군사령관 또는 함대사령관은 을종사태나 병종사태에 해당하는 상황이 발생한 때에는 즉시 시·도지사에게 통합방위사태의 선포를 건의하여야 한다(통합방위법 제12조 제4항).

오답해설

① 통합방위법 제12조 제4항
② 통합방위법 제2조 제6호
③ 통합방위법 제8조 제2항

29

답 ④

영역 각론>경비경찰활동　　난도 상

정답해설

지문의 내용 중 틀린 것은 ㉠, ㉣, ⓜ이다.
㉠ 청원경찰은 근무 중 제복을 착용하여야 한다(청원경찰법 제8조 제1항).
㉣ 청원경찰에 대한 징계의 종류는 파면, 해임, 정직, 감봉 및 견책으로 구분한다(청원경찰법 제5조의2 제2항).
ⓜ 청원경찰은 제4조 제2항에 따라 청원경찰의 배치 결정을 받은 자(이하 "청원주"(請願主)라 한다)와 배치된 기관·시설 또는 사업장 등의 구역을 관할하는 경찰서장의 감독을 받아 그 경비구역만의 경비를 목적으로 필요한 범위에서 「경찰관 직무집행법」에 따른 경찰관의 직무를 수행한다(청원경찰법 제3조).

오답해설

지문의 내용 중 옳은 것은 ⓒ, ⓒ이다.
ⓒ 청원경찰법 제4조 제1항
ⓒ 청원경찰법 제5조 제1항

30

답 ②

영역 각론>교통경찰활동　　난도 중

정답해설

지문의 내용 중 주차금지장소는 ⓒ, ㉣이다(도로교통법 제33조).

오답해설

㉠, ⓒ는 정차 및 주차금지 장소에 해당한다(도로교통법 제32조).

주차금지 장소(도로교통법 제33조)

1. 터널 안 및 다리 위
2. 다음 각 목의 곳으로부터 5미터 이내인 곳
   가. 도로공사를 하고 있는 경우에는 그 공사 구역의 양쪽 가장자리
   나. 「다중이용업소의 안전관리에 관한 특별법」에 따른 다중이용업소의 영업장이 속한 건축물로 소방본부장의 요청에 의하여 지방경찰청장이 지정한 곳
3. 지방경찰청장이 도로에서의 위험을 방지하고 교통의 안전과 원활한 소통을 확보하기 위하여 필요하다고 인정하여 지정한 곳

31

답 ①

정답해설
제1종 보통면허로 운전할 수 있는 것은 ㉠, ㉡, ㉢이다.

오답해설
㉣ 제1종 보통면허로 총중량 10톤 미만의 특수자동차(구난
차등은 제외한다)를 운전할 수 있다.
㉤ 제1종 보통면허로 3톤 미만의 지게차를 운전할 수 있다.

32

답 ④

정답해설
③ 천재지변이나 그 밖의 부득이한 사유로 말미암아 그 기
간에 범칙금을 낼 수 없는 경우에는 부득이한 사유가 없
어지게 된 날부터 5일 이내에 내야 한다(도로교통법 제
164조 제1항).

오답해설
① 도로교통법 제162조 제2항
② 도로교통법 제164조 제1항
④ 도로교통법 제164조 제2항

33

답 ③

정답해설
지문의 내용은 특별첩보요구(SRI)에 대한 설명이다.

오답해설
① '국가안전보장이나 정책에 관련되는 국가정보목표물의
우선순위'를 뜻한다.
② 계속적, 반복적으로 전체적 지역에 걸쳐 수집할 것을 지
시하는 요구사항을 뜻한다.
④ 급변하는 정세 변화에 따라 정책상 수정이 필요하거나
또는 이를 위한 자료가 요구될 때 이를 충족시키기 위한
정보요구이다.

34

답 ④

정답해설
지문의 내용 중 틀린 것은 ㉡, ㉣, ㉤이다.
㉡ 주최자는 제1항에 따라 신고한 옥외집회 또는 시위를 하
지 아니하게 된 경우에는 신고서에 적힌 집회 일시 24시
간 전에 그 철회사유 등을 적은 철회신고서를 관할경찰
관서장에게 제출하여야 한다(집회 및 시위에 관한 법률
제6조 제3항).
㉣ 뒤에 접수된 옥외집회 또는 시위가 금지 통고된 경우 먼
저 신고를 접수하여 옥외집회 또는 시위를 개최할 수 있
는 자는 집회 시작 1시간 전에 관할경찰관서장에게 집회
개최 사실을 통지하여야 한다(집회 및 시위에 관한 법률
제8조 제4항).
㉤ 집회 또는 시위의 주최자는 제8조에 따른 금지 통고를
받은 날부터 10일 이내에 해당 경찰관서의 바로 위의 상
급경찰관서의 장에게 이의를 신청할 수 있다(집회 및 시
위에 관한 법률 제9조 제1항).

오답해설
지문의 내용 중 옳은 것은 ㉠, ㉢이다.
㉠ 집회 및 시위에 관한 법률 제5조 제1항 제1호
㉢ 집회 및 시위에 관한 법률 제7조 제1항

35

답 ①

정답해설
㉠은 삼각형, ㉡은 피라미드형, ㉢은 서클형에 대한 설명이다.

36

답 ④

정답해설
지문의 내용 모두 보안관찰 해당범죄이다(보안관찰법 제2조).

37

영역 각론>보안경찰활동   난도 **하**

정답해설

① 지문의 내용은 "나급"에 대한 설명이다. "가급"은 재북시 고위직, 북한의 테러기도 예상자 등 신변위해를 당할 상당한 우려가 있는 자이다.

오답해설

② 북한이탈주민의 보호 및 정착지원에 관한 법률 제2조 제4호

③ 북한이탈주민의 보호 및 정착지원에 관한 법률 제7조 제1항

④ 북한이탈주민의 보호 및 정착지원에 관한 법률 제9조 제1항 제5호

The 알아보기

공조의 범위와 국제형사경찰기구와의 협력

공조의 범위(제5조)	국제형사경찰기구와의 협력(제38조)
공조의 범위는 다음 각 호와 같다. 1. 사람 또는 물건의 소재에 대한 수사 2. 서류 · 기록의 제공 3. 서류 등의 송달 4. 증거 수집, 압수 · 수색 또는 검증 5. 증거물 등 물건의 인도(引渡) 6. 진술 청취, 그 밖에 요청국에서 증언하게 하거나 수사에 협조하게 하는 조치	행정안전부장관은 국제형사경찰기구로부터 외국의 형사사건 수사에 대하여 협력을 요청받거나 국제형사경찰기구에 협력을 요청하는 경우에는 다음 각 호의 조치를 취할 수 있다. 1. 국제범죄의 정보 및 자료 교환 2. 국제범죄의 동일증명(同一證明) 및 전과 조회 3. 국제범죄에 관한 사실 확인 및 그 조사

38

영역 각론>외사경찰활동   난도 **중**

정답해설

지문의 내용은 위스퍼링에 대한 설명이다.

오답해설

① 동시통역이란 통역부스 안에서 통역사가 헤드폰으로 연사의 발언을 들으면서 동시에 다른 언어로 통역하는 것을 말한다.

② 순차통역이란 연사의 발언을 청취하면서 note-taking하다가 발언이 끝나면 통역하는 방법으로 가장 보편적인 통역방법이다.

③ 릴레이통역이란 3개 국어 이상의 언어가 통역되어야 할 때 이용하는 방법이다.

39

영역 각론>외사경찰활동   난도 **하**

오답해설

① · ③ · ④ 국제형사사법공조법 제38조

40

영역 각론>외사경찰활동   난도 **중**

정답해설

지문의 내용 중 옳은 것은 ㉠, ㉢, ㉤이다.

㉠ 범죄인인도법 제4조

㉢ 범죄인인도법 제9조 제1호

㉤ 범죄인인도법 제3조

오답해설

㉡ 대한민국과 청구국의 법률에 따라 인도범죄가 사형, 무기징역, 무기금고, 장기(長期) 1년 이상의 징역 또는 금고에 해당하는 경우에만 범죄인을 인도할 수 있다(범죄인 인도법 제6조).

㉣ 사안은 임의적 인도거절 사유에 해당한다. 인도범죄의 성격과 범죄인이 처한 환경 등에 비추어 범죄인을 인도하는 것이 비인도적(非人道的)이라고 인정되는 경우 범죄인을 인도하지 아니할 수 있다(범죄인인도법 제9조 제5호).

제7회 경찰승진 최종모의고사

정답체크

01	02	03	04	05	06	07	08	09	10
①	②	①	③	②	④	③	①	②	②
11	12	13	14	15	16	17	18	19	20
②	③	②	③	④	④	④	①	④	④
21	22	23	24	25	26	27	28	29	30
②	④	④	②	①	④	④	④	④	④
31	32	33	34	35	36	37	38	39	40
③	③	②	③	④	②	②	①	①	②

문항별 체크리스트

문항	영역	○	×	문항	영역	○	×
01	총론>경찰과 그 법적 토대			21	각론>생활안전론		
02	총론>경찰과 그 법적 토대			22	각론>생활안전론		
03	총론>경찰과 그 법적 토대			23	각론>범죄 수사		
04	총론>경찰공무원과 법			24	각론>범죄 수사		
05	총론>경찰공무원과 법			25	각론>범죄 수사		
06	총론>경찰공무원과 법			26	각론>경비경찰활동		
07	총론>경찰작용법 일반론			27	각론>경비경찰활동		
08	총론>경찰작용법 일반론			28	각론>경비경찰활동		
09	총론>경찰작용법 일반론			29	각론>교통경찰활동		
10	총론>경찰작용법 일반론			30	각론>교통경찰활동		
11	총론>경찰작용법 일반론			31	각론>교통경찰활동		
12	총론>경찰작용법 일반론			32	각론>정보경찰활동		
13	총론>경찰관리			33	각론>정보경찰활동		
14	총론>경찰관리			34	각론>정보경찰활동		
15	총론>경찰에 대한 통제			35	각론>보안경찰활동		
16	총론>경찰에 대한 통제			36	각론>보안경찰활동		
17	총론>경찰윤리			37	각론>보안경찰활동		
18	총론>경찰윤리			38	각론>외사경찰활동		
19	각론>생활안전론			39	각론>외사경찰활동		
20	각론>생활안전론			40	각론>외사경찰활동		
총론		/ 18		**각론**		/ 22	

01

답 ①

오답해설

② 행정규칙은 대외적 구속력이 없으므로 행정규칙을 위반하더라도 위법한 행위가 되는 것은 아니다.

③ 법규명령은 상위법의 개별적·구체적 위임여부에 따라 위임명령과 집행명령으로 구분한다. 다시 말해 위임명령과 집행명령 모두 법규명령에 해당한다.

④ 법규명령은 공포를 요하지만, 행정규칙은 공포를 요하지 않는다.

02

답 ②

정답해설

지문의 내용 중 틀린 것은 ⓛ, ⓒ이다.

ⓛ 경찰위원회는 경찰행정관청이 아니라 합의제 심의·의결기관이다(경찰법 제5조 제1항).

ⓒ 지방경찰청장은 경찰청장의 지휘·감독을 받아 관할구역의 국가경찰사무를 관장하고 소속 공무원 및 소속 국가경찰기관의 장을 지휘·감독한다(경찰법 제14조 제2항).

오답해설

지문의 내용 중 옳은 것은 ⊙, ⓔ, ⓜ이다.

⊙ 경찰법 제2조 제2항

ⓔ 경찰법 제12조 제1항

ⓜ 경찰법 제9조 제2항

03

답 ①

오답해설

② 원칙적으로 임의대리는 권한의 일부에 대해서 가능하고 복대리가 불가능하나, 법정대리는 권한의 전부에 대해서만 가능하고 복대리가 가능하다.

③ 권한의 위임의 효과는 수임관청에게 귀속되고, 권한의 대리의 효과는 피대리관청에게 귀속된다.

④ 법정대리의 경우 피대리관청은 대리기관의 지휘·감독상의 책임을 부담하지 않는데 비해 임의대리의 경우는 그렇지 않다.

04

답 ③

정답해설

③ 공직자윤리법 제15조 제1항

오답해설

① 사안은 경찰공무원법 제18조 제1항에 규정되어 있다.

② 선서의무는 국가공무원법상 신분상 의무나 직무상 의무가 아닌 일반 의무에 해당한다.

④ 경찰공무원은 직무 수행을 위하여 필요하면 무기를 휴대할 수 있다(경찰공무원법 제20조 제2항).

05

답 ②

정답해설

② 경찰공무원은 휴무일 또는 근무시간외에 2시간 이내에 직무에 복귀하기 어려운 지역으로 여행을 하고자 할 때에는 소속 경찰기관의 장에게 신고를 하여야 한다. 다만, 치안상 특별한 사정이 있어 경찰청장 또는 경찰기관의 장이 지정하는 기간 중에는 소속 경찰기관의 장의 허가를 받아야 한다(경찰공무원 복무규정 제13조).

오답해설

① 경찰공무원 복무규정 제3조 제1호

③ 경찰공무원 복무규정 제19조 제1호

④ 경찰공무원 복무규정 제18조

06

답 ④

정답해설

지문의 내용 중 틀린 것은 ⓛ, ⓒ, ⓜ이다.

ⓛ 소청심사위원회의 상임위원은 다른 직무를 겸할 수 없다(국가공무원법 제10조 제4항).

ⓒ 대학에서 행정학·정치학 또는 법률학을 담당한 부교수 이상의 직에 5년 이상 근무한 자는 소청심사위원회의 위원이 될 수 있다(국가공무원법 제10조 제1항 제2호).

ⓜ 현행 국가공무원법은 소청심사절차를 필요적 절차로 규정하고 있다. 제75조에 따른 처분, 그 밖에 본인의 의사에 반한 불리한 처분이나 부작위(不作爲)에 관한 행정소송은 소청심사위원회의 심사·결정을 거치지 아니하면 제기할 수 없다(국가공무원법 제6조 제1항).

오답해설

지문의 내용 중 옳은 것은 ㉠, ㉣이다.

㉠ 국가공무원법 제10조 제1항

㉣ 국가공무원법 제10조 제5항

07

영역 총론 > 경찰작용법 일반론 | 난도 하

정답해설

③ 지문의 내용은 경찰소극목적의 원칙과 관련된 내용이다. 경찰공공의 원칙이란 공공의 안녕과 질서유지에 관계되지 않는 사적관계에 대해서는 경찰권을 발동하여서는 안 된다는 원칙이다.

08

영역 총론 > 경찰작용법 일반론 | 난도 하

정답해설

① 경찰책임은 고의·과실 여부를 불문하며, 소멸시효와도 관련이 없다. 또한 위법성의 존재 및 그에 대한 인식도 문제되지 않는다. 경찰책임은 공공의 안녕과 질서에 대한 위험이 존재하면 충분히 성립한다.

09

영역 총론 > 경찰작용법 일반론 | 난도 하

정답해설

② '증표를 제시하는 것'과 '소속과 성명을 밝히는 것'은 선택적 사항이 아니다. 경찰관은 제1항이나 제2항에 따라 질문을 하거나 동행을 요구할 경우 자신의 신분을 표시하는 증표를 제시하면서 소속과 성명을 밝히고 질문이나 동행의 목적과 이유를 설명하여야 하며, 동행을 요구하는 경우에는 동행 장소를 밝혀야 한다(경찰관직무집행법 제3조 제4항).

오답해설

① 경찰관직무집행법 제3조 제3항

③ 경찰관직무집행법 제3조 제5항

④ 경찰관직무집행법 제3조 제6항

10

답 ②

영역 총론 > 경찰작용법 일반론 | 난도 중

정답해설

② 경찰관직무집행법 제4조 제4항

오답해설

① 경찰관은 수상한 행동이나 그 밖의 주위 사정을 합리적으로 판단해 볼 때 다음 각 호의 어느 하나에 해당하는 것이 명백하고 응급구호가 필요하다고 믿을 만한 상당한 이유가 있는 사람(이하 "구호대상자"라 한다)을 발견하였을 때에는 보건의료기관이나 공공구호기관에 긴급구호를 요청하거나 경찰관서에 보호하는 등 적절한 조치를 할 수 있다(경찰관직무집행법 제4조 제1항).

③ 경찰관서에서의 보호는 24시간을, 제3항의 임시영치는 10일을 초과할 수 없다(경찰관직무집행법 제4조 제7항).

④ 경찰관은 제4항에 따라 구호대상자를 공공보건의료기관이나 공공구호기관에 인계하였을 때에는 즉시 그 사실을 소속 경찰서장이나 해양경찰서장에게 보고하여야 한다(경찰관직무집행법 제4조 제6항).

11

답 ②

영역 총론 > 경찰작용법 일반론 | 난도 하

정답해설

② 지문의 내용은 위해를 수반할 수 있는 무기의 사용요건에 해당한다(경찰관직무집행법 제10조의4 제1항 제2호 나목).

오답해설

① 경찰관직무집행법 제10조의2 제1항 제1호

③ 경찰관직무집행법 제10조의2 제1항 제2호

④ 경찰관직무집행법 제10조의2 제1항 제3호

12

답 ③

영역 총론 > 경찰작용법 일반론 | 난도 중

정답해설

③ 장기 5년 미만의 징역 또는 금고, 장기 10년 이상의 자격정지 또는 벌금 50만 원을 초과하는 범죄의 보상금 지급 기준은 10만 원이다(범인검거 등 공로자 보상에 관한 규정 제6조 제1항 제3호).

오답해설
① 범인검거 등 공로자 보상에 관한 규정 제6조 제1항 제1호
② 범인검거 등 공로자 보상에 관한 규정 제6조 제1항 제2호
④ 범인검거 등 공로자 보상에 관한 규정 제6조 제1항 제4호

13

답 ②

영역 총론>경찰관리   난도 중

정답해설

② 경찰장비관리규칙 제88조 제2항

오답해설

① 경찰기관의 장은 무기를 휴대한 자 중에서 직무상의 비위 등으로 인하여 징계대상이 된 자가 발생한 때에는 즉시 대여한 무기·탄약을 회수하여야 한다(경찰장비관리규칙 제120조 제1항 제1호).

③ 불용처분된 차량은 부속기관 및 지방경찰청별로 실정에 맞게 공개매각을 원칙으로 하되, 공개매각이 불가능한 때에는 폐차처분을 할 수 있다. 다만, 매각을 할 때에는 경찰표시도색을 제거하는 등 필요한 조치를 하여야 한다(경찰장비관리규칙 제94조 제4항).

④ 차량운행시 책임자는 1차 운전자, 2차 선임탑승자(사용자), 3차 경찰기관의 장으로 한다(경찰장비관리규칙 제98조 제3항).

14

답 ③

영역 총론>경찰관리   난도 상

정답해설

지문의 내용 중 틀린 것은 ㉠, ㉢이다.

㉠ 보안은 인원, 문서, 자재, 시설, 지역 등을 대상으로 한다. 그러나 국가는 보안의 주체에 해당한다.

㉢ 지문의 내용은 Ⅲ급비밀에 대한 설명이다. Ⅱ급비밀이란 누설될 경우 국가안전보장에 막대한 지장을 끼칠 우려가 있는 비밀을 말한다(보안업무규정 제4조).

오답해설

지문의 내용 중 옳은 것은 ㉡, ㉣, ㉤이다.

㉡ 보안업무규정 제2조 제1호

㉣ 보안업무규정 시행규칙 제33조 제3항

㉤ 보안업무규정 제34조 제3항

15

답 ④

영역 총론>경찰에 대한 통제   난도 중

정답해설

지문의 내용 중 틀린 것은 ㉡, ㉢, ㉤이다.

㉡ 대통령령으로 정하는 외국인도 정보공개를 청구할 수 있다(공공기관의 정보공개에 관한 법률 제5조 제2항).

㉢ 공공기관은 제10조에 따라 정보공개의 청구를 받으면 그 청구를 받은 날부터 10일 이내에 공개 여부를 결정하여야 한다(공공기관의 정보공개에 관한 법률 제11조 제1항).

㉤ 공공기관은 공개 청구된 공개 대상 정보의 전부 또는 일부가 제3자와 관련이 있다고 인정할 때에는 그 사실을 제3자에게 지체 없이 통지하여야 하며, 필요한 경우에는 그의 의견을 들을 수 있다(공공기관의 정보공개에 관한 법률 제11조 제3항).

오답해설

지문의 내용 중 옳은 것은 ㉠, ㉣이다.

㉠ 공공기관의 정보공개에 관한 법률 제10조 제1항

㉣ 공공기관의 정보공개에 관한 법률 제11조 제2항

16

답 ④

영역 총론>경찰에 대한 통제   난도 중

정답해설

지문의 내용 중 틀린 것은 ㉢, ㉣, ㉤이다.

㉢ 사안의 경우 해당 안건을 경찰위원회에 상정하기 60일 이전에 인권영향평가를 실시하여야 한다(경찰 인권보호 규칙 제21조 제1항 제1호, 제23조 제1항 제1호).

㉣ 인권보호담당관은 반기 1회 이상 인권영향평가의 이행 여부를 점검하고, 이를 경찰청 인권위원회에 제출하여야 한다(경찰 인권보호 규칙 제24조).

㉤ 경찰청장은 경찰관등이 근무하는 동안 지속적·체계적으로 교육을 받을 수 있도록 3년 단위로 인권교육종합계획을 수립하여 시행하여야 한다. 경찰관서의 장은 매년 인권교육 계획을 수립하여 시행하여야 한다(경찰 인권보호 규칙 제18조 제1항, 제2항).

오답해설

지문의 내용 중 옳은 것은 ㉠, ㉡이다.

㉠ 경찰 인권보호 규칙 제5조 제1항

㉡ 경찰 인권보호 규칙 제5조 제3항

17

영역 총론>경찰윤리　　　　　　　난도 **상**

정답해설

④ 공직자등은 사례금을 받는 외부강의등을 할 때에는 대통령령으로 정하는 바에 따라 외부강의등의 요청 명세 등을 소속기관장에게 그 외부강의등을 마친 날부터 10일 이내에 서면으로 신고하여야 한다(부정청탁 및 금품등 수수의 금지에 관한 법률 제10조 제2항).

오답해설

① 부정청탁 및 금품등 수수의 금지에 관한 법률 제2조 제1호 라목

② 부정청탁 및 금품등 수수의 금지에 관한 법률 제8조 제1항

③ 부정청탁 및 금품등 수수의 금지에 관한 법률 시행령 별표 1

The 알아보기

음식물·경조사비·선물 등의 가액 범위(제17조 관련)

1. 음식물(제공자와 공직자등이 함께 하는 식사, 다과, 주류, 음료, 그 밖에 이에 준하는 것을 말한다) : 3만 원
2. 경조사비 : 축의금·조의금은 5만 원. 다만, 축의금·조의금을 대신하는 화환·조화는 10만 원으로 한다.
3. 선물 : 금전, 유가증권, 제1호의 음식물 및 제2호의 경조사비를 제외한 일체의 물품, 그 밖에 이에 준하는 것은 5만 원. 다만, 「농수산물 품질관리법」 제2조 제1항 제1호에 따른 농수산물(이하 "농수산물"이라 한다) 및 같은 항 제13호에 따른 농수산가공품(농수산물을 원료 또는 재료의 50퍼센트를 넘게 사용하여 가공한 제품만 해당하며, 이하 "농수산가공품"이라 한다)은 10만 원으로 한다.

18

영역 총론>경찰윤리　　　　　　　난도 **중**

정답해설

지문의 내용 중 옳은 것은 ㉠, ㉡, ㉢이다.

오답해설

지문의 내용 중 틀린 것은 ㉣, ㉤이다.

㉣ 편들기는 공정한 접근을 저해하는 요소에 해당한다. 그러나 단속의 회피는 편들기가 아닌 공중의 신뢰확보와 관련된 요소이다.

㉤ 역할한계의 오류는 협동(팀워크)을 저해하는 요소이다.

19

영역 각론>생활안전론　　　　　　　난도 **중**

정답해설

④ 경비업법 제2조 제1호 마목

오답해설

① 지문은 기계경비업무에 대한 설명이다(경비업법 제2조 제1호 라목).

② 지문은 신변보호업무에 대한 설명이다. 호송경비업무란 운반중에 있는 현금·유가증권·귀금속·상품 그 밖의 물건에 대하여 도난·화재 등 위험발생을 방지하는 업무를 말한다(경비업법 제2조 제1호 나목, 다목).

③ 지문은 시설경비업무에 대한 설명이다(경비업법 제2조 제1호 가목).

20

영역 각론>생활안전론　　　　　　　난도 **중**

오답해설

① 「체육시설의 설치·이용에 관한 법률」에 따른 무도학원업 및 무도장업은 청소년출입·고용금지업소에 해당한다.

② 지문의 내용은 청소년 보호법에서 규정하고 있는 내용이 아니라 아동·청소년의 성보호에 관한 법률에서 규정하고 있는 사안이다.

③ 지문은 청소년고용금지업소에 해당한다.

21

영역 각론>생활안전론　　　　　　　난도 **중**

정답해설

② 아동학대범죄의 처벌 등에 관한 특례법 제3조

오답해설

① "아동"이란 18세 미만인 사람을 말한다(아동학대범죄의 처벌 등에 관한 특례법 제2조 제1호)

③ 사법경찰관은 제12조 제1항에 따른 응급조치에도 불구하고 아동학대범죄가 재발될 우려가 있고, 긴급을 요하여 제19조 제1항에 따른 법원의 임시조치 결정을 받을 수 없을 때에는 직권이나 피해아동등, 그 법정대리인(아동학대행위자를 제외한다. 이하 같다), 변호사(제16조에 따른 변호사를 말한다. 제48조 및 제49조를 제외하고는 이하 같다), 시·도지사, 시장·군수·구청장 또는 아동보호전문기관의 장의 신청에 따라 제19조 제1항 제1호부터 제3호까지의 어느 하나에 해당하는 조치를 할 수 있다(아동학대범죄의 처벌 등에 관한 특례법 제13조 제1항).

④ 현장에 출동하거나 아동학대범죄 현장을 발견한 경우 또는 학대현장 이외의 장소에서 학대피해가 확인되고 재학대의 위험이 급박·현저한 경우, 사법경찰관리 또는 아동학대전담공무원은 피해아동, 피해아동의 형제자매인 아동 및 피해아동과 동거하는 아동(이하 "피해아동등"이라 한다)의 보호를 위하여 즉시 "응급조치"를 하여야 한다(아동학대범죄의 처벌 등에 관한 특례법 제12조 제1항).

22

답 ④

| 영역 | 각론>생활안전론 | 난도 하 |

정답해설

④ 실종아동등 프로파일링시스템은 경찰관서 내에서만 사용할 수 있도록 제한하고, 인터넷 안전드림은 누구든 사용할 수 있도록 공개하는 등 분리하여 운영한다(실종아동등 및 가출인 업무처리 규칙 제6조 제2항).

오답해설

① 실종아동등 및 가출인 업무처리 규칙 제7조 제3항
② 실종아동등 및 가출인 업무처리 규칙 제7조 제2항
③ 실종아동등 및 가출인 업무처리 규칙 제11조 제5항

23

답 ④

| 영역 | 각론>범죄 수사 | 난도 하 |

정답해설

④ 피의자가 사망하였거나 피의자인 법인이 존속하지 않게 되었음에도 고소·고발된 사건에 해당되는 경우에는 수리하지 않고 반려할 수 있다(범죄수사규칙 제42조 제1항 제4호).

오답해설

① 범죄수사규칙 제42조 제1항 제1호
② 범죄수사규칙 제42조 제1항 제2호
③ 범죄수사규칙 제42조 제1항 제3호

The 알아보기

고소·고발이 있더라도 수리하지 않고 반려할 수 있는 경우

1. 고소·고발사실이 범죄를 구성하지 않을 경우
2. 공소시효가 완성된 사건
3. 동일한 사안에 대하여 이미 법원의 판결이나 수사기관의 처분이 존재하여 다시 수사할 가치가 없다고 인정되는 사건. 다만, 고소·고발인이 새로운 증거가 발견된 사실을 소명한 때에는 예외로 함
4. 피의자가 사망하였거나 피의자인 법인이 존속하지 않게 되었음에도 고소·고발된 사건
5. 반의사불벌죄의 경우, 처벌을 희망하지 않는 의사표시가 있거나 처벌을 희망하는 의사가 철회되었음에도 고소·고발된 사건
6. 「형사소송법」 제223조의 규정에 의해 고소 권한이 없는 자가 고소한 사건
7. 「형사소송법」 제224조, 제232조, 제235조에 의한 고소 제한규정에 위반하여 고소·고발된 사건

24

답 ②

| 영역 | 각론>범죄 수사 | 난도 하 |

정답해설

② 긴급통신제한조치를 한 때부터 36시간 이내에 법원의 허가를 받지 못한 때에는 즉시 이를 중지하여야 한다(통신비밀보호법 제8조 제2항).

오답해설

① 통신비밀보호법 제8조 제2항
③ 통신비밀보호법 제8조 제3항
④ 통신비밀보호법 제8조 제5항

25

답 ①

| 영역 | 각론>범죄 수사 | 난도 하 |

정답해설

① 사람이 사망하게 되면 시체의 온도는 주위의 대기온도와 같아지거나, 수분이 증발하면서 주위의 기온보다 더 낮아진다.

26

영역 각론>경비경찰활동　　　난도 하

정답해설

④ 공연장 외의 시설이나 장소에서 1천 명 이상의 관람이 예상되는 공연을 하려는 자는 법 제11조 제3항에 따라 해당 시설이나 장소 운영자와 공동으로 공연 개시 14일 전까지 제1항 각 호의 사항과 안전관리인력의 확보ㆍ배치계획 및 공연계획서가 포함된 재해대처계획을 관할 특별자치시장ㆍ특별자치도지사ㆍ시장ㆍ군수 또는 구청장에게 신고하여야 하며, 신고한 사항을 변경하려는 경우에는 해당 공연 7일 전까지 변경신고를 하여야 한다(공연법 시행령 제9조 제3항).

오답해설

① 공연법 제11조 제1항
② 공연법 제11조 제1항
③ 공연법 제43조

27

답 ④

영역 각론>경비경찰활동　　　난도 하

정답해설

④ 지문의 내용은 경쟁행위법에 대한 설명이다. 전이법이란 다중범죄의 발생 징후나 이슈가 있을 때 집단이나 국민들의 관심을 집중시킬 수 있는 경이적인 사건을 폭로하거나 규모가 큰 행사를 개최함으로써 원래의 이슈가 상대적으로 약화되도록 하는 방법이다.

28

답 ④

영역 각론>경비경찰활동　　　난도 하

정답해설

④ "작전준비태세"라 함은 '경계강화' 단계를 발령하기 이전에 별도의 경력동원 없이 경찰작전부대의 출동태세 점검, 지휘관 및 참모의 비상연락망 구축 및 신속한 응소체제를 유지하며, 작전상황반을 운영하는 등 필요한 작전사항을 미리 조치하는 것을 말한다(경찰비상업무규칙 제2조 제9호).

오답해설

① 경찰비상업무규칙 (별표 1)
② 경찰비상업무규칙 제2조 제5호
③ 경찰비상업무규칙 제7조 제1항 제4호 다목

29

답 ④

영역 각론>교통경찰활동　　　난도 중

정답해설

④ 사안의 경우 3만 원의 범칙금이 부과되지만, 벌점은 별도로 부과되지 않는다.

오답해설

① 도로교통법 제162조 제2항 제1호
② 도로교통법 시행령 (별표 8)

30

답 ④

영역 각론>교통경찰활동　　　난도 하

정답해설

④ 지문은 2년간 운전면허를 받을 수 없는 경우에 해당한다 (도로교통법 제82조 제2항).

오답해설

① 도로교통법 시행규칙 (별표 18)
② 도로교통법 제95조 제1항
③ 도로교통법 제82조 제2항 제5호

31

답 ③

영역 각론>교통경찰활동　　　난도 중

정답해설

③ 특정범죄가중처벌등에관한법률 제5조의3 소정의 도주차량운전자에 대한 가중처벌규정은 자신의 과실로 교통사고를 야기한 운전자가 그 사고로 사상을 당한 피해자를 구호하는 등의 조치를 취하지 아니하고 도주하는 행위에 강한 윤리적 비난가능성이 있음을 감안하여 이를 가중처벌함으로써 교통의 안전이라는 공공의 이익의 보호뿐만 아니라 교통사고로 사상을 당한 피해자의 생명ㆍ신체의 안전이라는 개인적 법익을 보호하고자 함에도 그 입법취지와 보호법익이 있다고 보아야 할 것인바, 위와 같은 규정의 입법취지에 비추어 볼 때 여기에서 말하는 차의 교통으로 인한 업무상과실치사상의 사고를 도로교통법이 정하는 도로에서의 교통사고의 경우로 제한하여 새겨야 할 아무런 근거가 없다(대판 2004.8.30. 2004도3600).

오답해설

① 업무상과실치사상(대판 2009.7.9. 2009도2390)
② 교통사고처리특례법위반(대판 2007.10.26. 2005도8822)
④ 도로교통법위반(음주측정거부)(대판 2010.9.9. 2010도6579)

안심Touch

32

| 영역 각론>정보경찰활동 | 난도 하 |

정답해설

③ 적시성을 평가할 때 그 기준이 되는 시점은 사용자가 필요로 하는 시점이다.

33

답 ②

| 영역 각론>정보경찰활동 | 난도 중 |

정답해설

지문의 내용 중 옳은 것은 ㉠, ㉡, ㉢, ㉤이다.

㉠ 집회 및 시위에 관한 법률 시행령 제17조 제3호
㉡ 집회 및 시위에 관한 법률 제6조 제2항
㉢ 집회 및 시위에 관한 법률 시행령 (별표 2)
㉤ 집회 및 시위에 관한 법률 제2조 제5호

오답해설

㉣ 신고장소가 「군사기지 및 군사시설 보호법」 제2조 제2호에 따른 군사시설의 주변 지역으로서 집회 또는 시위로 시설이나 군 작전의 수행에 심각한 피해가 발생할 우려가 있는 경우로서 그 거주자나 관리자가 시설이나 장소의 보호를 요청하는 경우에는 집회나 시위의 금지 또는 제한을 통고할 수 있다. 이 경우 집회나 시위의 금지 통고에 대하여는 제1항을 준용한다(집회 및 시위에 관한 법률 제8조 제3항).

34

답 ③

| 영역 각론>정보경찰활동 | 난도 중 |

정답해설

③ 집회및시위에 관한 법률(이하 '집시법'이라 한다)상 일정한 경우 집회의 자유가 사전 금지 또는 제한된다 하더라도 이는 다른 중요한 법익의 보호를 위하여 반드시 필요한 경우에 한하여 정당화되는 것이며, 특히 집회의 금지와 해산은 원칙적으로 공공의 안녕질서에 대한 직접적인 위협이 명백하게 존재하는 경우에 한하여 허용될 수 있고, 집회의 자유를 보다 적게 제한하는 다른 수단, 예컨대 시위 참가자수의 제한, 시위 대상과의 거리 제한, 시위 방법, 시기, 소요시간의 제한 등 조건을 붙여 집회를 허용하는 가능성을 모두 소진한 후에 비로소 고려될 수 있는 최종적인 수단이다. 따라서 사전 금지 또는 제한된 집회라하더라도 실제 이루어진 집회가 당초 신고 내용과 달리 평화롭게 개최되거나 집회 규모를 축소하여 이루어지는

등 타인의 법익 침해나 기타 공공의 안녕질서에 대하여 직접적이고 명백한 위험을 초래하지 않은 경우에는 이에 대하여 사전 금지 또는 제한을 위반하여 집회를 한 점을 들어 처벌하는 것 이외에 더 나아가 이에 대한 해산을 명하고 이에 불응하였다 하여 처벌할 수는 없다(대판 2011.10.13. 2009도13846).

오답해설

① 집회및시위에관한법률 제11조 제1호 위헌제청(헌재결 2005.11.24. 2004헌가17)
② 집회및시위에관한법률 제11조 제1호 중 국내주재 외국의 외교기관 부분 위헌소원(헌재결, 2003.10.30. 2000헌바67)
④ 집회및시위에관한법률위반(대판 2008.6.26. 2008도3014)

35

답 ④

| 영역 각론>보안경찰활동 | 난도 하 |

정답해설

④ 지문은 공산주의 정치이론에 해당한다.

36

답 ②

| 영역 각론>보안경찰활동 | 난도 하 |

정답해설

② 2인 이상의 신원보증이 있을 것을 요건으로 한다(보안관찰법 제11조 제1항 제3호, 보안관찰법시행령 제14조 제1항 제4호).

오답해설

① 보안관찰법 제3조
③ 보안관찰법 제17조 제3항
④ 보안관찰법 시행규칙 제28조 제5항

37

답 ②

| 영역 각론>보안경찰활동 | 난도 하 |

정답해설

② 살인 등 중대한 비정치적 범죄자는 보호대상자로 결정하지 아니할 수 있다(북한이탈주민의 보호 및 정착지원에 관한 법률 제9조 제1항 제2호).

① 북한이탈주민의 보호 및 정착지원에 관한 법률 제9조 제1항 제1호
③ 북한이탈주민의 보호 및 정착지원에 관한 법률 제9조 제1항 제4호
④ 북한이탈주민의 보호 및 정착지원에 관한 법률 제9조 제1항 제5호

38 답 ①

| 영역 각론>외사경찰활동 | 난도 중 |

정답해설

① 국제질서에 대한 사상은 이상주의(18세기)–자유방임주의(19세기)–제국주의(19세기 말)–이데올로기적 패권주의(2차대전 이후)–경제패권주의(1980년 이후) 순서로 변천해왔다.

39 답 ①

| 영역 각론>외사경찰활동 | 난도 상 |

정답해설

지문의 내용 모두 강제퇴거 대상자에 해당한다.

40 답 ②

| 영역 각론>외사경찰활동 | 난도 하 |

정답해설

② 공조에 관하여 공조조약에 이 법과 다른 규정이 있는 경우에는 그 규정에 따른다(국제형사사법공조법 제3조).

오답해설

① 국제형사사법공조법 제6조 제1호
③ 국제형사사법공조법 제4조
④ 국제형사사법공조법 제5조 제1호

The 알아보기

국제형사사법공조법상 공조의 제한 사유

1. 대한민국의 주권, 국가안전보장, 안녕질서 또는 미풍양속을 해칠 우려가 있는 경우
2. 인종, 국적, 성별, 종교, 사회적 신분 또는 특정 사회단체에 속한다는 사실이나 정치적 견해를 달리한다는 이유로 처벌되거나 형사상 불리한 처분을 받을 우려가 있다고 인정되는 경우
3. 공조범죄가 정치적 성격을 지닌 범죄이거나, 공조요청이 정치적 성격을 지닌 다른 범죄에 대한 수사 또는 재판을 할 목적으로 한 것이라고 인정되는 경우
4. 공조범죄가 대한민국의 법률에 의하여는 범죄를 구성하지 아니하거나 공소를 제기할 수 없는 범죄인 경우
5. 이 법에 요청국이 보증하도록 규정되어 있음에도 불구하고 요청국의 보증이 없는 경우

제8회 경찰승진 최종모의고사

정답체크

01	02	03	04	05	06	07	08	09	10
②	①	②	①	②	②	③	①	①	①
11	12	13	14	15	16	17	18	19	20
②	④	④	①	④	③	③	③	④	③
21	22	23	24	25	26	27	28	29	30
②	②	③	③	④	①	③	③	③	③
31	32	33	34	35	36	37	38	39	40
③	②	③	②	①	③	④	④	②	③

문항별 체크리스트

문항	영역	○	×	문항	영역	○	×
01	총론>경찰과 경찰학			21	각론>생활안전론		
02	총론>경찰과 경찰학			22	각론>생활안전론		
03	총론>한국경찰의 근·현대사			23	각론>생활안전론		
04	총론>한국경찰의 근·현대사			24	각론>생활안전론		
05	총론>경찰과 그 법적 토대			25	각론>범죄 수사		
06	총론>경찰과 그 법적 토대			26	각론>범죄 수사		
07	총론>경찰과 그 법적 토대			27	각론>경비경찰활동		
08	총론>경찰공무원과 법			28	각론>경비경찰활동		
09	총론>경찰공무원과 법			29	각론>경비경찰활동		
10	총론>경찰공무원과 법			30	각론>교통경찰활동		
11	총론>경찰작용법 일반론			31	각론>교통경찰활동		
12	총론>경찰관 직무집행법			32	각론>교통경찰활동		
13	총론>경찰관 직무집행법			33	각론>정보경찰활동		
14	총론>경찰관 직무집행법			34	각론>정보경찰활동		
15	총론>경찰관 직무집행법			35	각론>보안경찰활동		
16	총론>경찰관리			36	각론>보안경찰활동		
17	총론>경찰관리			37	각론>보안경찰활동		
18	총론>경찰에 대한 통제			38	각론>외사경찰활동		
19	총론>경찰에 대한 통제			39	각론>외사경찰활동		
20	총론>경찰윤리			40	각론>외사경찰활동		
총론			/ 20	**각론**			/ 20

01

답 ②

영역 총론>경찰과 경찰학   난도 **하**

정답해설

② 1884년 프랑스 「지방자치법전」은 법치국가 시대의 경찰개념과 관련된 법령이다. 동법 제97조는 경찰의 직무범위에서 적극적인 복지증진을 위한 경찰사무를 제외시킴으로써 경찰의 직무를 소극목적에 한정하였다. 그리고 제2차 세계대전 이후 비경찰화 과정을 거치면서 소극적 질서유지를 목적으로 하는 협의의 행정경찰적 사무가 제외되었다.

02

답 ①

영역 총론>경찰과 경찰학   난도 **하**

정답해설

① 형식적 의미의 경찰이란 실정법상(정부조직법, 경찰법 등) 보통경찰기관에 분배되어 있는 임무를 달성하기 위해 이루어지는 경찰활동을 의미하며 역사적·제도적으로 발전해온 개념이다. 반면 실질적 의미의 경찰은 이론적·학문적으로 발전해온 개념으로 공공의 안녕과 질서를 유지하기 위하여 일반통치권에 근거하여 국민에게 명령·강제하는 권력적 작용을 의미한다. 이러한 실질적 의미의 경찰개념은 행정조직을 기준으로 파악한 개념이 아니라, 행정작용의 성질을 기준으로 하여 정립한 개념이다.

03

답 ②

영역 총론>한국경찰의 근·현대사   난도 **상**

정답해설

② ㉠ 경찰법 제정은 1991년, ㉡ 내무부 치안국을 치안본부로 개편한 것은 1974년, ㉢ 정보경찰(정보과) 신설은 미군정기, ㉣ 경찰관직무집행법 제정은 1953년, ㉤ 경찰공무원법 제정은 1969년이다.

04

답 ①

영역 총론>한국경찰의 근·현대사   난도 **하**

정답해설

① 지문의 내용은 차일혁 경무관에 대한 설명이다.

오답해설

② 최규식 경무관은 호국경찰의 표상으로 1968년 1.21 무장공비 침투사건 당시 청와대를 사수하였다.

③ 안병하 치안감은 민주경찰, 호국경찰의 표상으로 5·18 광주 민주화운동 당시 비례의 원칙에 입각한 경찰권 행사 및 시위대 인권보호를 강조하였다.

④ 최중락 총경은 수사경찰의 표상으로 재직 중 1,300여명의 범인을 검거하는 등 수사경찰의 상징적인 존재이다.

05

답 ②

영역 총론>경찰과 그 법적 토대   난도 **하**

정답해설

② 법규명령에는 위임명령과 집행명령이 있다. 행정규칙은 법규성이 없고 내부적 구속력만 가진다.

오답해설

④ 대한민국 헌법 제53조 제7항

The 알아보기

법규명령 관련 규정

대한민국 헌법 제75조 대통령은 법률에서 구체적으로 범위를 정하여 위임받은 사항과 법률을 집행하기 위하여 필요한 사항에 관하여 대통령령을 발할 수 있다.

대한민국 헌법 제95조 국무총리 또는 행정각부의 장은 소관 사무에 관하여 법률이나 대통령령의 위임 또는 직권으로 총리령 또는 부령을 발할 수 있다.

06

답 ②

영역 총론>경찰과 그 법적 토대   난도 **중**

정답해설

② 정부조직법 제34조 제5항 및 제6항은 '치안에 관한 사무를 관장하기 위하여 행정안전부장관 소속으로 경찰청을 둔다. 경찰청의 조직·직무범위 그 밖에 필요한 사항은 따로 법률로 정한다'고 규정하고 있으며, 경찰청의 조직 및 직무범위에 관한 구체적인 규정을 두고 있지는 않다.

07

영역 총론>경찰과 그 법적 토대　　　난도 상

정답해설

지문의 내용 중 옳은 것은 ⓒ, ⓒ, ⑩이다.

ⓒ 경찰법 제16조 제2항

ⓒ 치안행정협의회규정 제3조 제1항

⑩ 치안행정협의회규정 제5조 제1항

오답해설

지문의 내용 중 틀린 것은 ⑤, ⓔ이다.

⑤ 지방행정과 치안행정의 업무조정과 그 밖에 필요한 사항을 협의·조정하기 위하여 시·도지사(제주특별자치도지사는 제외한다) 소속으로 치안행정협의회를 둔다(경찰법 제16조 제1항).

ⓔ 위원장은 서울특별시·직할시 또는 도(이하 "시·도"라 한다)의 부시장 또는 부지사가 되고, 위원은 다음 각 호의 자가 된다(치안행정협의회규정 제3조 제2항).

08

답 ①

영역 총론>경찰공무원과 법　　　난도 중

정답해설

지문의 내용은 경찰공무원법이 아닌 경찰공무원임용령 제5조에 규정되어 있다.

오답해설

② 경찰공무원법 제8조의2

③ 경찰공무원법 제11조의2 제1항

④ 경찰공무원법 제7조 제2항 제8호

The 알아보기

지문의 내용은 경찰공무원법이 아닌 경찰공무원임용령 제5조에 규정되어 있다.

09

답 ①

영역 총론>경찰공무원과 법　　　난도 상

정답해설

지문의 내용 중 경찰공무원법상의 의무는 ⓒ, ⑩이다.

오답해설

⑤, ⓒ, ⓔ, ⑭,ⓢ은 국가공무원법상의 의무, ⑥은 경찰공무원 복무규정상의 의무에 해당한다.

10

답 ①

영역 총론>경찰공무원과 법　　　난도 중

정답해설

지문의 내용 중 틀린 것은 ⑤, ⓒ, ⓔ이다.

⑤ "중징계"란 파면, 해임, 강등 및 정직을 말하고, "경징계"란 감봉 및 견책을 말한다(경찰공무원 징계령 제2조).

ⓒ 보통징계위원회는 해당 징계위원회가 설치된 경찰기관 소속 경감 이하 경찰공무원에 대한 징계등 사건을 심의·의결한다(경찰공무원 징계령 제4조 제2항).

ⓔ 징계위원회의 의결은 위원장을 포함한 위원 과반수의 출석과 출석위원 과반수의 찬성으로 의결하되, 의견이 나뉘어 출석위원 과반수의 찬성을 얻지 못한 경우에는 출석위원 과반수가 될 때까지 징계등 심의 대상자에게 가장 불리한 의견을 제시한 위원의 수를 그 다음으로 불리한 의견을 제시한 위원의 수에 차례로 더하여 그 의견을 합의된 의견으로 본다(경찰공무원 징계령 제14조 제1항).

오답해설

지문의 내용 중 옳은 것은 ⓒ, ⑩이다.

ⓒ 경찰공무원법 제27조

⑩ 경찰공무원징계령 제12조 제3항

11

답 ②

영역 총론>경찰작용법 일반론　　　난도 하

정답해설

② 타인을 보호·감독할 지위에 있는 자는 피지배자의 행위로 인하여 발생한 경찰 위반에 대하여 경찰책임을 부담한다. 이 경우 타인을 보호·감독할 지위에 있는 자가 부담하는 책임은 대위책임이 아니고 자기의 지배범위 내에서 경찰 위반의 상태가 발생한 것에 대한 책임, 즉 자기책임에 해당한다.

The 알아보기

국가배상법상 공무원의 위법행위에 대한 국가의 손해배상책임 및 부하 공무원의 의무위반행위에 대하여 감독자가 부담하는 징계책임 모두 자기책임에 해당한다.

12

답 ④

영역 총론>경찰관 직무집행법   난도 상

정답해설

모두 옳은 지문이다.

㉠ 경찰관직무집행법 제4조 제4항

㉡ 경찰관직무집행법 제4조 제5항

㉢ 경찰관직무집행법 제4조 제3항

㉣ 경찰관직무집행법 제4조 제7항

㉤ 경찰관직무집행법 제4조 제1항 제2호

13

답 ④

영역 총론>경찰관 직무집행법   난도 하

정답해설

④ 경찰관직무집행법 제2조(직무의 범위)에는 "인권보호"에 대한 명시적인 규정은 없다.

오답해설

① 경찰관직무집행법 제5조 제2항

② 경찰관직무집행법 제6조

③ 경찰관직무집행법 제9조

The 알아보기

경찰관직무집행법상 직무의 범위(경찰관직무집행법 제2조)
1. 국민의 생명 · 신체 및 재산의 보호
2. 범죄의 예방 · 진압 및 수사
2의2. 범죄피해자 보호
3. 경비, 주요 인사(人士) 경호 및 대간첩 · 대테러 작전 수행
4. 치안정보의 수집 · 작성 및 배포
5. 교통 단속과 교통 위해(危害)의 방지
6. 외국 정부기관 및 국제기구와의 국제협력
7. 그 밖에 공공의 안녕과 질서 유지

14

답 ①

영역 총론>경찰관 직무집행법   난도 하

정답해설

지문의 내용은 위해를 수반할 수 없는 무기사용요건에 해당한다(경찰관직무집행법 제10조의4 제1항).

오답해설

② 경찰관직무집행법 제10조의4 제1항 제3호

③ 경찰관직무집행법 제10조의4 제1항 제1호

④ 경찰관직무집행법 제10조의4 제1항 제2호 라목

15

답 ④

영역 총론>경찰관 직무집행법   난도 상

정답해설

지문의 내용 중 옳은 것은 ㉢, ㉣, ㉤이다.

㉢ 경찰관직무집행법 제11조의2 제1항 제2호

㉣ 경찰관직무집행법시행령 제10조 제5항

㉤ 경찰관직무집행법시행령 제9조 제1항 제2호

오답해설

지문의 내용 중 틀린 것은 ㉠, ㉡이다.

㉠ 보상을 청구할 수 있는 권리는 손실이 있음을 안 날부터 3년, 손실이 발생한 날부터 5년간 행사하지 아니하면 시효의 완성으로 소멸한다(경찰관직무집행법 제11조의2 제2항).

㉡ 경찰관의 적법한 직무집행으로 인하여 발생한 손실을 보상받으려는 사람은 별지 제4호 서식의 보상금 지급 청구서에 손실내용과 손실금액을 증명할 수 있는 서류를 첨부하여 손실보상청구 사건 발생지를 관할하는 국가경찰관서의 장에게 제출하여야 한다.(경찰관직무집행법 시행령 제10조 제1항).

16

답 ③

영역 총론>경찰관리   난도 하

정답해설

③ 직위분류제의 경우 권한과 책임의 한계가 명확하다는 장점이 있다.

17

답 ③

영역 총론>경찰관리   난도 중

정답해설

지문의 내용 중 ㉠은 품목별 예산제도, ㉡은 성과주의 예산제도에 대한 설명이다.

18

영역 총론>경찰에 대한 통제 　　　　난도 중

오답해설

① 국회에 의한 국정감사·국정조사는 사후통제에 해당한다.

② 경찰청의 감사관, 지방경찰청의 청문감사담당관, 경찰서의 청문감사관 제도는 내부통제에 해당한다.

④ 행정안전부장관의 경찰청장과 경찰위원회 위원의 임명제청권은 행정통제로서 외부통제에 해당한다.

19

정답 ④

영역 총론>경찰에 대한 통제 　　　　난도 중

정답해설

④ 경찰감찰규칙 제7조 제2항

오답해설

① 감찰관은 감찰조사를 위해서 조사대상자의 출석을 요구할 때에는 조사기일 3일 전까지 별지 제5호 서식의 출석요구서 또는 구두로 조사일시, 의무위반행위사실 요지 등을 통지하여야 한다. 다만, 사안이 급박한 경우 또는 조사대상자의 요청이 있는 경우에는 즉시 조사에 착수할 수 있다(경찰감찰규칙 제25조 제1항).

② 감찰관은 소속공무원의 의무위반사실에 대한 민원을 접수한 경우 접수일로부터 2개월 내에 신속히 처리하여야 한다. 다만, 부득이한 사유로 민원을 기한 내에 처리할 수 없을 때에는 소속 경찰기관의 감찰부서장에게 보고하여 그 처리 기간을 연장할 수 있다(경찰감찰규칙 제35조 제1항).

③ 감찰관은 다른 경찰기관 또는 검찰, 감사원 등 다른 행정기관으로부터 통보받은 소속공무원의 의무위반행위에 대해서는 통보받은 날로부터 1개월 이내에 신속히 처리하여야 한다(경찰감찰규칙 제36조 제1항).

20

정답 ③

영역 총론>경찰윤리 　　　　난도 중

정답해설

③ 지문의 내용은 경찰윤리강령의 문제점 중 '행위중심적 성격'에 대한 설명이다.

The 알아보기

경찰윤리강령의 문제점

구분	내용
냉소주의의 조장	경찰윤리강령은 직원들의 참여에 의해 만들어진 것이 아니라 상부에서 제정하여 하달된 것이므로 직원들의 냉소주의를 야기할 수 있다.
실행가능성의 문제	경찰윤리강령은 법적 강제성이 없기 때문에 이를 위반했을 경우 제재할 방법이 없다.
행위중심적 문제	경찰윤리강령이 행위 위주로 규정되어 있어 행위 이전의 의도나 동기를 소홀히 하는 경향이 있다.
최소주의의 위험	경찰관이 최선을 다하여 헌신과 봉사를 하려고 해도 경찰윤리강령에 포함된 정도의 수준으로만 근무를 하여 강령이 근무수행의 최소 기준이 된다.
비진정성의 조장	경찰윤리강령은 경찰관의 도덕적 자각에 따른 자발적 행동이 아니라 외부로부터 요구된 것으로서 타율적이다.
우선순위의 미결정	각각의 경찰윤리강령 중 어떤 강령이 가장 상위의 효력을 가지는지, 동일한 경찰윤리강령 내에서도 어떤 규정이 가장 우선적 효력을 가지는지 불분명하다.

21

정답 ②

영역 각론>생활안전론 　　　　난도 하

정답해설

② 지문의 내용 중 '벤치·정자의 위치 및 활용성에 대한 설계'는 활동성의 강화(활성화)와 관련이 있다.

22

정답 ②

영역 각론>생활안전론 　　　　난도 중

정답해설

② 지문의 내용은 '책임이 조금 있는 피해자'에 대한 설명이다.

72　경찰승진 10회 최종모의고사 경찰실무종합(400제)

Mendelshon의 범죄피해자 유형

구분	개념	사례
완전히 책임이 없는 피해자	순수한 피해자(무자각 피해자)	영아살해죄의 영아, 약취유인된 유아
책임이 조금 있는 피해자	무지(無知)에 의하여 책임이 적은 피해자	무지에 의한 낙태여성, 인공유산을 시도하다 사망한 임산부
가해자와 같은 정도의 책임이 있는 피해자	자발적인 피해자	촉탁살인에 의한 피해자, 자살미수 피해자, 동반자살 피해자
가해자보다 더 책임이 있는 피해자	피해자의 행위가 범죄자의 가해행위를 유발시킨 피해자	자신의 부주의로 인한 피해자, 부모에게 살해된 패륜아
가장 책임이 높은 피해자	타인을 공격하다가 반격을 당한 피해자	정당방위의 상대방이 되는 공격적 피해자, 무고죄의 범인과 같은 기만적 피해자

청소년보호법상 청소년유해행위(청소년보호법 제30조)

1. 영리를 목적으로 청소년으로 하여금 신체적인 접촉 또는 은밀한 부분의 노출 등 성적 접대행위를 하게 하거나 이러한 행위를 알선·매개하는 행위
2. 영리를 목적으로 청소년으로 하여금 손님과 함께 술을 마시거나 노래 또는 춤 등으로 손님의 유흥을 돋우는 접객행위를 하게 하거나 이러한 행위를 알선·매개하는 행위
3. 영리나 흥행을 목적으로 청소년에게 음란한 행위를 하게 하는 행위
4. 영리나 흥행을 목적으로 청소년의 장애나 기형 등의 모습을 일반인들에게 관람시키는 행위
5. 청소년에게 구걸을 시키거나 청소년을 이용하여 구걸하는 행위
6. 청소년을 학대하는 행위
7. 영리를 목적으로 청소년으로 하여금 거리에서 손님을 유인하는 행위를 하게 하는 행위
8. 청소년을 남녀 혼숙하게 하는 등 풍기를 문란하게 하는 영업행위를 하거나 이를 목적으로 장소를 제공하는 행위
9. 주로 차 종류를 조리·판매하는 업소에서 청소년으로 하여금 영업장을 벗어나 차 종류를 배달하는 행위를 하게 하거나 이를 조장하거나 묵인하는 행위

23

답 ③

영역 각론>생활안전론　　　**난도** 상

정답해설
지문의 내용 중 청소년유해행위에 해당하는 것은 ㉠, ㉡, ㉢, ㉤, ㉥이다(청소년보호법 제30조).

오답해설
㉣은 청소년보호법상 청소년 유해행위에 해당하지 않는다. '주로 차 종류를 조리·판매하는 업소에서 청소년으로 하여금 영업장을 벗어나 차 종류를 배달하는 행위를 하게 하거나 이를 조장하거나 묵인하는 행위'가 청소년유해행위에 해당한다.

24

답 ③

영역 각론>생활안전론　　　**난도** 상

정답해설
지문의 내용 중 틀린 것은 ㉡, ㉣, ㉤이다.
㉡ 피해자가 동의한 경우만 피해자를 가정폭력 관련 상담소 또는 보호시설로 인도하여야 한다(가정폭력범죄의 처벌 등에 관한 특례법 제5조 제2호).
㉣ 피해자에게 고소할 법정대리인이나 친족이 없는 경우에 이해관계인이 신청하면 검사는 10일 이내에 고소할 수 있는 사람을 지정하여야 한다(가정폭력범죄의 처벌 등에 관한 특례법 제6조 제3항).
㉤ 사법경찰관은 제5조에 따른 응급조치에도 불구하고 가정폭력범죄가 재발될 우려가 있고, 긴급을 요하여 법원의 임시조치 결정을 받을 수 없을 때에는 직권 또는 피해자나 그 법정대리인의 신청에 의하여 제29조 제1항제1호부터 제3호까지의 어느 하나에 해당하는 조치(이하 "긴급임시조치"라 한다)를 할 수 있다(가정폭력범죄의 처벌 등에 관한 특례법 제8조의2 제1항).

오답해설
지문의 내용 중 옳은 것은 ㉠, ㉢이다.
㉠ 가정폭력범죄의 처벌 등에 관한 특례법 제2조 제2호 라목
㉢ 가정폭력범죄의 처벌 등에 관한 특례법 제5조 제4호

25

| 영역 각론>범죄 수사 | 난도 하 |

정답해설

④ 친고죄에 있어서 고소는 이른바 소추조건에 불과하고 당해 범죄의 성립요건이나 수사의 조건에 해당하지 않는다.

26

답 ①

| 영역 각론>범죄 수사 | 난도 하 |

정답해설

진정내사 사건이 '3회 이상 반복 진정하여 2회 이상 그 처리결과를 통지한 것과 같은 내용인 경우' 공람종결할 수 있다(경찰내사처리규칙 제11조의2 제2항 제1호).

오답해설

② 경찰내사처리규칙 제11조의2 제2항 제2호
③ 경찰내사처리규칙 제11조의2 제2항 제3호
④ 경찰내사처리규칙 제11조의2 제2항 제5호

27

답 ③

| 영역 각론>경비경찰활동 | 난도 하 |

정답해설

③ 지방경찰청장, 지역군사령관 또는 함대사령관은 을종사태나 병종사태에 해당하는 상황이 발생한 때에는 즉시 시·도지사에게 통합방위사태의 선포를 건의하여야 한다(통합방위법 제12조 제4항).

오답해설

① 통합방위법 제2조 제7호
② 통합방위법 제4조 제2항
④ 통합방위법 제12조 제1항

28

답 ③

| 영역 각론>경비경찰활동 | 난도 하 |

정답해설

③ 경찰서장은 관할 내에 있는 다중이용건축물등 전체에 대해 A급은 분기 1회 이상, B급·C급은 반기 1회 이상 지도·점검을 실시하여야 한다(테러취약시설 안전활동에 관한 규칙 제22조 제1항).

오답해설

① 국민보호와 공공안전을 위한 테러방지법 시행령 제22조 제2항
④ 국민보호와 공공안전을 위한 테러방지법 제2조 제2호

29

답 ③

| 영역 각론>경비경찰활동 | 난도 중 |

정답해설

③ 청원경찰법 시행령 제3조 제1호

오답해설

① 청원경찰을 배치받으려는 자는 대통령령으로 정하는 바에 따라 관할 지방경찰청장에게 청원경찰 배치를 신청하여야 한다(청원경찰법 제4조 제1항).
② 청원경찰은 청원주가 임용하되, 임용을 할 때에는 미리 지방경찰청장의 승인을 받아야 한다(청원경찰법 제5조 제1항).
④ 청원경찰은 근무 중 제복을 착용하여야 한다(청원경찰법 제8조 제1항).

30

답 ③

| 영역 각론>교통경찰활동 | 난도 상 |

정답해설

빈칸에 들어갈 숫자는 ㉠-2, ㉡-5, ㉢-1, ㉣-2, ㉤-1, ㉥-2, ㉦-5, ㉧-2이다.

음주운전 및 측정불응 형사처벌규정
도로교통법 제148조의2(벌칙) ① 제44조 제1항 또는 제2항을 2회 이상 위반한 사람(자동차등 또는 노면전차를 운전한 사람으로 한정한다)은 2년 이상 5년 이하의 징역이나 1천만 원 이상 2천만 원 이하의 벌금에 처한다.
② 술에 취한 상태에 있다고 인정할 만한 상당한 이유가 있는 사람으로서 제44조 제2항에 따른 경찰공무원의 측정에 응하지 아니하는 사람(자동차등 또는 노면전차를 운전하는 사람으로 한정한다)은 1년 이상 5년 이하의 징역이나 500만 원 이상 2천만 원 이하의 벌금에 처한다.
③ 제44조 제1항을 위반하여 술에 취한 상태에서 자동차등 또는 노면전차를 운전한 사람은 다음 각 호의 구분에 따라 처벌한다.
1. 혈중알코올농도가 0.2퍼센트 이상인 사람은 2년 이상 5년 이하의 징역이나 1천만 원 이상 2천만 원 이하의 벌금
2. 혈중알코올농도가 0.08퍼센트 이상 0.2퍼센트 미만인 사람은 1년 이상 2년 이하의 징역이나 500만 원 이상 1천만 원 이하의 벌금
3. 혈중알코올농도가 0.03퍼센트 이상 0.08퍼센트 미만인 사람은 1년 이하의 징역이나 500만 원 이하의 벌금
④ 제45조를 위반하여 약물로 인하여 정상적으로 운전하지 못할 우려가 있는 상태에서 자동차등 또는 노면전차를 운전한 사람은 3년 이하의 징역이나 1천만 원 이하의 벌금에 처한다.

31

답 ③

영역 각론>교통경찰활동 　　　　　　　　　난도 중

정답해설
③ 택시 운전자인 피고인이 교차로에서 적색등화에 우회전하다가 신호에 따라 진행하던 피해자 운전의 승용차를 충격하여 그에게 상해를 입혔다고 하여 구 교통사고처리특례법 위반으로 기소된 사안에서, 위 사고가 같은 법 제3조 제2항 단서 제1호에서 정한 '신호위반'으로 인한 사고에 해당하지 아니한다(대판 2011.7.28. 2011도3970).

오답해설
① 교통사고처리특례법위반(대판 1993.2.23. 92도2077)
② 교통사고처리특례법위반(대판 1990.2.27. 89도777)

32

답 ②

영역 각론>교통경찰활동 　　　　　　　　　난도 하

정답해설
② 사안은 처벌 특례 12개 항목에 해당하지 않는다.

오답해설
① 교통사고처리특례법 제3조 제2항 제1호
③ 교통사고처리특례법 제3조 제2항 제4호
④ 교통사고처리특례법 제3조 제2항 제8호

33

답 ③

영역 각론>정보경찰활동 　　　　　　　　　난도 하

정답해설
③ 지문의 내용은 소유효용과 관련이 있다.

34

답 ②

영역 각론>정보경찰활동 　　　　　　　　　난도 상

정답해설
지문의 내용 중 틀린 것은 ⓒ이다.
ⓒ 관할경찰관서장은 제6조 제1항에 따른 신고서의 기재 사항에 미비한 점을 발견하면 접수증을 교부한 때부터 12시간 이내에 주최자에게 24시간을 기한으로 그 기재 사항을 보완할 것을 통고할 수 있다(집회 및 시위에 관한 법률 제7조 제1항).

오답해설
지문의 내용 중 옳은 것은 ㉠, ㉡, ㉣ ,㉤이다.
㉠ 집회 및 시위에 관한 법률 시행령 제13조 제2항
㉡ 집회 및 시위에 관한 법률 시행령 제17조 제2호
㉣ 집회 및 시위에 관한 법률 제2조 제3호
㉤ 집회 및 시위에 관한 법률 제15조

집회 및 시위에 관한 법률상 적용배제 규정
학문, 예술, 체육, 종교, 의식, 친목, 오락, 관혼상제(冠婚喪祭) 및 국경행사(國慶行事)에 관한 집회에는 제6조부터 제12조까지의 규정을 적용하지 아니한다.
옥외집회 및 시위의 신고 등(제6조)
신고서의 보완 등(제7조)
집회 및 시위의 금지 또는 제한 통고(제8조)
집회 및 시위의 금지 통고에 대한 이의 신청 등(제9조)
옥외집회와 시위의 금지 시간(제10조)
옥외집회와 시위의 금지 장소(제11조)
교통 소통을 위한 제한(제12조)

35

영역 각론>보안경찰활동   난도 하

정답해설

① 공작의 4대 요소에는 주관자, 공작목표, 공작원, 공작금이 있다. 주관자란 상부로부터 지령을 받고 수행하는 집단을 말하며, 이 집단을 대표하는 사람을 공작관이라고 한다.

36

답 ③

영역 각론>보안경찰활동   난도 하

정답해설

③ 국가보안법 제7조(찬양·고무)의 경우 최장 구속기간은 30일이다(국가보안법 제19조).

오답해설

① 국가보안법 제10조

④ 국가보안법 제14조

37

답 ④

영역 각론>보안경찰활동   난도 중

정답해설

④ 보안관찰법 제18조 제2항

오답해설

① 피보안관찰자는 제1항의 신고사항에 변동이 있을 때에는 7일 이내에 지구대·파출소장을 거쳐 관할경찰서장에게 신고하여야 한다. 피보안관찰자가 제1항의 신고를 한 후 제20조 제3항에 의하여 거소제공을 받거나 제20조 제5항에 의하여 거소가 변경된 때에는 제공 또는 변경된 거소로 이전한 후 7일 이내에 지구대·파출소장을 거쳐 관할경찰서장에게 신고하여야 한다(보안관찰법 제18조 제3항).

② 피보안관찰자가 주거지를 이전하거나 국외여행 또는 10일 이상 주거를 이탈하여 여행하고자 할 때에는 미리 거주예정지, 여행예정지 기타 대통령령이 정하는 사항을 지구대·파출소장을 거쳐 관할경찰서장에게 신고하여야 한다. 다만, 제20조 제3항에 의하여 거소제공을 받은 자가 주거지를 이전하고자 할 때에는 제20조 제5항에 의하여 거소변경을 신청하여 변경결정된 거소를 거주예정지로 신고하여야 한다(보안관찰법 제18조 제4항).

③ 보안관찰처분을 받은 자(이하 "피보안관찰자"라 한다)는 보안관찰처분결정고지를 받은 날부터 7일 이내에 다음

각호의 사항을 주거지를 관할하는 지구대 또는 파출소의 장(이하 "지구대·파출소장"이라 한다)을 거쳐 관할경찰서장에게 신고하여야 한다. 제20조 제3항에 해당하는 경우에는 법무부장관이 제공하는 거소를 주거지로 신고하여야 한다(보안관찰법 제18조 제1항).

38

답 ④

영역 각론>외사경찰활동   난도 하

정답해설

④ 외국인의 강제출국은 형벌이 아닌 행정행위에 해당한다.

39

답 ②

영역 각론>외사경찰활동   난도 하

정답해설

② 지문의 내용은 황색수배서에 대한 설명이다. 녹색수배서는 여러 국가에서 상습적으로 범행하였거나 범행할 우려가 있는 국제범죄자의 동향을 파악하여 사전에 그 범행을 방지할 목적으로 발행한다.

40

답 ③

영역 각론>외사경찰활동   난도 중

정답해설

지문의 내용 중 임의적 인도거절 사유에 해당하는 것은 ㉠, ㉢, ㉣이다.

오답해설

㉡, ㉤은 절대적 인도거절사유에 해당한다.

제9회 경찰승진 최종모의고사

정답체크

01	02	03	04	05	06	07	08	09	10
③	①	③	④	④	③	③	③	①	②
11	12	13	14	15	16	17	18	19	20
②	④	①	②	①	④	①	④	②	①
21	22	23	24	25	26	27	28	29	30
④	②	③	①	④	①	④	①	①	④
31	32	33	34	35	36	37	38	39	40
①	①	③	④	①	②	①	④	④	①

문항별 체크리스트

문항	영역	○	×	문항	영역	○	×
01	총론>경찰과 경찰학			21	각론>생활안전론		
02	총론>경찰과 경찰학			22	각론>범죄 수사		
03	총론>한국경찰의 근·현대사			23	각론>범죄 수사		
04	총론>경찰과 그 법적 토대			24	각론>범죄 수사		
05	총론>경찰과 그 법적 토대			25	각론>범죄 수사		
06	총론>경찰과 그 법적 토대			26	각론>범죄 수사		
07	총론>경찰과 그 법적 토대			27	각론>경비경찰활동		
08	총론>경찰공무원과 법			28	각론>경비경찰활동		
09	총론>경찰공무원과 법			29	각론>교통경찰활동		
10	총론>경찰공무원과 법			30	각론>교통경찰활동		
11	총론>경찰공무원과 법			31	각론>정보경찰활동		
12	총론>경찰공무원과 법			32	각론>정보경찰활동		
13	총론>경찰작용법 일반론			33	각론>정보경찰활동		
14	총론>경찰관 직무집행법			34	각론>보안경찰활동		
15	총론>경찰관리			35	각론>보안경찰활동		
16	총론>경찰관리			36	각론>외사경찰활동		
17	총론>경찰관리			37	각론>외사경찰활동		
18	총론>경찰에 대한 통제			38	각론>외사경찰활동		
19	총론>경찰윤리			39	각론>외사경찰활동		
20	각론>생활안전론			40	각론>외사경찰활동		
총론		/ 19		**각론**		/ 21	

01

답 ③

정답해설

③ 우리나라의 경우 영미법계의 영향을 받아 조직법상 행정경찰과 사법경찰을 구분하지 않고 보통경찰기관이 양 사무를 모두 담당하고 있다.

02

답 ①

정답해설

지문의 내용 중 틀린 것은 ⓒ이다.

ⓒ 공법규범의 위반과는 달리 사법규범의 위반의 경우에는 보충성의 원칙이 적용되므로 법적 보호가 적시에 이루어지지 않고 경찰의 원조 없이는 법을 실현시키는 것이 무효화되거나 사실상 어려워질 경우에 최후 수단으로 경찰의 개입이 인정된다.

오답해설

지문의 내용 중 옳은 것은 ㉠, ⓒ, ⓔ, ⓜ이다.

03

답 ③

정답해설

③ 치안행정협의회는 시·도지사 소속으로 설치한다(경찰법 제16조 제1항).

04

답 ④

정답해설

④ 훈령은 상급기관과 하급기관의 관계에서 발하는 명령이므로 기관 자체의 폐지가 없는 이상 계속 유효하나, 직무명령은 공무원 관계에서 하급(수명) 공무원만을 구속하는 명령이므로 당사자(공무원)의 변동에 의해 당연히 그 효력이 상실된다.

05

답 ④

정답해설

④ 경찰청에 차장을 두며, 차장은 치안정감(治安正監)으로 보한다(경찰법 제12조 제1항).

오답해설

① 경찰법 제4조

② 경찰법 제1조

③ 경찰법 제11조 제6항

06

답 ③

정답해설

지문의 내용 중 틀린 것은 ⓒ, ⓒ, ⓔ, ㉯이다.

ⓒ 위원회는 위원장 1명을 포함한 7명의 위원으로 구성하되, 위원장 및 5명의 위원은 비상임(非常任)으로 하고, 1명의 위원은 상임(常任)으로 한다(경찰법 제5조 제2항).

ⓒ 위원은 행정안전부장관의 제청으로 국무총리를 거쳐 대통령이 임명한다(경찰법 제6조 제1항).

ⓔ 위원의 임기는 3년으로 하며, 연임(連任)할 수 없다. 이 경우 보궐위원의 임기는 전임자 임기의 남은 기간으로 한다(경찰법 제7조 제1항).

㉯ 인권보호와 관련되는 국가경찰의 운영·개선에 관한 사항은 위원회의 심의·의결을 거쳐야 한다(경찰법 제9조 제1항 제2호). '범죄피해자 보호'는 경찰법 제3조에 규정되어 있는 국가경찰의 임무에 해당한다.

오답해설

지문의 내용 중 옳은 것은 ㉠, ⓜ, ㉻이다.

㉠ 경찰법 제5조

ⓜ 경찰위원회규정 제7조 제3항

㉻ 경찰법 제6조 제3항

07

답 ③

오답해설

① 권한의 위임이란 상급관청이 하급관청에 권한의 전부 또는 일부를 이전하여 수임기관의 권한으로 행하도록 하는 것이다. 권한의 주요부분에 대한 위임은 허용되지 않는다.

② 원칙적으로 임의대리는 권한의 일부에 대해서 가능하고 복대리가 불가능하나, 법정대리는 권한의 전부에 대해서만 가능하고 복대리가 가능하다.

④ 권한의 위임의 효과는 수임관청에게 귀속되고, 권한의 대리의 효과는 피대리관청에게 귀속된다.

08

답 ③

영역 총론>경찰공무원과 법   난도 **상**

정답해설

지문의 내용 중 옳은 것은 ⓒ, ⓒ이다.

오답해설

지문의 내용 중 틀린 것은 ⑦, ⓔ이다.

⑦ 총경 이상 경찰공무원은 경찰청장 또는 해양경찰청장의 추천을 받아 행정안전부장관 또는 해양수산부장관의 제청으로 국무총리를 거쳐 대통령이 임용한다.

ⓔ 경정으로의 신규채용, 승진임용 및 면직은 경찰청장 또는 해양경찰청장의 제청으로 국무총리를 거쳐 대통령이 한다.

09

답 ①

영역 총론>경찰공무원과 법   난도 **중**

정답해설

지문의 내용 중 옳은 것은 ⑦, ⓒ, ⓒ이다.

⑦ 경찰공무원법 제9조 제1항

ⓒ 경찰공무원법 제9조 제2항

ⓒ 경찰공무원법 제9조 제2항

오답해설

ⓔ 징계사유에 해당하게 된 경우는 채용후보자의 자격상실 요건에 해당하지 않는다. 시보임용 중인 경찰공무원이 징계사유에 해당하게 되면 정규임용심사위원회의 심사를 거쳐 면직시키거나 면직을 제청할 수 있다.

ⓜ 사안의 경우 채용후보자의 자격상실요건에 해당하지 않는다(경찰공무원임용령 제19조 제4호 단서).

10

답 ②

영역 총론>경찰공무원과 법   난도 **중**

정답해설

지문의 내용 중 옳은 것은 ⑦, ⓒ이다.

⑦ 경찰공무원법 제10조 제3항

ⓒ 경찰공무원법 제10조 제4항 제1호

오답해설

ⓒ 임용권자 또는 임용제청권자는 시보임용경찰공무원이 징계사유에 해당하여 정규 경찰공무원으로 임용하는 것이 부적당하다고 인정되는 경우에는 제3항에 따른 정규임용심사위원회의 심사를 거쳐 해당 시보임용경찰공무원을 면직시키거나 면직을 제청할 수 있다(경찰공무원임용령 20조 제2항 제1호).

ⓔ 경정 이하의 경찰공무원을 신규채용할 때에는 1년간 시보(試補)로 임용하고, 그 기간이 만료된 다음 날에 정규 경찰공무원으로 임용한다(경찰공무원법 제10조 제1항).

11

영역 총론>경찰공무원과 법 　　　난도 **상**

답 ②

정답해설

지문의 내용 중 직위해제 사유는 ㉠, ㉢, ㉣이다

오답해설

㉡, ㉤은 직권면직 사유(객관적 사유)에 해당한다.

12

영역 총론>경찰공무원과 법 　　　난도 **하**

답 ④

정답해설

④ 징계위원회가 설치된 경찰기관의 장은 징계등 심의 대상자보다 상위 계급인 경위 이상의 소속 경찰공무원 또는 상위 직급에 있는 6급 이상의 소속 공무원 중에서 징계위원회의 공무원위원을 임명한다. 다만, 보통징계위원회의 경우 징계등 심의 대상자보다 상위 계급인 경위 이상의 소속 경찰공무원 또는 상위 직급에 있는 6급 이상의 소속 공무원의 수가 제3항에 따른 민간위원을 제외한 위원 수에 미달되는 등의 사유로 보통징계위원회를 구성하는 것이 곤란한 경우에는 징계등 심의 대상자보다 상위 계급인 경사 이하의 소속 경찰공무원 또는 상위 직급에 있는 7급 이하의 소속 공무원 중에서 임명할 수 있으며, 이 경우에는 제4조 제2항에도 불구하고 3개월 이하의 감봉 또는 견책에 해당하는 징계등 사건만을 심의·의결한다(경찰공무원 징계령 제6조 제2항).

오답해설

① 경찰공무원징계령 제7조 제4항
② 경찰공무원 징계령 세부시행규칙 제4조 제2항 제4호
③ 경찰공무원징계령 제7조 제5항

13

영역 총론>경찰작용법 일반론 　　　난도 **중**

답 ①

정답해설

① 행정대집행법에 규정된 대집행의 절차는 대집행의 계고－대집행영장에 의한 통지－대집행의 실행－비용의 징수 절차로 진행된다.

14

영역 총론>경찰관 직무집행법 　　　난도 **하**

답 ②

정답해설

② 법 제11조의3 제2항에 따라 경찰청에 두는 보상금심사위원회의 위원장은 경찰청 소속 과장급 이상의 경찰공무원 중에서 경찰청장이 임명하는 사람으로 한다(경찰관직무집행법 시행령 제19조 제1항).

오답해설

① 경찰관직무집행법 제11조의3 제3항
③ 경찰관직무집행법 시행령 제19조 제4항
④ 경찰관직무집행법 시행령 제20조

15

영역 총론>경찰관리 　　　난도 **하**

답 ①

정답해설

① 지문의 내용을 통솔범위의 원리에 대한 설명이다.

16

영역 총론>경찰관리 　　　난도 **하**

답 ④

정답해설

④ 경찰예산의 대부분은 일반회계에 속하며 극히 예외적으로 특별회계(경찰병원 등)에 속한다.

오답해설

① 국가재정법 제46조 제1항
② 국가재정법 제44조
③ 특별회계는 국고를 거치지 않으므로 기획재정부의 직접적인 통제를 받지 않는다.

17

영역 총론>경찰관리 　　　난도 **중**

답 ①

정답해설

① 경찰장비관리규칙 제94조 제1항

오답해설

② 차량열쇠는 지정된 열쇠함에 집중보관하여 주간에는 정보화장비담당관(정보화장비과장, 운영지원과장, 총무과장, 경찰서는 경무과장), 일과 후 및 공휴일에는 상황관리(담당)관(경찰서는 상황(부)실장, 지구대는 지역경찰관리

자)이 관리하고, 예비열쇠의 확보 등을 위한 무단복제와 전·의경 운전원의 임의 소지 및 보관을 금한다(경찰장비관리규칙 제96조 제1항).

③ 부속기관 및 지방경찰청은 소속기관 차량 중 다음 년도 교체대상 차량을 매년 11월 말까지 경찰청장에게 보고하여야 한다(경찰장비관리규칙 제93조 제1항).

④ 차량운행시 책임자는 1차 운전자, 2차 선임탑승자(사용자), 3차 경찰기관의 장으로 한다(경찰장비관리규칙 제98조 제3항).

18

영역 총론>경찰에 대한 통제   **난도** 하

🔲④

정답해설

④ 공공기관은 이의신청을 받은 날부터 7일 이내에 그 이의신청에 대하여 결정하고 그 결과를 청구인에게 지체 없이 문서로 통지하여야 한다. 다만, 부득이한 사유로 정하여진 기간 이내에 결정할 수 없을 때에는 그 기간이 끝나는 날의 다음 날부터 기산하여 7일의 범위에서 연장할 수 있으며, 연장 사유를 청구인에게 통지하여야 한다(공공기관의 정보공개에 관한 법률 제18조 제3항).

오답해설

① 공공기관의 정보공개에 관한 법률 제3조
② 공공기관의 정보공개에 관한 법률 제19조 제1항
③ 공공기관의 정보공개에 관한 법률 제11조 제1항

19

영역 총론>경찰윤리   **난도** 상

🔲②

정답해설

지문의 내용 중 틀린 것은 ㉠이다.

㉠ 전체사회가설은 윌슨이 주장한 이론으로서 시카고 시민이 경찰을 부패시켰다고 주장하면서 시민사회의 부패가 경찰부패의 주원인이라고 보는 이론이다.

오답해설

지문의 내용 중 옳은 것은 ㉡, ㉢, ㉣, ㉤이다.

20

영역 각론>생활안전론   **난도** 하

🔲①

정답해설

① 경비업을 영위하고자 하는 법인은 도급받아 행하고자 하는 경비업무를 특정하여 그 법인의 주사무소의 소재지를 관할하는 지방경찰청장의 허가를 받아야 한다. 도급받아 행하고자 하는 경비업무를 변경하는 경우에도 또한 같다(경비업법 제4조 제1항).

오답해설

② 경비업법 제3조
③ 경비업법 제6조 제1항
④ 경비업법 제7조 제6항

21

영역 각론>생활안전론   **난도** 상

🔲④

정답해설

모두 틀린 지문이다.

㉠ 유실물은 법률에 정한 바에 의하여 공고한 후 6개월 내에 그 소유자가 권리를 주장하지 아니하면 습득자가 그 소유권을 취득한다(민법 제253조).

㉡·㉢ 물건을 반환받는 자는 물건가액(物件價額)의 100분의 5 이상 100분의 20 이하의 범위에서 보상금(報償金)을 습득자에게 지급하여야 한다. 다만, 국가·지방자치단체와 그 밖에 대통령령으로 정하는 공공기관은 보상금을 청구할 수 없다(유실물법 제4조).

㉣ 습득물, 유실물, 준유실물[착오로 점유한 물건, 타인이 놓고 간 물건이나 일실(逸失)한 가축]은 '유실물법'의 규정에 따라 처리된다. 그러나 유실물법상 유기동물의 처리에 관한 규정은 없으며, 유기동물은 '동물보호법'규정에 따라 처리된다.

22

영역 각론>범죄 수사   **난도** 상

🔲②

정답해설

지문의 내용 중 통신사실 확인자료에 해당하는 것은 ㉠, ㉡, ㉢이다(통신비밀보호법 제2조 제11호).

오답해설

지문의 내용 중 ㉣, ㉤, ㉥은 전기통신사업법상 통신자료에 해당한다(전기통신사업법 제83조 제3항).

통신비밀보호법상 통신사실 확인자료와 전기통신사업법상 통신자료의 비교

통신사실 확인자료	통신자료
가. 가입자의 전기통신일시 나. 전기통신개시·종료시간 다. 발·착신 통신번호 등 상대방의 가입자번호 라. 사용도수 마. 컴퓨터통신 또는 인터넷의 사용자가 전기통신역무를 이용한 사실에 관한 컴퓨터통신 또는 인터넷의 로그기록자료 바. 정보통신망에 접속된 정보통신기기의 위치를 확인할 수 있는 발신기지국의 위치추적자료 사. 컴퓨터통신 또는 인터넷의 사용자가 정보통신망에 접속하기 위하여 사용하는 정보통신기기의 위치를 확인할 수 있는 접속지의 추적자료	1. 이용자의 성명 2. 이용자의 주민등록번호 3. 이용자의 주소 4. 이용자의 전화번호 5. 이용자의 아이디(컴퓨터시스템이나 통신망의 정당한 이용자임을 알아보기 위한 이용자 식별부호를 말한다) 6. 이용자의 가입일 또는 해지일

23

답 ③

영역 각론>범죄 수사 난도 하

정답해설

③ 송치서류는 사건송치서-압수물 총목록-기록목록-의견서-그 밖의 서류 순서로 편철하여야 한다(범죄수사규칙 제192조 제3항).

오답해설

① 범죄수사규칙 제192조 제1항 제1호
② 범죄수사규칙 제192조 제2항
④ 범죄수사규칙 제192조 제7항

24

답 ①

영역 각론>범죄 수사 난도 하

정답해설

① 경찰서장은 유치인보호관에 대하여 의하여 피의자의 유치에 관한 관계법령 및 규정 등을 매월 1회 이상 정기적으로 교양하고 유치인보호관은 이를 숙지하여야 한다(피의자 유치 및 호송 규칙 제73조).

오답해설

② 피의자 유치 및 호송 규칙 제70조 제2항
③ 피의자 유치 및 호송 규칙 제68조
④ 피의자 유치 및 호송 규칙 제67조 제1항

25

답 ④

영역 각론>범죄 수사 난도 하

정답해설

④ 신청을 받은 검사는 임시조치를 청구하는 때에는 응급조치가 있었던 때부터 72시간 이내에, 긴급임시조치가 있었던 때부터 48시간 이내에 하여야 한다(아동학대범죄의 처벌 등에 관한 특례법 제15조 제2항).

오답해설

① 아동학대범죄의 처벌 등에 관한 특례법 제1조
② 아동학대범죄의 처벌 등에 관한 특례법 제11조 제1항
③ 아동학대범죄의 처벌 등에 관한 특례법 제12조 제3항

26

답 ①

영역 각론>범죄 수사 난도 하

정답해설

지문은 GHB(물뽕)에 대한 설명이다.

마약류의 특성

구분	내용
모르핀	1. 생아편을 화학적으로 처리한 것 2. 헤로인의 제조원료로 사용 3. 무취, 쓴 맛
헤로인	1. 모르핀을 원료로 하여 초산을 화학합성하여 아세틸화한 것 2. 독일 바이엘사에 의해 진통제로 처음 개발 3. 모르핀보다 10배 이상 독성이 강하고, 금단증상도 강함
코카인	1. 만성적인 코카인 남용자의 경우에도 신체적인 금단현상 없음 2. cokebugs – 벌레가 기어다는 듯한 환촉현상이 나타남
메스암페타민 (필로폰, 히로뽕)	1. 피로감 감소 · 지연시킴, 식욕감퇴 2. 동일한 효과를 내기 위해 복용량이 증가하는 내성이 나타남, 금단증상 수반 3. 주로 정맥주사를 이용, 가열하여 연기를 흡입하는 경우도 있음
YABA	1. Horse Medicine으로 통용됨 2. 순도가 낮음 3. 원재료가 화공약품이므로 안정적인 제조가 가능
L.S.D	1. 곡물곰팡이, 보리맥각에서 분리 · 가공 후 합성 2. 무색 · 무취 · 무미 3. 우표 · 종이 등의 표면에 묻혔다가 뜯어서 씹는 방법을 사용하기도 함
MDMA (엑스터시)	1. 1949년 독일에서 식욕감퇴제로 개발 2. 복용자는 막대사탕을 물고 있거나 물을 자주 마시는 증상을 보임 3. 모발감정 가능
덱스트로메토르판제제 (러미나)	1. 처방전을 이용해서 약국에서 구입 가능 2. 의존성이나 독성이 없음 3. 정글쥬스(소주에 혼합해서 음용)
물뽕 (GHB)	1. 무색 · 무취 · 짠맛 2. 24시간 이내 인체에서 빠져나가므로 사후추적이 불가능
케타민	사람과 동물의 마취제로 사용
프로포폴	수면마취제로 수면내시경 등에 사용

27

답 ④

영역 각론>경비경찰활동　　　　난도 중

오답해설

① 경고와 제지는 경찰관직무집행법에 근거가 있으나 경고는 간접적 실력행사, 제지는 직접적 실력행사라는 점에서 차이가 있다.

② 경비수단의 원칙에는 균형의 원칙 · 위치의 원칙 · 시점의 원칙 · 안전의 원칙이 있다.

③ 지문의 내용은 비례의 원칙에 대한 설명이다. 균형의 원칙이란 경비사태의 상황과 대상에 따라 주력부대와 예비부대를 유효적절하게 활용, 한정된 경력을 가지고 최대의 성과를 올릴 수 있도록 하여야 한다는 것을 의미한다.

28

답 ①

영역 각론>경비경찰활동　　　　난도 하

정답해설

전직 대통령(퇴임 후 10년 이내)의 배우자는 갑호 경호대상이다.

오답해설

대통령선거 후보자, 전직 대통령(퇴임 후 10년 경과), 국회의장은 을호 경호대상이다.

29

답 ①

영역 각론>교통경찰활동　　　　난도 하

정답해설

사안의 경우 3년의 결격기간이 적용된다.

오답해설

나머지는 2년의 결격기간이 적용된다.

30

답 ④

영역 각론>교통경찰활동　　　　난도 중

정답해설

④ 지문의 내용은 칩(Chip)에 대한 설명이다. "스크래치(Scratch)"란 큰 압력없이 미끄러진 금속물체에 의해 단단한 포장노면에 가볍게 불규칙적으로 좁게 나타나는 긁힌 자국을 말한다.

안심Touch

31

답 ①

| 영역 | 각론>정보경찰활동 | 난도 하 |

정답해설

지문의 내용은 기본정보에 대한 설명이다.

오답해설

② 보안정보는 정보를 사용목적을 기준으로 구분한 것으로 적극정보에 대응하는 개념으로, 국가의 안전을 유지하는 국가경찰기능의 기초가 되는 정보를 말한다.

③ 현용정보는 매일의 국내외 주요 정세 가운데 국가안보나 정책결정에 영향을 미치는 내용을 선별하여 보고하는 형태의 정보로 모든 사물이나 상태의 동적인 상태를 보고하는 정보이다.

④ 전략정보는 정보의 사용 수준을 기준으로 구분한 것으로 전술정보와 비교되는 개념으로 높은 수준의 정책결정자가 사용하는 정보를 말한다.

32

답 ①

| 영역 | 각론>정보경찰활동 | 난도 중 |

정답해설

㉠은 특별보고서, ㉡은 브리핑, ㉢은 메모, ㉣은 일일정보보고서에 대한 설명이다.

33

답 ③

| 영역 | 각론>정보경찰활동 | 난도 중 |

정답해설

③ 집회 및 시위에 관한 법률 제26조

오답해설

① 관할 경찰관서장은 집회 및 시위의 보호와 공공의 질서 유지를 위하여 <u>일반인</u>의 통행 또는 교통 소통 등을 위하여 필요할 경우에는 질서유지선을 설정할 수 있다(집회 및 시위에 관한 법률 시행령 제13조 제1항 제3호).

② 집회 또는 시위의 주최자는 제8조에 따른 금지 통고를 받은 날부터 10일 이내에 해당 경찰관서의 <u>바로 위의 상급경찰관서</u>의 장에게 이의를 신청할 수 있다(집회 및 시위에 관한 법률 제9조 제1항).

④ 질서유지선을 경찰관의 경고에도 불구하고 정당한 사유 없이 상당 시간 침범하거나 손괴·은닉·이동 또는 제거하거나 그 밖의 방법으로 그 효용을 해친 자는 6개월 이하의 징역 또는 50만 원 이하의 벌금·구류 또는 과료에 처한다(집회 및 시위에 관한 법률 제24조 제3호).

34

답 ④

| 영역 | 각론>보안경찰활동 | 난도 하 |

정답해설

④ 간첩의 임무(사명)에 의해 일반간첩·증원간첩·보급간첩·무장간첩으로 구분할 수 있다. 고정간첩·배회간첩·공행간첩은 활동방법에 의한 구분이다.

35

답 ①

| 영역 | 각론>보안경찰활동 | 난도 상 |

정답해설

모두 옳은 지문이다.

㉠ 보안관찰법 제12조 제3항

㉡ 보안관찰법 제2조 제1호

㉢ 보안관찰법 제5조 제1항

㉣ 보안관찰법 제12조 제10항

㉤ 보안관찰법 제18조 제1항

36

답 ②

| 영역 | 각론>외사경찰활동 | 난도 중 |

정답해설

지문의 내용은 급진적 다문화주의에 대한 설명이다.

구분	내용
조합주의적 다문화주의 (다원주의)	1. 다문화주의를 결과에 있어서의 평등보장 이라는 측면에서 접근한다. 2. 문화적 소수자가 현실적으로 문화적 다수 자와의 경쟁에서 불리한 위치에 있다는 것을 전제로 하여, 소수집단의 사회참가를 촉진하기 위해 적극적인 재정적·법적 원조를 한다. 3. 자유주의적 다문화주의와 급진적 다문화 주의의 절충적 형태로서 다문화주의를 결과에 있어서의 평등이라는 측면에서 접근한다.
자유주의적 다문화주의 (동화주의)	1. 사회통합을 이룩하기 위해 국가내부의 문화적 다양성을 허용하고, 소수 인종집단 고유의 문화와 가치를 인정하지만, 시민생활이나 공적생활에서는 주류 사회의 문화·언어·사회습관에 따를 것을 요구한다. 2. 차별을 금지하고 사회참여를 위해 기회평등을 보장하며 다수민족과 소수민족간의 차별구조와 불평등 구조를 적극적으로 해체하나, 다문화주의를 정치적 자결권부여로 해석하지 않는다. 3. 다문화주의를 소수인종과 문화적 소수자에 대한 기회평등이라는 측면에서 다문화정책을 접근한다.
급진적 다문화주의	1. 급진적 다문화주의는 '차이에 대한 권리'로 해석되며, 소수자의 문화적 권리와 결부되어 이해된다. 2. 소수집단이 자결(self-determination)의 원칙을 내세워 문화적 공존을 넘어서는 소수민족 집단만의 공동체 건설을 지향한다. 3. 미국에서의 흑인과 원주민에 의한 격리주의 운동이 대표적이다.

장기체류자격(출입국관리법 시행령 별표 1의2)

구분	내용
공무 (A-2)	대한민국정부가 승인한 외국정부 또는 국제기구의 공무를 수행하는 사람과 그 가족
유학 (D-2)	전문대학 이상의 교육기관 또는 학술연구기관에서 정규과정의 교육을 받거나 특정 연구를 하려는 사람
회화지도 (E-2)	법무부장관이 정하는 자격요건을 갖춘 외국인으로서 외국어전문학원, 초등학교 이상의 교육기관 및 부설어학연구소, 방송사 및 기업체 부설 어학연수원, 그 밖에 이에 준하는 기관 또는 단체에서 외국어 회화지도에 종사하려는 사람
예술흥행 (E-6)	수익이 따르는 음악, 미술, 문학 등의 예술활동과 수익을 목적으로 하는 연예, 연주, 연극, 운동경기, 광고·패션 모델, 그 밖에 이에 준하는 활동을 하려는 사람
비전문취업 (E-9)	「외국인근로자의 고용 등에 관한 법률」에 따른 국내 취업요건을 갖춘 사람(일정 자격이나 경력 등이 필요한 전문직종에 종사하려는 사람은 제외한다)
결혼이민 (F-6)	가. 국민의 배우자 나. 국민과 혼인관계(사실상의 혼인관계를 포함한다)에서 출생한 자녀를 양육하고 있는 부 또는 모로서 법무부장관이 인정하는 사람 다. 국민인 배우자와 혼인한 상태로 국내에 체류하던 중 그 배우자의 사망이나 실종, 그 밖에 자신에게 책임이 없는 사유로 정상적인 혼인관계를 유지할 수 없는 사람으로서 법무부장관이 인정하는 사람

37
답 ①

영역 각론>외사경찰활동   난도 상

정답해설

㉠은 A-2, ㉡은 D-2, ㉢은 F-6에 대한 설명이다.

38
답 ④

영역 각론>외사경찰활동   난도 하

정답해설

④ 사안의 경우 미군 당국의 통역과 우리측 통역을 동시에 조사에 참여시켜 공정성을 확보하고 이를 조서내용에 기재한다.

39

답 ④

영역 각론>외사경찰활동 　　　　　　　　　난도 하

정답해설

④ 외교부장관은 청구국으로부터 범죄인의 인도청구를 받았을 때에는 인도청구서와 관련 자료를 법무부장관에게 송부하여야 한다(범죄인인도법 제11조).

오답해설

① 범죄인인도법 제3조
② 범죄인인도법 제4조
③ 범죄인인도법 제7조 제1호

40

답 ①

영역 각론>외사경찰활동 　　　　　　　　　난도 중

정답해설

㉠은 6, ㉡은 3, ㉢은 1이다(출입국관리법 제4조).

The 알아보기

출국금지기간

출입국관리법 제4조(출국의 금지) ① 법무부장관은 다음 각 호의 어느 하나에 해당하는 국민에 대하여는 6개월 이내의 기간을 정하여 출국을 금지할 수 있다.

1. 형사재판에 계속(係屬) 중인 사람
2. 징역형이나 금고형의 집행이 끝나지 아니한 사람
3. 대통령령으로 정하는 금액 이상의 벌금이나 추징금을 내지 아니한 사람
4. 대통령령으로 정하는 금액 이상의 국세·관세 또는 지방세를 정당한 사유 없이 그 납부기한까지 내지 아니한 사람
5. 그 밖에 제1호부터 제4호까지의 규정에 준하는 사람으로서 대한민국의 이익이나 공공의 안전 또는 경제질서를 해칠 우려가 있어 그 출국이 적당하지 아니하다고 법무부령으로 정하는 사람

② 법무부장관은 범죄 수사를 위하여 출국이 적당하지 아니하다고 인정되는 사람에 대하여는 1개월 이내의 기간을 정하여 출국을 금지할 수 있다. 다만, 다음 각 호에 해당하는 사람은 그 호에서 정한 기간으로 한다.

1. 소재를 알 수 없어 기소중지결정이 된 사람 또는 도주 등 특별한 사유가 있어 수사진행이 어려운 사람 : 3개월 이내
2. 기소중지결정이 된 경우로서 체포영장 또는 구속영장이 발부된 사람 : 영장 유효기간 이내

제10회 경찰승진 최종모의고사

정답체크

01	02	03	04	05	06	07	08	09	10
④	②	③	①	④	④	③	②	④	④
11	12	13	14	15	16	17	18	19	20
③	②	③	②	③	③	③	④	④	②
21	22	23	24	25	26	27	28	29	30
③	④	③	④	②	①	③	④	④	①
31	32	33	34	35	36	37	38	39	40
②	④	③	③	③	②	③	④	①	④

문항별 체크리스트

문항	영역	○	×	문항	영역	○	×
01	총론>경찰과 경찰학			21	각론>생활안전론		
02	총론>경찰과 경찰학			22	각론>생활안전론		
03	총론>한국경찰의 근·현대사			23	각론>범죄 수사		
04	총론>한국경찰의 근·현대사			24	각론>범죄 수사		
05	총론>경찰과 그 법적 토대			25	각론>범죄 수사		
06	총론>경찰과 그 법적 토대			26	각론>범죄 수사		
07	총론>경찰과 그 법적 토대			27	각론>경비경찰활동		
08	총론>경찰과 그 법적 토대			28	각론>경비경찰활동		
09	총론>경찰공무원과 법			29	각론>경비경찰활동		
10	총론>경찰공무원과 법			30	각론>경비경찰활동		
11	총론>경찰공무원과 법			31	각론>교통경찰활동		
12	총론>경찰공무원과 법			32	각론>교통경찰활동		
13	총론>경찰공무원과 법			33	각론>교통경찰활동		
14	총론>경찰작용법 일반론			34	각론>정보경찰활동		
15	총론>경찰관 직무집행법			35	각론>보안경찰활동		
16	총론>경찰관 직무집행법			36	각론>보안경찰활동		
17	총론>경찰관리			37	각론>보안경찰활동		
18	총론>경찰관리			38	각론>외사경찰활동		
19	총론>경찰관리			39	각론>외사경찰활동		
20	총론>경찰윤리			40	각론>외사경찰활동		
총론			/ 20	각론			/ 20

01

답 ④

영역 총론>경찰과 경찰학   난도 하

오답해설

①과 ②는 국가경찰제도의 단점에 해당한다. ③ 지방자치경찰제도는 타 경찰기관과의 협조·응원체제가 곤란하다는 단점이 있다.

02

답 ②

영역 총론>경찰과 경찰학   난도 상

정답해설

지문의 내용 중 틀린 것은 ⓒ, ⓜ이다.

ⓒ 외교관의 개인주택도 치외법권 지역에 해당한다.

ⓜ 의장은 국회의 경호를 위하여 필요한 때에는 국회운영위원회의 동의를 얻어 일정한 기간을 정하여 정부에 대하여 필요한 국가경찰공무원의 파견을 요구할 수 있다(국회법 제144조 제2항).

오답해설

지문의 내용 중 옳은 것은 ⊙, ⓛ, ⓔ이다.

03

답 ③

영역 총론>한국경찰의 근·현대사   난도 하

정답해설

③ 1947년 6인의 위원으로 구성된 중앙경찰위원회가 설치되어 경찰의 민주화 개혁을 시도하였으나, 중앙경찰위원회 제도는 실패한 제도이다.

04

답 ①

영역 총론>한국경찰의 근·현대사   난도 중

정답해설

⊙은 노종해 경감, ⓛ은 안병하 경무관, ⓒ은 차일혁 경무관, ⓔ은 정종수 경사(최규식 경무관)에 대한 설명이다.

The 알아보기

6·25 전쟁 중 주요 전투

구분	내용
춘천 내평전투	1. 1950년 6월 25일 얄구경찰서 내평지서장 노종해 경감 등은 불과 10여명의 인력으로 춘천으로 가는 길목을 지키고 북한군 1만 여명의 진격을 1시간 이상 지연시킨 후 전사 2. 국군이 방어선을 구축할 수 있도록 함으로써 6·25전쟁 최초의 승전인 춘천지구 전투 승리의 결정적 역할을 함
함안전투	1. 전남·북 및 경남 3개도의 경찰관 6,800여명과 미군 25사단 일부는 1950년 8월 18일부터 9월 15일까지 수없이 많은 전투를 승리로 이끌었고, 북한군 4개 사단을 격퇴하고 방어선을 지켜냄 2. 당시 경남경찰국장이었던 독립운동가 출신 최천 경무관은 경남경찰 3,400여명을 지휘함
다부동 전투	군 지휘부는 부산으로 이동했으나 경찰은 끝까지 대구 사수를 결의하고 대구에 남음
장진호 전투	1. 1950년 11월 말부터 12월 초까지 함경남도 장진 일대에서 UN군과 중공군이 벌인 전투 2. 한국경찰 '화랑부대' 1개 소대가 장지호 유담리 전투에서 뛰어난 전과를 올림 3. '화랑부대'는 미군으로부터 별도의 훈련을 받고 부대단위로 편성된 경찰관 부대를 통칭

05

답 ④

영역 총론>경찰과 그 법적 토대   난도 중

정답해설

④ 경찰비례의 원칙은 적합성의 원칙, 필요성의 원칙(최소침해의 원칙), 상당성의 원칙(협의의 비례의 원칙)으로 구성되며, 이 세 가지 원칙 모두를 충족해야 한다.

06

답 ④

영역 총론>경찰과 그 법적 토대   난도 상

정답해설

지문의 내용 중 틀린 것은 ⊙, ⓛ, ⓔ이다.

⊙ 지문은 직무명령에 대한 설명이다. 훈령이란 상급관청이 하급관청의 권한행사를 지휘하기 위하여 발하는 명령이다.

ⓒ 기관의 구성원이 변경되더라도 훈령의 효력에는 영향이 없으나, 직무명령의 경우에는 수명경찰공무원이 변경되면 그 효력을 상실한다.

ⓔ 훈령은 법규성이 없으므로 훈령에 위반한 처분의 경우 위법한 처분이 아니며, 행위의 효력도 유효하다.

오답해설

지문의 내용 중 옳은 것은 ⓒ이다.

07

답 ③

영역 총론>경찰과 그 법적 토대　　　　**난도** 상

정답해설

지문의 내용 중 틀린 것은 ㉠, ⓔ이다.

㉠ 경찰행정에 관하여 제9조 제1항 각 호의 사항을 심의·의결하기 위하여 행정안전부에 경찰위원회(이하 "위원회"라 한다)를 둔다(경찰법 제5조 제1항).

ⓔ 행정안전부장관이 재의를 요구하는 경우에는 의결한 날부터 10일 이내에 재의요구서를 위원회에 제출하여야 한다(경찰위원회규정 제6조 제1항).

오답해설

지문의 내용 중 옳은 것은 ⓛ, ⓒ, ⓜ이다.

ⓛ 경찰법 제6조 제4항 제3호

ⓒ 경찰법 제9조 제1항 제4호

ⓜ 경찰위원회규정 제7조 제3항

08

답 ②

영역 총론>경찰과 그 법적 토대　　　　**난도** 하

정답해설

② 권한의 위임은 법령상의 근거를 요한다.

09

답 ④

영역 총론>경찰공무원과 법　　　　**난도** 하

정답해설

④ 임용권자(제4조 제1항에 따라 임용권의 위임을 받은 자를 포함한다. 이하 같다) 또는 임용제청권자『경찰공무원법』(이하 "법"이라 한다) 제6조 제1항에 따른 추천이 필요한 경우에는 경찰청장을 포함한다. 이하 같다)는 경찰공무원을 신규채용 할 때에 경과를 부여하여야 한다(경찰공무원임용령 제3조 제2항).

오답해설

① 경찰공무원임용령 제3조 제1항

② 경찰공무원임용령 제3조 제1항

③ 경찰공무원임용령 제3조 제1항

10

답 ④

영역 총론>경찰공무원과 법　　　　**난도** 중

정답해설

지문의 내용 중 틀린 것은 ⓒ, ⓔ, ⓜ이다.

ⓒ 채용후보자 명부의 유효기간은 2년의 범위에서 대통령령으로 정한다. 다만, 경찰청장 또는 해양경찰청장은 필요에 따라 1년의 범위에서 그 기간을 연장할 수 있다(경찰공무원법 제9조 제3항).

ⓔ 경정 이하의 경찰공무원을 신규채용할 때에는 1년간 시보(試補)로 임용하고, 그 기간이 만료된 다음 날에 정규경찰공무원으로 임용한다(경찰공무원법 제10조 제1항).

ⓜ 경정 및 순경의 신규채용은 공개경쟁시험으로 한다(경찰공무원법 제8조 제1항).

오답해설

지문의 내용 중 옳은 것은 ㉠, ⓛ이다.

㉠ 경찰공무원법 제7조 제2항 제9호

ⓛ 경찰공무원법 제8조의2

11

답 ③

영역 총론>경찰공무원과 법　　　　**난도** 상

정답해설

지문의 내용 중 틀린 것은 ⓛ, ⓒ, ⓔ, ⓜ이다.

ⓛ 경찰공무원의 승진임용 시 심사승진후보자와 시험승진후보자가 있을 경우에 승진임용 인원은 각각 승진임용 인원의 50퍼센트로 한다(경찰공무원승진임용규정 제25조 제1항).

ⓒ 경무관 이하 계급으로의 승진은 승진심사에 의하여 한다. 다만, 경정 이하 계급으로의 승진은 대통령령으로 정하는 비율에 따라 승진시험과 승진심사를 병행할 수 있다(경찰공무원법 제11조 제2항).

ⓔ 지문의 내용은 근속승진에 필요한 근무연수이다. 승진소요 최저근무연수는 경위 및 경사는 2년 이상, 경장 및 순경은 1년 이상 해당 계급에 재직하여야 한다(경찰공무원승진임용규정 제5조 제1항).

ⓜ 근속승진은 경감 계급까지 가능하다(경찰공무원법 제11조의2 제1항).

12

정답 ②

영역 총론>경찰공무원과 법   난도 상

정답해설

㉠은 경찰사명, ㉡은 규율, ㉢은 단결, ㉣은 성실·청렴에 대한 설명이다(경찰공무원 복무규정 제3조).

The 알아보기

경찰공무원 복무규정상 기본강령(제3조)

1. 경찰사명
   경찰공무원은 국가와 민족을 위하여 충성과 봉사를 다하며, 국민의 생명·신체 및 재산을 보호하고, 공공의 안녕과 질서를 유지함을 그 사명으로 한다.
2. 경찰정신
   경찰공무원은 국민의 수임자로서 일상의 직무수행에 있어서 국민의 자유와 권리를 존중하는 호국·봉사·정의의 정신을 그 바탕으로 삼는다.
3. 규율
   경찰공무원은 법령을 준수하고 직무상의 명령에 복종하며, 상사에 대한 존경과 부하에 대한 신애로써 규율을 지켜야 한다.
4. 단결
   경찰공무원은 주어진 사명을 다하기 위하여 긍지를 가지고 한마음 한뜻으로 굳게 뭉쳐 임무수행에 모든 역량을 기울여야 한다.
5. 책임
   경찰공무원은 창의와 노력으로써 소임을 완수하여야 하며, 직무수행의 결과에 대하여 책임을 진다.
6. 성실·청렴
   경찰공무원은 성실하고 청렴한 생활태도로써 국민의 모범이 되어야 한다.

13

정답 ③

영역 총론>경찰공무원과 법   난도 하

정답해설

③ 소청 사건의 결정은 재적 위원 3분의 2 이상의 출석과 출석 위원 과반수의 합의에 따르되, 의견이 나뉠 경우에는 출석 위원 과반수에 이를 때까지 소청인에게 가장 불리한 의견에 차례로 유리한 의견을 더하여 그 중 가장 유리한 의견을 합의된 의견으로 본다(국가공무원법 제14조 제1항).

오답해설

① 국가공무원법 제10조 제1항 제2호
② 국가공무원법 제9조 제3항
④ 국가공무원법 제10조 제4항

14

정답 ②

영역 총론>경찰작용법 일반론   난도 상

정답해설

지문의 내용 중 틀린 것은 ㉢, ㉤이다.

㉢ 심신(心神)장애로 인하여 행위의 옳고 그름을 판단할 능력이 없거나 그 판단에 따른 행위를 할 능력이 없는 자의 질서위반행위는 과태료를 부과하지 아니한다. 심신장애로 인하여 능력이 미약한 자의 질서위반행위는 과태료를 감경한다(질서위반행위규제법 제10조).

㉤ 질서위반행위의 성립과 과태료 처분은 행위 시의 법률에 따른다(질서위반행위규제법 제3조 제1항).

오답해설

지문의 내용 중 옳은 것은 ㉠, ㉡, ㉣이다.

㉠ 질서위반행위규제법 제20조 제1항
㉡ 질서위반행위규제법 제16조 제1항
㉣ 질서위반행위규제법 제15조 제1항

15

정답 ③

영역 총론>경찰관 직무집행법   난도 상

정답해설

지문의 내용 중 틀린 것은 ㉠, ㉢이다.

㉠ 지문의 내용은 불심검문 대상자가 아닌 보호조치 등의 대상자에 해당한다.

㉢ 불심검문 대상자에게 질문을 할 때에 그 사람이 흉기를 가지고 있는지를 조사할 수 있다(경찰관직무집행법 제3조 제3항).

오답해설

지문의 내용 중 옳은 것은 ㉡, ㉣, ㉤이다.

㉡ 경찰관직무집행법 제3조 제2항
㉣ 경찰관직무집행법 제3조 제4항
㉤ 현행 규정상 변호인의 도움을 받을 권리가 있음을 고지하도록 규정하고 있으나, 진술거부권 고지에 대한 명시적인 규정은 없다.

16

답 ③

영역 총론>경찰관 직무집행법   난도 **하**

정답해설

③ 경찰관은 구호대상자를 공공보건의료기관이나 공공구호기관에 인계하였을 때에는 즉시 그 사실을 소속 경찰서장이나 해양경찰서장에게 보고하여야 한다. 보고를 받은 소속 경찰서장이나 해양경찰서장은 대통령령으로 정하는 바에 따라 구호대상자를 인계한 사실을 지체 없이 해당 공공보건의료기관 또는 공공구호기관의 장 및 그 감독행정청에 통보하여야 한다(경찰관직무집행법 제4조 제5항, 제6항).

오답해설

① 경찰관직무집행법 제6조
② 경찰관직무집행법 제5조 제2항
④ 경찰관직무집행법 제8조의2

17

답 ③

영역 총론>경찰관리   난도 **하**

정답해설

③ 각 중앙관서의 장(경찰청장)은 매년 1월 31일까지 당해 회계연도부터 5회계연도 이상의 기간 동안의 신규사업 및 기획재정부장관이 정하는 주요 계속사업에 대한 중기사업계획서를 기획재정부장관에게 제출하여야 한다(국가재정법 제28조).

오답해설

① 대한민국헌법 제54조 제3항
② 국가재정법 제30조
④ 국가재정법 제29조

18

답 ④

영역 총론>경찰관리   난도 **하**

정답해설

④ 독립분류의 원칙, 과도 또는 과소분류 금지의 원칙, 외국 또는 국제기구비밀 존중의 원칙은 비밀분류의 원칙에 해당한다(보안업무규정 제12조).

19

답 ④

영역 총론>경찰관리   난도 **하**

정답해설

④ 위원장·부위원장·감사 및 중재위원의 임기는 각각 3년으로 하며, 한 차례만 연임할 수 있다(언론중재 및 피해구제 등에 관한 법률 제7조 제5항).

오답해설

① 언론중재 및 피해구제 등에 관한 법률 제7조 제1항
② 언론중재 및 피해구제 등에 관한 법률 제7조 제3항
③ 언론중재 및 피해구제 등에 관한 법률 제7조 제4항

20

답 ②

영역 총론>경찰윤리   난도 **하**

정답해설

② 300만 원 이상의 금전거래가 있는 자가 직무관련자인 경우가 신고사항에 해당한다(경찰청 공무원 행동강령 제5조 제1항 제7호).

오답해설

① 경찰청 공무원 행동강령 제5조 제1항 제2호
③ 경찰청 공무원 행동강령 제5조 제1항 제9호
④ 경찰청 공무원 행동강령 제5조 제1항 제8호

21

답 ③

영역 각론>생활안전론   난도 **상**

정답해설

지문의 내용 중 옳은 것은 ㉠, ㉡, ㉣이다.
㉠ 총포·도검·화약류 등의 안전관리에 관한 법률 제43조
㉡ 총포·도검·화약류 등의 안전관리에 관한 법률 제13조 제1항 제4호
㉣ 총포·도검·화약류 등의 안전관리에 관한 법률 제18조 제1항

오답해설

지문의 내용 중 틀린 것은 ㉢, ㉤이다.
㉢ 이 법을 위반하여 금고 이상의 형의 집행유예를 선고받고 그 유예기간이 끝난 날부터 3년이 지나지 아니한 자는 총포·도검·화약류·분사기·전자충격기·석궁의 소지허가를 받을 수 없다(총포·도검·화약류 등의 안전관리에 관한 법률 제13조 제1항 제6호).

⑩ 이 법에서 "총포"란 권총, 소총, 기관총, 포, 엽총, 금속성 탄알이나 가스 등을 쏠 수 있는 장약총포(裝藥銃砲), 공기총(가스를 이용하는 것을 포함한다. 이하 같다) 및 총포신·기관부 등 그 부품(이하 "부품"이라 한다)으로서 대통령령으로 정하는 것을 말한다(총포·도검·화약류 등의 안전관리에 관한 법률 제2조 제1항).

22 답 ④

정답해설

④ 지방법원, 지원 또는 시·군법원의 판사(이하 "判事"라 한다)는 즉결심판절차에 의하여 피고인에게 20만 원 이하의 벌금, 구류 또는 과료에 처할 수 있다(즉결심판에 관한 절차법 제2조).

오답해설

① 즉결심판에 관한 절차법 제17조 제1항
② 즉결심판에 관한 절차법 제7조 제1항
③ 즉결심판에 관한 절차법 제14조 제1항

23 답 ③

정답해설

③ 평가 책임자는 수사첩보에 대해 범죄지, 피내사자의 주소·거소 또는 현재지 중 어느 1개의 관할권도 없는 경우 이송할 수 있다(수사첩보 수집 및 처리 규칙 제9조 제1항).

오답해설

① 수사첩보 수집 및 처리 규칙 제11조 제3항
② 수사첩보 수집 및 처리 규칙 제9조 제1항
④ 수사첩보 수집 및 처리 규칙 제7조 제5항

24 답 ④

정답해설

④ 자가용해는 시체의 후기현상에 해당한다.

오답해설

①·②·③은 시체의 초기현상에 해당한다.

The 알아보기

시체에 나타나는 여러 가지 현상

초기현상	후기현상
체온의 냉각 시체건조 각막의 혼탁 시체얼룩 시체굳음	자가용해 부패 미라화 시체밀랍 백골화

25 답 ②

정답해설

② 피해자가 13세 미만이거나 신체적인 또는 정신적인 장애로 사물을 변별하거나 의사를 결정할 능력이 미약한 경우에는 관련 전문가에게 피해자의 정신·심리 상태에 대한 진단 소견 및 진술 내용에 관한 의견을 조회하여야 한다(성폭력범죄의 처벌 등에 관한 특례법 제33조 제4항).

오답해설

① 성폭력범죄의 처벌 등에 관한 특례법 제21조 제1항
③ 성폭력범죄의 처벌 등에 관한 특례법 제21조 제4항 제4호
④ 성폭력범죄의 처벌 등에 관한 특례법 제26조 제2항

26 답 ①

정답해설

㉠은 반도총상, ㉡은 회선총상에 대한 설명이다.

The 알아보기

총상의 종류

구분	내용
관통총상	총알입구, 사출구, 사창관이 모두 있는 경우
맹관총상	총알입구, 사창관만 있고 탄환이 체내에 남아 있는 경우
찰과총상	탄두가 체표만 찰과한 경우
반도총상	탄환의 속도가 떨어져 피부를 뚫지 못하고 피부 까짐이나 피부 밑 출혈만 형성된 경우
회선총상	탄환이 골격에 맞았으나 천공시키지 못하고 뼈와 연부조직 사이를 우회한 경우

27

답 ③

영역 각론>경비경찰활동   난도 하

정답해설

③ 구 · 시 · 군선거관리위원회위원장이나 위원으로부터 원조요구를 받은 경찰공무원 또는 경찰관서장은 무기나 흉기 또는 폭발물을 지닐 수 있다(공직선거법 제183조 제6항).

오답해설

② 공직선거법 제183조 제1항
④ 공직선거법 제183조 제5항

28

답 ④

영역 각론>경비경찰활동   난도 하

정답해설

④ 대통령령으로 정하는 대규모 재난(이하 "대규모재난"이라 한다)의 대응 · 복구(이하 "수습"이라 한다) 등에 관한 사항을 총괄 · 조정하고 필요한 조치를 하기 위하여 행정안전부에 중앙재난안전대책본부(이하 "중앙대책본부"라 한다)를 둔다(재난 및 안전관리 기본법 제14조 제1항).

오답해설

① 재난 및 안전관리 기본법 제3조 제1호
② 재난 및 안전관리 기본법 제3조 제3호
③ 재난 및 안전관리 기본법 제3조 제4호

29

답 ④

영역 각론>경비경찰활동   난도 중

정답해설

④ 통합방위법 제21조 제4항

오답해설

① 국가중요시설의 관리자(소유자를 포함한다. 이하 같다)는 경비 · 보안 및 방호책임을 지며, 통합방위사태에 대비하여 자체방호계획을 수립하여야 한다. 이 경우 국가중요시설의 관리자는 자체방호계획을 수립하기 위하여 필요하면 지방경찰청장 또는 지역군사령관에게 협조를 요청할 수 있다(통합방위법 제21조 제1항).
② 지방경찰청장 또는 지역군사령관은 통합방위사태에 대비하여 국가중요시설에 대한 방호지원계획을 수립 · 시행하여야 한다(통합방위법 제21조 제2항).
③ 국가중요시설의 평시 경비 · 보안활동에 대한 지도 · 감독은 관계 행정기관의 장과 국가정보원장이 수행한다(통합방위법 제21조 제3항).

30

답 ①

영역 각론>경비경찰활동   난도 하

정답해설

① 제3선은 경계구역(외곽)에 해당한다. 제2선이 경비구역(내곽)에 해당한다.

31

답 ②

영역 각론>교통경찰활동   난도 상

정답해설

지문의 내용 중 틀린 것은 ⑩이다.

⑩ 어린이는 13세 미만인 사람을 말한다. 영유아는 6세 미만인 사람을 말한다(도로교통법 제2조 제23호, 도로교통법 제11조).

오답해설

지문의 내용 중 옳은 것은 ㉠, ㉡, ㉢, ㉣이다.

㉠ 도로교통법시행령 (별표 8)
㉡ 도로교통법 제51조 제1항
㉢ 도로교통법 제51조 제2항
㉣ 도로교통법 제51조 제3항

32

답 ④

영역 각론>교통경찰활동   난도 중

정답해설

④ 사안의 경우 벌점 60점이 부과된다(도로교통법 시행령 (별표 8)).

오답해설

① 도로교통법 제82조 제2항 제3호 나목
② 도로교통법 시행규칙 제55조 제2호
③ 도로교통법 제96조 제1항

33

답 ③

정답해설

③ 도로교통법 위반(음주운전) · 도로교통법 위반(무면허운전)(대판 2012.11. 29. 2012도10269)

도로교통법 제148조의2 제1항 제1호는 도로교통법 제44조 제1항을 2회 이상 위반한 사람으로서 다시 같은 조 제1항을 위반하여 술에 취한 상태에서 자동차 등을 운전한 사람에 대해 1년 이상 3년 이하의 징역이나 500만 원 이상 1,000만 원 이하의 벌금에 처하도록 규정하고 있는데, 도로교통법 제148조의2 제1항 제1호에서 정하고 있는 '도로교통법 제44조 제1항을 2회 이상 위반한' 것에 개정된 도로교통법이 시행된 2011. 12. 9. 이전에 구 도로교통법(2011. 6. 8. 법률 제10790호로 개정되기 전의 것) 제44조 제1항을 위반한 음주운전 전과까지 포함되는 것으로 해석하는 것이 <u>형벌불소급의 원칙이나 일사부재리의 원칙 또는 비례의 원칙에 위배된다고 할 수 없다.</u>

오답해설

① 특정범죄가중처벌등에관한법률위반(위험운전치사상) · 도로교통법위반(음주운전)(대판 2008.11.13. 2008도7143)

② 도로교통법 위반(음주운전)(대판 2013.10.24. 2013도6285)

④ 위계공무집행방해(대판 2003.7. 25. 2003도1609)

34

답 ③

정답해설

지문의 내용 중 틀린 것은 ⓒ, ⓔ ,ⓜ이다.

ⓒ 종결 선언 요청에 따르지 아니하거나 종결 선언에도 불구하고 집회 또는 시위의 참가자들이 집회 또는 시위를 계속하는 경우에는 직접 <u>참가자들</u>에 대하여 자진 해산할 것을 요청한다(집회 및 시위에 관한 법률 시행령 제17조 제2호).

ⓔ 법 제20조에 따라 집회 또는 시위를 해산시키려는 때에는 관할 경찰관서장 또는 관할 경찰관서장으로부터 권한을 부여받은 국가경찰공무원은 다음 각 호의 순서에 따라야 한다. 다만, 법 제20조 제1항 제1호 · 제2호 또는 제4호에 해당하는 집회 · 시위의 경우와 <u>주최자 · 주관자 · 연락책임자 및 질서유지인이 집회 또는 시위 장소에 없는 경우에는 종결 선언의 요청을 생략할 수 있다</u>(집회 및 시위에 관한 법률 시행령 제17조).

ⓜ 집회 또는 시위가 집단적인 폭행, 협박, 손괴, 방화 등으로 공공의 안녕 질서에 직접적인 위험을 초래한 경우에는 남은 기간의 해당 집회 또는 시위에 대하여 신고서를 접수한 때부터 48시간이 지난 경우에도 금지 통고를 할 수 있다(집회 및 시위에 관한 법률 제8조 제1항).

오답해설

지문의 내용 중 옳은 것은 ㉠, ⓒ이다.

㉠ 집회 및 시위에 관한 법률 시행령 제13조 제1항 제3호

ⓒ 집회 및 시위에 관한 법률 제2조 제1호

35

답 ③

정답해설

지문의 내용 중 소극적 방첩수단에 해당하는 것은 ⓒ, ⓔ, ⓜ이다.

오답해설

㉠, ⓑ은 적극적 방첩수단, ⓒ은 기만적 수단에 해당한다.

36

답 ②

정답해설

지문의 내용 중 옳은 것은 ㉠, ⓒ, ⓔ이다.

㉠ 국가보안법 제16조 제1호

ⓒ 국가보안법 제5조 제1항

ⓔ 국가보안법 제10조

오답해설

지문의 내용 중 틀린 것은 ⓒ이다.

ⓒ 본 죄는 비신분범이다. 반국가단체나 그 구성원의 지령을 받거나 받기 위하여 또는 그 목적수행을 협의하거나 협의하기 위하여 잠입하거나 탈출한 자는 사형 · 무기 또는 5년 이상의 징역에 처한다(국가보안법 제6조 제2항).

37

답 ③

정답해설

지문의 내용 중 틀린 것은 ㉠, ㉢, ㉤이다.

㉠ 이 법에서 "보안관찰처분대상자"라 함은 보안관찰해당범죄 또는 이와 경합된 범죄로 <u>금고 이상의 형의 선고를 받고 그 형기합계가 3년 이상인 자</u>로서 형의 전부 또는 일부의 집행을 받은 사실이 있는 자를 말한다(보안관찰법 제3조).

㉢ 법무장관은 검사의 청구가 있는 때에는 보안관찰처분심의위원회의 의결을 거쳐 그 기간을 갱신할 수 있다(보안관찰법 제5조 제2항).

㉤ 검사는 피보안관찰자가 도주하거나 1월 이상 그 소재가 불명한 때에는 보안관찰처분의 집행중지결정을 할 수 있다. 그 사유가 소멸된 때에는 지체없이 그 결정을 취소하여야 한다(보안관찰법 제17조 제3항).

오답해설

내용 중 옳은 것은 ㉡, ㉣이다.
㉡ 보안관찰법 제19조 제2항 제1호
㉣ 보안관찰법 제2조 제1호

38

답 ④

정답해설

공관뿐만 아니라 외교관의 개인주택도 불가침이다. 관사의 소유 또는 임차 여부를 불문하며 관사는 본 건물뿐만 아니라 부속건물, 정원, 차고 등도 포함하는 개념이다. 관사에 대한 불가침에 준하여 외교사절의 승용차, 보트, 비행기 등 교통수단도 불가침의 특권을 누린다. 그러나 예외적으로 화재나 전염병의 발생과 같이 공안을 유지하기 위하여 긴급을 요하는 경우에는 사절의 동의 없이 공관에 들어갈 수 있는데 이는 <u>국제적 관습으로 인정된 내용</u>이며, 불가침의 대상인 관사라고 하더라도 범죄인의 비호권은 인정되지 않는다.

39

답 ①

정답해설

대한민국 국적을 취득한 사실이 없는 외국인은 법무부장관의 귀화허가(歸化許可)를 받아 대한민국 국적을 취득할 수 있다(국적법 제4조 제1항).

오답해설

② 국적법 제15조 제1항
③ 국적법 제10조 제1항
④ 국적법 제5조 제1호

40

답 ④

정답해설

④ 사안은 청색수배서에 대한 내용이다. 적색수배서는 수배자 체포 및 범죄인 인도를 요청할 목적으로 발행한다.

경찰공무원 정기 승진시험 필기시험 답안지

컴퓨터용 흑색 사인펜만 사용

책 형

[필적감정용 기재]
*아래 예시문을 옮겨 적으시오.
본인은 〇〇〇(응시자성명)임을 확인함

기 재 란

	성 명	
응시직렬	자필성명	본인 성명 기재
응시지역		
시험장소		

응 시 번 호
생 년 월 일

※시험감독 서명
(성명을 정자로 기재할 것)

적색 볼펜만 사용

최종모의고사 제 ___ 회

최종모의고사 제 ___ 회

최종모의고사 제 ___ 회

최종모의고사 제 ___ 회

※ 본 답안지는 마킹연습용 모의 답안지입니다.

경찰공무원 정기 승진시험 필기시험 답안지

컴퓨터용 흑색 사인펜만 사용

성	명
자필성명	본인 성명 기재
응시직렬	
응시지역	
시험장소	

[필적감정용 기재]
*아래 예시문을 옳겨 적으시오.
본인은 ○○○(응시자성명)임을 확인함

기 재 란

응시번호
⓪①②③④⑤⑥⑦⑧⑨
⓪①②③④⑤⑥⑦⑧⑨
⓪①②③④⑤⑥⑦⑧⑨
⓪①②③④⑤⑥⑦⑧⑨
⓪①②③④⑤⑥⑦⑧⑨
⓪①②③④⑤⑥⑦⑧⑨
⓪①②③④⑤⑥⑦⑧⑨

생년월일
⓪①②③④⑤⑥⑦⑧⑨
⓪①②③④⑤⑥⑦⑧⑨
⓪①②③④⑤⑥⑦⑧⑨
⓪①②③④⑤⑥⑦⑧⑨
⓪①②③④⑤⑥⑦⑧⑨

※시험감독관 서명
(성명을 정자로 기재할 것)

책형 표기란

적색 볼펜만 사용

최종모의고사 제 회

번호	①	②	③	④	번호	①	②	③	④
1	①	②	③	④	21	①	②	③	④
2	①	②	③	④	22	①	②	③	④
3	①	②	③	④	23	①	②	③	④
4	①	②	③	④	24	①	②	③	④
5	①	②	③	④	25	①	②	③	④
6	①	②	③	④	26	①	②	③	④
7	①	②	③	④	27	①	②	③	④
8	①	②	③	④	28	①	②	③	④
9	①	②	③	④	29	①	②	③	④
10	①	②	③	④	30	①	②	③	④
11	①	②	③	④	31	①	②	③	④
12	①	②	③	④	32	①	②	③	④
13	①	②	③	④	33	①	②	③	④
14	①	②	③	④	34	①	②	③	④
15	①	②	③	④	35	①	②	③	④
16	①	②	③	④	36	①	②	③	④
17	①	②	③	④	37	①	②	③	④
18	①	②	③	④	38	①	②	③	④
19	①	②	③	④	39	①	②	③	④
20	①	②	③	④	40	①	②	③	④

최종모의고사 제 회

번호	①	②	③	④	번호	①	②	③	④
1	①	②	③	④	21	①	②	③	④
2	①	②	③	④	22	①	②	③	④
3	①	②	③	④	23	①	②	③	④
4	①	②	③	④	24	①	②	③	④
5	①	②	③	④	25	①	②	③	④
6	①	②	③	④	26	①	②	③	④
7	①	②	③	④	27	①	②	③	④
8	①	②	③	④	28	①	②	③	④
9	①	②	③	④	29	①	②	③	④
10	①	②	③	④	30	①	②	③	④
11	①	②	③	④	31	①	②	③	④
12	①	②	③	④	32	①	②	③	④
13	①	②	③	④	33	①	②	③	④
14	①	②	③	④	34	①	②	③	④
15	①	②	③	④	35	①	②	③	④
16	①	②	③	④	36	①	②	③	④
17	①	②	③	④	37	①	②	③	④
18	①	②	③	④	38	①	②	③	④
19	①	②	③	④	39	①	②	③	④
20	①	②	③	④	40	①	②	③	④

최종모의고사 제 회

번호	①	②	③	④	번호	①	②	③	④
1	①	②	③	④	21	①	②	③	④
2	①	②	③	④	22	①	②	③	④
3	①	②	③	④	23	①	②	③	④
4	①	②	③	④	24	①	②	③	④
5	①	②	③	④	25	①	②	③	④
6	①	②	③	④	26	①	②	③	④
7	①	②	③	④	27	①	②	③	④
8	①	②	③	④	28	①	②	③	④
9	①	②	③	④	29	①	②	③	④
10	①	②	③	④	30	①	②	③	④
11	①	②	③	④	31	①	②	③	④
12	①	②	③	④	32	①	②	③	④
13	①	②	③	④	33	①	②	③	④
14	①	②	③	④	34	①	②	③	④
15	①	②	③	④	35	①	②	③	④
16	①	②	③	④	36	①	②	③	④
17	①	②	③	④	37	①	②	③	④
18	①	②	③	④	38	①	②	③	④
19	①	②	③	④	39	①	②	③	④
20	①	②	③	④	40	①	②	③	④

절취선

경찰공무원 정기 승진시험 필기시험 답안지

컴퓨터용 흑색 사인펜만 사용

책 형

【필적감정용 기재】
*아래 예시문을 옮겨 적으시오.
본인은 OOO(응시자성명)임을 확인함

기 재 란

성 명	
자필성명	본인 성명 기재
응시직렬	
응시지역	
시험장소	

응 시 번 호

생 년 월 일

※시험감독 서명
(성명을 정자로 기재할 것)

적색 볼펜만 사용

최종모의고사 제 _____ 회

최종모의고사 제 _____ 회

최종모의고사 제 _____ 회

최종모의고사 제 _____ 회

경찰공무원 정기 승진시험 필기시험 답안지

감독 확인란 사용

※시험감독 서명
(응시자 확인 후 감독자 서명 기재)

책형 표시란 기재

성 명

생년월일

응시번호

컴퓨터용 흑색 사인펜만 사용

성 명

자필성명

응시직렬

응시지역

시험장소

본인 성명 기재

【필적감정용 기재】
*아래 예시문을 옮겨 적으시오.
본인은 ○○○(응시자성명)임을 확인함

기 재 란

책 형

최종모의고사 제 ___ 회

최종모의고사 제 ___ 회

최종모의고사 제 ___ 회

최종모의고사 제 ___ 회

경찰공무원 정기 승진시험 필기시험 답안지

컴퓨터용 흑색 사인펜만 사용

책 형

【필적감정용 기재】
*아래 예시문을 옮겨 적으시오.
본인은 ○○○(응시지역명)임을 확인함

기 재 란

	성명	본인 성명 기재
	지밀성명	
	응시직렬	
	응시지역	
	시험장소	

이 시 번 호

생 년 월 일

※시험감독 서명
(성명을 정자로 기재할 것)

적색 볼펜만 사용

최종모의고사 제 ___ 회

	①	②	③	④			①	②	③	④
1	①	②	③	④		21	①	②	③	④
2	①	②	③	④		22	①	②	③	④
3	①	②	③	④		23	①	②	③	④
4	①	②	③	④		24	①	②	③	④
5	①	②	③	④		25	①	②	③	④
6	①	②	③	④		26	①	②	③	④
7	①	②	③	④		27	①	②	③	④
8	①	②	③	④		28	①	②	③	④
9	①	②	③	④		29	①	②	③	④
10	①	②	③	④		30	①	②	③	④
11	①	②	③	④		31	①	②	③	④
12	①	②	③	④		32	①	②	③	④
13	①	②	③	④		33	①	②	③	④
14	①	②	③	④		34	①	②	③	④
15	①	②	③	④		35	①	②	③	④
16	①	②	③	④		36	①	②	③	④
17	①	②	③	④		37	①	②	③	④
18	①	②	③	④		38	①	②	③	④
19	①	②	③	④		39	①	②	③	④
20	①	②	③	④		40	①	②	③	④

최종모의고사 제 ___ 회

	①	②	③	④			①	②	③	④
1	①	②	③	④		21	①	②	③	④
2	①	②	③	④		22	①	②	③	④
3	①	②	③	④		23	①	②	③	④
4	①	②	③	④		24	①	②	③	④
5	①	②	③	④		25	①	②	③	④
6	①	②	③	④		26	①	②	③	④
7	①	②	③	④		27	①	②	③	④
8	①	②	③	④		28	①	②	③	④
9	①	②	③	④		29	①	②	③	④
10	①	②	③	④		30	①	②	③	④
11	①	②	③	④		31	①	②	③	④
12	①	②	③	④		32	①	②	③	④
13	①	②	③	④		33	①	②	③	④
14	①	②	③	④		34	①	②	③	④
15	①	②	③	④		35	①	②	③	④
16	①	②	③	④		36	①	②	③	④
17	①	②	③	④		37	①	②	③	④
18	①	②	③	④		38	①	②	③	④
19	①	②	③	④		39	①	②	③	④
20	①	②	③	④		40	①	②	③	④

최종모의고사 제 ___ 회

	①	②	③	④			①	②	③	④
1	①	②	③	④		21	①	②	③	④
2	①	②	③	④		22	①	②	③	④
3	①	②	③	④		23	①	②	③	④
4	①	②	③	④		24	①	②	③	④
5	①	②	③	④		25	①	②	③	④
6	①	②	③	④		26	①	②	③	④
7	①	②	③	④		27	①	②	③	④
8	①	②	③	④		28	①	②	③	④
9	①	②	③	④		29	①	②	③	④
10	①	②	③	④		30	①	②	③	④
11	①	②	③	④		31	①	②	③	④
12	①	②	③	④		32	①	②	③	④
13	①	②	③	④		33	①	②	③	④
14	①	②	③	④		34	①	②	③	④
15	①	②	③	④		35	①	②	③	④
16	①	②	③	④		36	①	②	③	④
17	①	②	③	④		37	①	②	③	④
18	①	②	③	④		38	①	②	③	④
19	①	②	③	④		39	①	②	③	④
20	①	②	③	④		40	①	②	③	④

절취선

※ 본 답안지는 마킹연습용 모의 답안지입니다.

경찰공무원 정기 승진시험 필기시험 답안지

감독 확인란

용시 관리용 사용

※ 시험감독관
(응시번호 기재한 후 기재란)

생년월일 일

응 시 번 호

본인 성명 기재

성	명
지필성명	본인 성명 기재
응시직렬	
응시지역	
시험장소	

컴퓨터용 흑색 사인펜만 사용

【필적감정용 기재】
*아래 예시문을 옮겨 적으시오.
본인은 ○○○(응시자성명)임을 확인함

기 재 란

형 별
책 형

최종모의고사 제   회

1	① ② ③ ④
2	① ② ③ ④
3	① ② ③ ④
4	① ② ③ ④
5	① ② ③ ④
6	① ② ③ ④
7	① ② ③ ④
8	① ② ③ ④
9	① ② ③ ④
10	① ② ③ ④
11	① ② ③ ④
12	① ② ③ ④
13	① ② ③ ④
14	① ② ③ ④
15	① ② ③ ④
16	① ② ③ ④
17	① ② ③ ④
18	① ② ③ ④
19	① ② ③ ④
20	① ② ③ ④
21	① ② ③ ④
22	① ② ③ ④
23	① ② ③ ④
24	① ② ③ ④
25	① ② ③ ④
26	① ② ③ ④
27	① ② ③ ④
28	① ② ③ ④
29	① ② ③ ④
30	① ② ③ ④
31	① ② ③ ④
32	① ② ③ ④
33	① ② ③ ④
34	① ② ③ ④
35	① ② ③ ④
36	① ② ③ ④
37	① ② ③ ④
38	① ② ③ ④
39	① ② ③ ④
40	① ② ③ ④

최종모의고사 제   회

1	① ② ③ ④
2	① ② ③ ④
3	① ② ③ ④
4	① ② ③ ④
5	① ② ③ ④
6	① ② ③ ④
7	① ② ③ ④
8	① ② ③ ④
9	① ② ③ ④
10	① ② ③ ④
11	① ② ③ ④
12	① ② ③ ④
13	① ② ③ ④
14	① ② ③ ④
15	① ② ③ ④
16	① ② ③ ④
17	① ② ③ ④
18	① ② ③ ④
19	① ② ③ ④
20	① ② ③ ④
21	① ② ③ ④
22	① ② ③ ④
23	① ② ③ ④
24	① ② ③ ④
25	① ② ③ ④
26	① ② ③ ④
27	① ② ③ ④
28	① ② ③ ④
29	① ② ③ ④
30	① ② ③ ④
31	① ② ③ ④
32	① ② ③ ④
33	① ② ③ ④
34	① ② ③ ④
35	① ② ③ ④
36	① ② ③ ④
37	① ② ③ ④
38	① ② ③ ④
39	① ② ③ ④
40	① ② ③ ④

최종모의고사 제   회

1	① ② ③ ④
2	① ② ③ ④
3	① ② ③ ④
4	① ② ③ ④
5	① ② ③ ④
6	① ② ③ ④
7	① ② ③ ④
8	① ② ③ ④
9	① ② ③ ④
10	① ② ③ ④
11	① ② ③ ④
12	① ② ③ ④
13	① ② ③ ④
14	① ② ③ ④
15	① ② ③ ④
16	① ② ③ ④
17	① ② ③ ④
18	① ② ③ ④
19	① ② ③ ④
20	① ② ③ ④
21	① ② ③ ④
22	① ② ③ ④
23	① ② ③ ④
24	① ② ③ ④
25	① ② ③ ④
26	① ② ③ ④
27	① ② ③ ④
28	① ② ③ ④
29	① ② ③ ④
30	① ② ③ ④
31	① ② ③ ④
32	① ② ③ ④
33	① ② ③ ④
34	① ② ③ ④
35	① ② ③ ④
36	① ② ③ ④
37	① ② ③ ④
38	① ② ③ ④
39	① ② ③ ④
40	① ② ③ ④

절취선

경찰공무원 정기 승진시험 필기시험 답안지

컴퓨터용 흑색 사인펜만 사용

【필적감정용 기재】
*아래 예시문을 옮겨 적으시오.
본인은 ○○○(응시자성명)임을 확인함

책 형

기 재 란

성 명	
자필성명	본인 성명 기재
응시직렬	
응시지역	
시험장소	

응시번호

생년월일

※시험감독 서명
(성명을 정자로 기재할 것)

적색 볼펜만 사용

최종모의고사 제 ___ 회

1	① ② ③ ④	21	① ② ③ ④
2	① ② ③ ④	22	① ② ③ ④
3	① ② ③ ④	23	① ② ③ ④
4	① ② ③ ④	24	① ② ③ ④
5	① ② ③ ④	25	① ② ③ ④
6	① ② ③ ④	26	① ② ③ ④
7	① ② ③ ④	27	① ② ③ ④
8	① ② ③ ④	28	① ② ③ ④
9	① ② ③ ④	29	① ② ③ ④
10	① ② ③ ④	30	① ② ③ ④
11	① ② ③ ④	31	① ② ③ ④
12	① ② ③ ④	32	① ② ③ ④
13	① ② ③ ④	33	① ② ③ ④
14	① ② ③ ④	34	① ② ③ ④
15	① ② ③ ④	35	① ② ③ ④
16	① ② ③ ④	36	① ② ③ ④
17	① ② ③ ④	37	① ② ③ ④
18	① ② ③ ④	38	① ② ③ ④
19	① ② ③ ④	39	① ② ③ ④
20	① ② ③ ④	40	① ② ③ ④

최종모의고사 제 ___ 회

1	① ② ③ ④	21	① ② ③ ④
2	① ② ③ ④	22	① ② ③ ④
3	① ② ③ ④	23	① ② ③ ④
4	① ② ③ ④	24	① ② ③ ④
5	① ② ③ ④	25	① ② ③ ④
6	① ② ③ ④	26	① ② ③ ④
7	① ② ③ ④	27	① ② ③ ④
8	① ② ③ ④	28	① ② ③ ④
9	① ② ③ ④	29	① ② ③ ④
10	① ② ③ ④	30	① ② ③ ④
11	① ② ③ ④	31	① ② ③ ④
12	① ② ③ ④	32	① ② ③ ④
13	① ② ③ ④	33	① ② ③ ④
14	① ② ③ ④	34	① ② ③ ④
15	① ② ③ ④	35	① ② ③ ④
16	① ② ③ ④	36	① ② ③ ④
17	① ② ③ ④	37	① ② ③ ④
18	① ② ③ ④	38	① ② ③ ④
19	① ② ③ ④	39	① ② ③ ④
20	① ② ③ ④	40	① ② ③ ④

최종모의고사 제 ___ 회

21	① ② ③ ④
22	① ② ③ ④
23	① ② ③ ④
24	① ② ③ ④
25	① ② ③ ④
26	① ② ③ ④
27	① ② ③ ④
28	① ② ③ ④
29	① ② ③ ④
30	① ② ③ ④
31	① ② ③ ④
32	① ② ③ ④
33	① ② ③ ④
34	① ② ③ ④
35	① ② ③ ④
36	① ② ③ ④
37	① ② ③ ④
38	① ② ③ ④
39	① ② ③ ④
40	① ② ③ ④

절취선

※ 본 답안지는 마킹연습용 모의 답안지입니다.

경찰공무원 정기 승진시험 필기시험 답안지

컴퓨터용 흑색 사인펜만 사용

[필적감정용 기재]
*아래 예시문을 옮겨 적으시오
본인은 ○○○(응시자성명)임을 확인함

기 재 란

책	형

성	명	
지필성명	본인 성명 기재
응시직렬	
응시지역	
시험장소	

※시험감독관 확인
(성명을 정자로 기재할 것)

감독관 확인 서명

응시 번호

응시 번호						
⓪	⓪	⓪	⓪	⓪	⓪	⓪
①	①	①	①	①	①	①
②	②	②	②	②	②	②
③	③	③	③	③	③	③
④	④	④	④	④	④	④
⑤	⑤	⑤	⑤	⑤	⑤	⑤
⑥	⑥	⑥	⑥	⑥	⑥	⑥
⑦	⑦	⑦	⑦	⑦	⑦	⑦
⑧	⑧	⑧	⑧	⑧	⑧	⑧
⑨	⑨	⑨	⑨	⑨	⑨	⑨

생 년 월 일

생 년 월 일				
⓪	⓪	⓪	⓪	⓪
①	①	①	①	①
②	②	②	②	②
③	③	③	③	③
④	④	④	④	④
⑤	⑤	⑤	⑤	⑤
⑥	⑥	⑥	⑥	⑥
⑦	⑦	⑦	⑦	⑦
⑧	⑧	⑧	⑧	⑧
⑨	⑨	⑨	⑨	⑨

최종모의고사 제 ___ 회

번호	①	②	③	④		번호	①	②	③	④
1	①	②	③	④		21	①	②	③	④
2	①	②	③	④		22	①	②	③	④
3	①	②	③	④		23	①	②	③	④
4	①	②	③	④		24	①	②	③	④
5	①	②	③	④		25	①	②	③	④
6	①	②	③	④		26	①	②	③	④
7	①	②	③	④		27	①	②	③	④
8	①	②	③	④		28	①	②	③	④
9	①	②	③	④		29	①	②	③	④
10	①	②	③	④		30	①	②	③	④
11	①	②	③	④		31	①	②	③	④
12	①	②	③	④		32	①	②	③	④
13	①	②	③	④		33	①	②	③	④
14	①	②	③	④		34	①	②	③	④
15	①	②	③	④		35	①	②	③	④
16	①	②	③	④		36	①	②	③	④
17	①	②	③	④		37	①	②	③	④
18	①	②	③	④		38	①	②	③	④
19	①	②	③	④		39	①	②	③	④
20	①	②	③	④		40	①	②	③	④

최종모의고사 제 ___ 회

번호	①	②	③	④		번호	①	②	③	④
1	①	②	③	④		21	①	②	③	④
2	①	②	③	④		22	①	②	③	④
3	①	②	③	④		23	①	②	③	④
4	①	②	③	④		24	①	②	③	④
5	①	②	③	④		25	①	②	③	④
6	①	②	③	④		26	①	②	③	④
7	①	②	③	④		27	①	②	③	④
8	①	②	③	④		28	①	②	③	④
9	①	②	③	④		29	①	②	③	④
10	①	②	③	④		30	①	②	③	④
11	①	②	③	④		31	①	②	③	④
12	①	②	③	④		32	①	②	③	④
13	①	②	③	④		33	①	②	③	④
14	①	②	③	④		34	①	②	③	④
15	①	②	③	④		35	①	②	③	④
16	①	②	③	④		36	①	②	③	④
17	①	②	③	④		37	①	②	③	④
18	①	②	③	④		38	①	②	③	④
19	①	②	③	④		39	①	②	③	④
20	①	②	③	④		40	①	②	③	④

최종모의고사 제 ___ 회

번호	①	②	③	④		번호	①	②	③	④
1	①	②	③	④		21	①	②	③	④
2	①	②	③	④		22	①	②	③	④
3	①	②	③	④		23	①	②	③	④
4	①	②	③	④		24	①	②	③	④
5	①	②	③	④		25	①	②	③	④
6	①	②	③	④		26	①	②	③	④
7	①	②	③	④		27	①	②	③	④
8	①	②	③	④		28	①	②	③	④
9	①	②	③	④		29	①	②	③	④
10	①	②	③	④		30	①	②	③	④
11	①	②	③	④		31	①	②	③	④
12	①	②	③	④		32	①	②	③	④
13	①	②	③	④		33	①	②	③	④
14	①	②	③	④		34	①	②	③	④
15	①	②	③	④		35	①	②	③	④
16	①	②	③	④		36	①	②	③	④
17	①	②	③	④		37	①	②	③	④
18	①	②	③	④		38	①	②	③	④
19	①	②	③	④		39	①	②	③	④
20	①	②	③	④		40	①	②	③	④

절취선

경찰공무원 정기 승진시험 필기시험 답안지

컴퓨터용 흑색 사인펜만 사용

책형	

【필적감정용 기재】
*아래 예시문을 옮겨 적으시오.
본인은 OOO(응시자성명)임을 확인함

기 재 란

성명	
자필성명	본인 성명 기재
응시직렬	
응시지역	
시험장소	

응시번호						
	①	①	①	①	①	①

(응시번호, 생년월일 숫자란 ⓪①②③④⑤⑥⑦⑧⑨)

생년월일					

최종모의고사 제 ___ 회

	①	②	③	④			①	②	③	④
1					21					
2					22					
3					23					
4					24					
5					25					
6					26					
7					27					
8					28					
9					29					
10					30					
11					31					
12					32					
13					33					
14					34					
15					35					
16					36					
17					37					
18					38					
19					39					
20					40					

최종모의고사 제 ___ 회

	①	②	③	④			①	②	③	④
1					21					
2					22					
3					23					
4					24					
5					25					
6					26					
7					27					
8					28					
9					29					
10					30					
11					31					
12					32					
13					33					
14					34					
15					35					
16					36					
17					37					
18					38					
19					39					
20					40					

최종모의고사 제 ___ 회

	①	②	③	④			①	②	③	④
1					21					
2					22					
3					23					
4					24					
5					25					
6					26					
7					27					
8					28					
9					29					
10					30					
11					31					
12					32					
13					33					
14					34					
15					35					
16					36					
17					37					
18					38					
19					39					
20					40					

※시험감독 서명
(성명을 정자로 기재할 것)

적색 볼펜만 사용

※ 본 답안지는 마킹연습용 모의 답안지입니다.

절취선

경찰공무원 정기 승진시험 필기시험 답안지

컴퓨터용 흑색 사인펜만 사용

학과 목코드 사용

※시험문제지 형별
(상단 경고지 형별 기재 란 것)

생 년 월 일 일

응 시 번 호

성 명	
자필성명	본인 성명 기재
응시직렬	
응시지역	
시험장소	

【필적감정용 기재】
*아래 예시문을 옮겨 적으시오.
본인은 ○○○(응시자성명)임을 확인함

기 재 란

책	형

최종모의고사 제 ____ 회

최종모의고사 제 ____ 회

최종모의고사 제 ____ 회

최종모의고사 제 ____ 회

최종모의고사 제 ____ 회

최종모의고사 제 ____ 회

좋은 책을 만드는 길
독자님과 함께하겠습니다.

도서나 동영상에 궁금한 점, 아쉬운 점, 만족스러운 점이
있으시다면 어떤 의견이라도 말씀해 주세요.
시대고시기획은 독자님의 의견을 모아 더 좋은 책으로 보답하겠습니다.

www.sidaegosi.com

2021 경찰승진 10회 최종모의고사 경찰실무종합(400제)

초 판 발 행	2020년 12월 04일 (인쇄 2020년 10월 21일)
발 행 인	박영일
책 임 편 집	이해욱
저 자	SD 공무원시험연구소
편 집 진 행	민선홍 · 송영진 · 김혜진
표지디자인	박종우
편집디자인	채경신 · 박서희
발 행 처	(주)시대고시기획
출 판 등 록	제 10-1521호
주 소	서울시 마포구 큰우물로 75 [도화동 538 성지 B/D] 9F
전 화	1600-3600
팩 스	02-701-8823
홈 페 이 지	www.sidaegosi.com
I S B N	979-11-254-8237-6 (13350)
정 가	16,000원